车用燃料电池技术

Fuel Cell Technology for Vehicles

林 瑞 主编

科学出版社
北 京

内 容 简 介

本书紧跟国家政策和时代发展的步伐，结合作者所在课题组及单位的研究成果，参考了与燃料电池原理与基础相关的书籍，较全面地介绍车用燃料电池技术。本书通过聚焦燃料电池技术在车辆上的应用，将燃料电池的理论与实践相结合，对燃料电池发展史、燃料电池基本原理及传输特性、质子交换膜燃料电池的核心部件等燃料电池基础知识、科学原理进行讲解，并从应用层面对车用燃料电池系统、燃料电池测试与表征、车用燃料电池工况及问题进行阐述。最后，对车用燃料电池的燃料——氢气的特性及安全进行介绍。希望通过与读者分享车用燃料电池技术，起到推广燃料电池、推动燃料电池汽车行业发展的作用。

本书可作为汽车、动力机械及材料等工程类方向高校学生的参考资料，也可以作为新能源汽车领域研究人员及企业工程师的参考书。

图书在版编目(CIP)数据

车用燃料电池技术 = Fuel Cell Technology for Vehicles / 林瑞主编. —北京：科学出版社，2021.2

ISBN 978-7-03-064994-2

Ⅰ. ①车…　Ⅱ. ①林…　Ⅲ. ①汽车燃料－燃料电池　Ⅳ. ①U473.4

中国版本图书馆CIP数据核字(2020)第071329号

责任编辑：吴凡洁　王楠楠 / 责任校对：樊雅琼
责任印制：吴兆东 / 封面设计：无极书装

科学出版社 出版
北京东黄城根北街 16 号
邮政编码：100717
http://www.sciencep.com
北京中石油彩色印刷有限责任公司印刷
科学出版社发行　各地新华书店经销
*
2021年2月第 一 版　开本：720 × 1000 1/16
2024年1月第三次印刷　印张：13 1/4
字数：270 000

定价：98.00 元

(如有印装质量问题，我社负责调换)

本书编撰委员会

主　编：林　瑞

编　委：林　瑞　钟　迪　蔡　鑫　陈　亮

刘登程　王　宏　徐　骥　刁晓雨

前　言

燃料电池是一种通过电化学反应将燃料与氧化剂内的化学能直接转化为电能的能量转换装置，具有零污染、噪声低、功率密度高、负载响应快、能量转化效率高等优点，在军事、航天、电动汽车、移动电源、分布式电站等领域得到广泛的应用，被认为是最具潜力的清洁能源技术之一。

在全球大力发展新型清洁能源以缓解石油枯竭、环境污染、温室效应的大背景下，世界各国政府和企业相继推出了燃料电池技术及燃料电池汽车的发展线路图。我国“十三五”国家重点研发计划“新能源汽车”重点专项、工信部《中国制造 2025》和国家能源局《能源技术革命创新行动计划》都将发展燃料电池技术列为优先项目。同济大学汽车学院聚焦新能源汽车，依托国家燃料电池汽车及动力系统工程技术研究中心和新能源汽车及动力系统国家工程实验室，大力发展燃料电池汽车及相关技术的研发。因此，急需开设研究生课程“燃料电池技术”，培养一批具有实践经验，符合企业需求的全方位新能源技术人才，为新能源技术人才急缺的企业解决燃眉之急。然而，该课程需要车辆工程、动力机械及工程热物理、化学及材料等学科的交叉知识，目前仍缺乏相关的综合性教材。作者在讲授这门研究生课程十几年的基础上，结合近年来国内外车用燃料电池的发展情况及课题组的研究基础撰写了本书。作者已有二十余年的燃料电池研究及工作经验，学术研究领域涉及质子交换膜燃料电池膜电极关键材料及结构的开发与设计、燃料电池在线分区故障诊断技术研发、燃料电池多物理场分布及一致性反应机制研究、燃料电池启停工况及其衰减机制，以及燃料电池电堆冷启动特性及低温耐久性等研究。同时作者在燃料电池产业化应用方面也有非常丰富的经验。燃料电池的工作原理、燃料电池关键材料及系统的研究，以及与燃料电池相关的氢能问题，均可通过本书得到解答。

在本书出版之际，作者衷心感谢本书的所有贡献者。感谢唐圣濠、韩立行、孙颖、殷旭梁帮助校阅了相关章节及文献，并在术语、公式与附录的汇总方面做了大量工作。感谢同济大学研究生教材建设和上海汽车工业教育基金会的资助。同时感谢同济大学汽车学院对作者科研及本书撰写提供的支持。

由于时间仓促和作者水平仍有待提高，书中不当之处望广大读者批评指正。若读者对本书有任何疑问、意见和建议，可以通过电子邮件方式发送到邮箱 ruilin@tongji.edu.cn，我们将非常乐意进行解答和交流。

林 瑞

2020 年 10 月于上海

目　录

第1章　燃料电池简介

1.1　燃料电池的定义

燃料电池(fuel cell，FC)是一种能量转换装置，它是继水力发电、热能发电和原子能发电之后的第四种发电技术[1]。按照电化学原理，将存储在燃料和氧化剂中的化学能直接转化为电能[2]。以氢氧燃料电池为例，其内部发生的化学反应如下：

阳极反应：

$$H_2 \longrightarrow 2H^+ + 2e^- \tag{1-1}$$

阴极反应：

$$\frac{1}{2}O_2 + 2H^+ + 2e^- \longrightarrow H_2O \tag{1-2}$$

总反应：

$$H_2 + \frac{1}{2}O_2 \longrightarrow H_2O \tag{1-3}$$

如图 1.1 所示，氢离子从阳极侧经过电解质向阴极侧迁移，电子则通过外电路定向流动、做功，构成一个完整的回路。氧化剂(O_2)发生还原反应的电极称为阴极，相对于外电路按原电池定义为正极。还原剂或燃料(H_2)发生氧化反应的电极称为阳极，相对于外电路定义为负极。燃料电池与常规的电池不一样，它的燃料和氧化剂储存在电池外部的储罐中，而非储存在电池内部。当输出电流做功时，需要不停歇地向电池内部输入足够的燃料和氧化剂，与此同时排出反应产物以保证电池的正常运行。因此，从工作方式上，燃料电池类似常规的汽油发电机或柴油发电机[3,4]。

1.1.1　与二次电池的比较

二次电池又称充电电池和蓄电池，是指在电池放电后可通过充电的方式使活性物质激活而继续使用的电池。市场上的充电电池主要有铅酸蓄电池、镍氢电池和锂离子电池等。锂离子电池是采用两种能够可逆地嵌入脱出锂离子的材料作为正极和负极，其充放电工作原理如图 1.2 所示。在充放电过程中，因为 Li^+在两个电极之间往返运动，所以锂离子电池也被形象地称为“摇椅电池(rocking chair battery)”[5,6]，其电极反应如下：

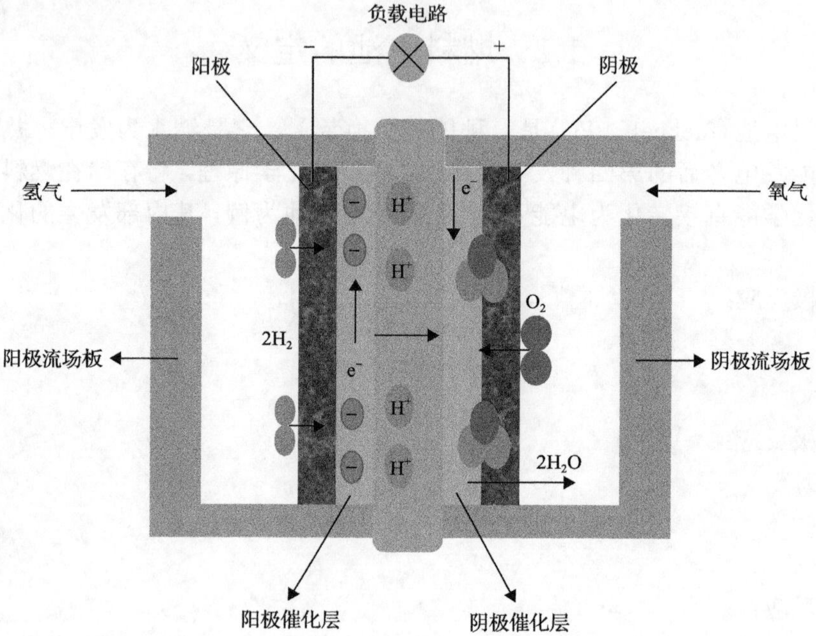

图 1.1 燃料电池工作原理示意图

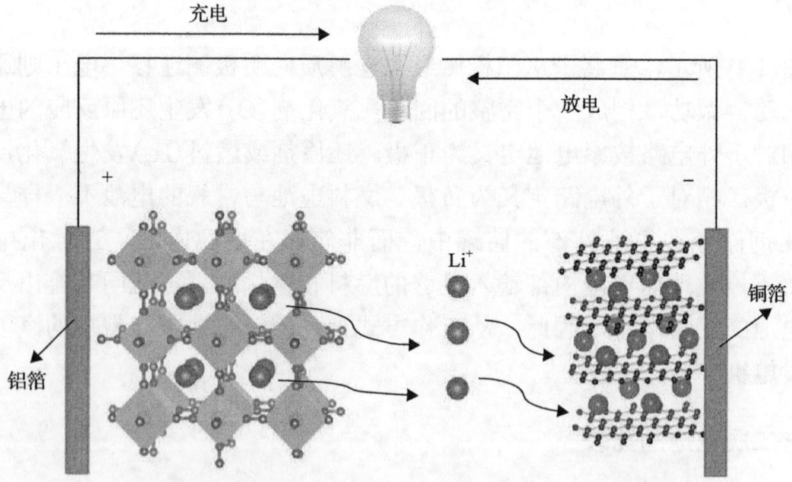

图 1.2 锂离子电池工作原理示意图

正极：

$$LiCoO_2 \rightleftharpoons Li_{1-x}CoO_2 + xLi^+ + xe^- \quad (1\text{-}4)$$

负极：

$$6C + xLi^+ + xe^- \rightleftharpoons Li_xC_6 \quad (1\text{-}5)$$

总反应：

$$6C + LiCoO_2 \rightleftharpoons Li_{1-x}CoO_2 + Li_xC_6 \quad (1\text{-}6)$$

同为新能源电池，锂离子电池是一种储能装置，而燃料电池是一种发电装置。在能量密度和寿命方面，燃料电池优于锂离子电池，而在成本方面，燃料电池比不上锂离子电池。在安全性与法规方面，燃料电池和锂离子电池均能满足使用需求。在应用前景方面，短期内锂离子电池比燃料电池更方便，长期来看燃料电池比锂离子电池更具有发展前景[7,8]。

1.1.2　与内燃机的比较

内燃机又称发动机、热力发动机或热机，一种通过燃料在气缸内燃烧将化学反应释放的热能转化为机械能的动力机械，由机体、曲柄连杆机构、配气机构、燃油供给系统、点火系统、冷却系统、润滑系统、电器设备和起动装置等组成。内燃机按使用燃料分为煤气机、汽油机和柴油机；按结构分为往复活塞式和旋转活塞式；按工作循环的行程分为四行程和二行程，按进气方法分为自然吸气和增压两种[9,10]。

相比于内燃机，燃料电池的优势如下：燃料电池发电过程不涉及燃烧，因而不受卡诺循环的限制，能量转化效率高于传统内燃机(FC：理论效率＞80%，实际效率为 40%～60%)；低排放且环境友好，如果使用氢作为燃料，则可达零排放；燃料选择多样化，不仅可以选择氢气还可用醇类、天然气等作为燃料；发电单元模块化、无机械回转部件、可靠性高、工作时较为安静。但燃料电池存在着如下缺点：氢燃料难以获取且不易存储，整体技术成熟度较低；高温工作时稳定性及寿命有待提升；关键材料及电池装置成本较高；对电池系统的控制要求更为精确化。目前燃料电池由于技术水平、制造成本及燃料制取储备等原因尚未得以广泛应用，在未来的相当一段时间内，内燃机仍会占据主流车用动力市场。但是，随着化石能源的日渐枯竭及相关技术的不断完善，燃料电池必将会在车用动力装置中占据一席之地[11,12]。

1.2　燃料电池分类

迄今已开发研究出很多类型的燃料电池。最为常用的分类方法是按照电池所采用的电解质分类。据此，可将燃料电池分为质子交换膜燃料电池，一般以全氟的磺酸型质子交换膜为电解质；固体氧化物燃料电池，以固体氧化物为氧离子导体，如以氧化钇稳定的氧化锆膜为电解质；熔融碳酸盐燃料电池，以熔融的锂-钾碳酸盐或锂-钠碳酸盐为电解质；磷酸型燃料电池，以浓磷酸为电解质；碱性燃料电池，一般以氢氧化钾为电解质。有时也按电池工作温度对电池进行分类，分为低温（<100℃）燃料电池，包括碱性燃料电池和质子交换膜燃料电池；中温燃料电池（100～300℃），包括培根型碱性燃料电池和磷酸型燃料电池；高温燃料电池（600～1000℃），包括熔融碳酸盐燃料电池和固体氧化物燃料电池[13,14]。

各种燃料电池分类标准见表1.1。

表1.1　燃料电池的分类[2]

类型	电解质	导电离子	工作温度/℃	燃料	氧化剂	技术状态	可能的应用领域
质子交换膜燃料电池	全氟磺酸膜	H^+	室温至100	氢气，重整氢	空气/O_2	1～300kW高度快速发展，需要降低成本	电动车和潜艇动力源，可移动动力源
直接甲醇燃料电池	全氟磺酸膜	H^+	室温至100	CH_3OH等	空气/O_2	1～1000W正在开发	微型移动动力源
固体氧化物燃料电池	氧化钇稳定的氧化锆	O^{2-}	900～1000	净化煤气，天然气	空气/O_2	1～200kW电池结构选择，开发廉价制备技术	区域供电，联合循环发电
熔融碳酸盐燃料电池	$(Li,K)CO_3$	CO_3^{2-}	650～700	净化煤气，天然气，重整气	空气/O_2	250～2000kW正在进行现场实验，需要延长寿命	区域性供电
磷酸型燃料电池	H_3PO_4	H^+	100～200	重整气	空气/O_2	1～2000kW高度发展	特殊需求，区域性供电
碱性燃料电池	KOH	OH^-	50～200	纯氢	纯氧	1～100kW高度发展	航天，特殊地面应用

1.2.1　质子交换膜燃料电池

质子交换膜燃料电池（proton exchange membrane fuel cell，PEMFC）以全氟磺酸型固体聚合物为电解质，铂/碳、铂-钴/碳、铂-镍/碳等为电催化剂，氢或净化重整气作为燃料，空气或纯氧作为氧化剂。其内部发生的电化学反应如下：

阳极反应：

$$H_2 \longrightarrow 2H^+ + 2e^- \tag{1-7}$$

阴极反应：

$$\frac{1}{2}O_2 + 2H^+ + 2e^- \longrightarrow H_2O \tag{1-8}$$

总反应：

$$H_2 + \frac{1}{2}O_2 \longrightarrow H_2O \tag{1-9}$$

PEMFC 中的电极反应类同于其他酸性电解质燃料电池。阳极催化层中的氢气在催化剂作用下发生电极反应(1-7)，该电极反应产生的电子经外电路到达阴极，氢离子则经过质子交换膜到达阴极。氧气与氢离子及电子在阴极发生反应生成水。生成的水不稀释电解质，而是通过电极随尾气排出。图 1.3 为单个 PEMFC 的结构示意图。PEMFC 的“心脏”是膜电极(membrane electrode assembly，MEA)，它由质子交换膜(proton exchange membrane，PEM)、阴极/阳极催化层(catalyst layer，CL)和阴极/阳极气体扩散层(gas diffusion layer，GDL)组成[15,16]。

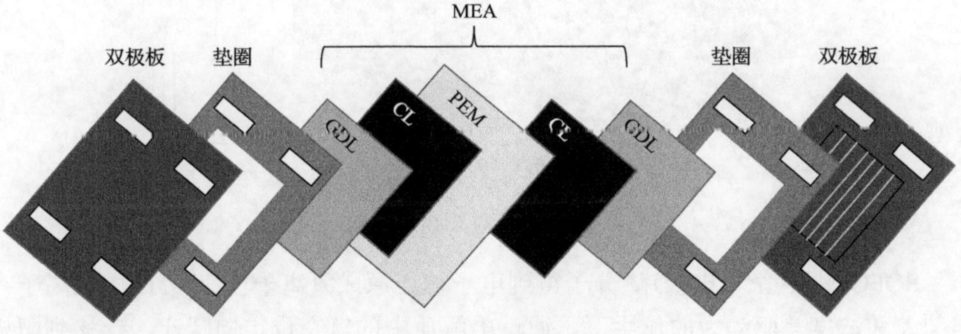

图 1.3　单个 PEMFC 的结构示意图

PEMFC 除了具有燃料电池的一般特点(如能量转化效率高、环境友好等)之外，还具有在低温下冷启动、无电解液流失、反应生成水易排出、寿命长、比功率与比能量高等优点。因此，PEMFC 不仅可用于分散电站的建设，还特别适用于可移动动力源，是新能源电动车和不依靠空气推进潜艇的理想候选电源之一，是军民通用的一种新型可移动动力源，也可成为利用氯碱厂副产物氢气发电的候选电源。在将来以氢作为主要能量载体的氢能时代，它将是最佳的家庭动力源[17,18]。

1.2.2　固体氧化物燃料电池

固体氧化物燃料电池(solid oxide fuel cell，SOFC)工作原理如图 1.4 所示。SOFC 采用一种薄的陶瓷膜作为电解质。陶瓷膜电解质高温下具有传递 O^{2-}的能力，在电池中起传递 O^{2-}和分离空气、燃料的作用，其内部发生的电化学反应如下：

阳极反应：

$$O^{2-} + H_2 \longrightarrow H_2O + 2e^- \tag{1-10}$$

阴极反应：

$$O_2 + 4e^- \longrightarrow 2O^{2-} \tag{1-11}$$

总反应：

$$2H_2 + O_2 \longrightarrow 2H_2O \tag{1-12}$$

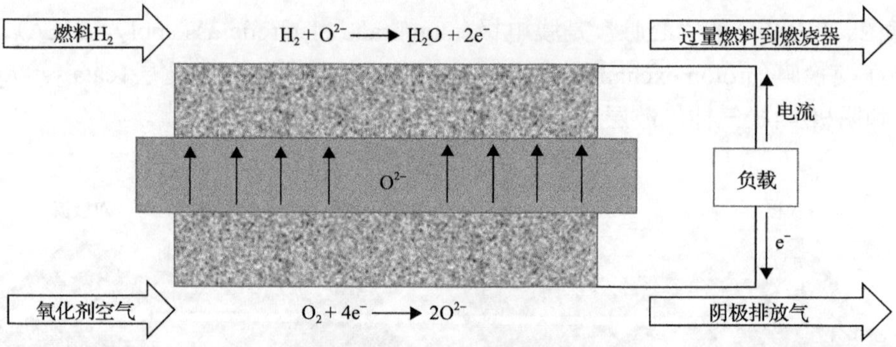

图 1.4　SOFC 工作原理图

SOFC 阴极(空气电极)氧分子得到电子被还原成氧离子[式(1-11)]，氧离子在电势差和浓度差驱动力的作用下，通过电解质中的氧空位定向跃迁，迁移到阳极(燃料电极)上与燃料发生氧化反应。以氢气为燃料时，阳极反应见式(1-10)。

在所有的燃料电池中，SOFC 的工作温度最高(900～1000℃)，属于高温燃料电池。近些年来，分布式电站由于其成本低、可维护性高等优点已经渐渐成为世界能源供应的重要组成部分。由于 SOFC 发电的排气有很高的温度，具有较高的利用价值，可以提供天然气重整所需热量，也可以用来生产蒸汽，更可以和燃气轮机组成联合循环，适用于分布式发电。燃料电池和燃气轮机、蒸汽轮机等组成的联合发电系统不但具有较高的发电效率，同时也具有低污染的环境效益[19,20]。

1.2.3　熔融碳酸盐燃料电池

熔融碳酸盐燃料电池(molten carbonate fuel cell，MCFC)的电池结构如图 1.5 所示，构成 MCFC 的关键材料与部件为多孔陶瓷阴极、多孔陶瓷电解质隔膜、多孔金属阳极、金属极板等，其电解质是熔融态碳酸盐。

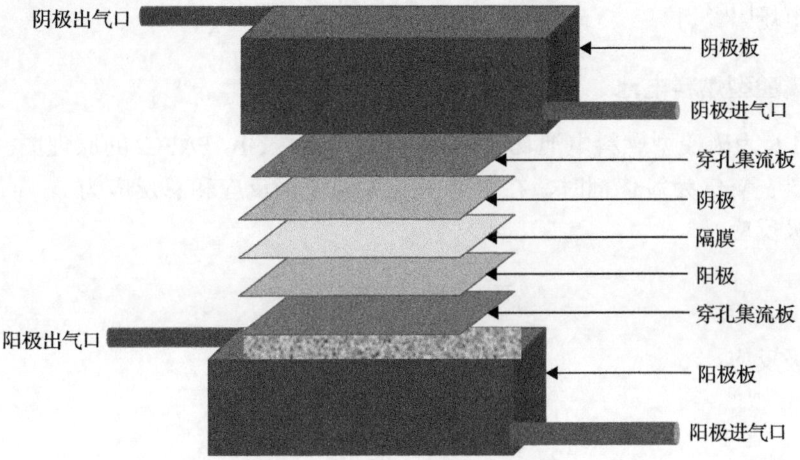

图 1.5　MCFC 的结构示意图

由电极反应可知，MCFC 的导电离子为 CO_3^{2-}，与其他类型燃料电池的区别是，在阴极，二氧化碳为反应物；在阳极，二氧化碳为产物。每通过两个法拉第常数的电量，就有 1mol 二氧化碳从阴极转移到阳极。为确保电池稳定连续地工作，必须将在阳极产生的二氧化碳返回到阴极。通常采用的办法是将阳极室所排出的尾气经燃烧消除其中的氢气和一氧化碳后，进行分离除水，然后再将二氧化碳送回到阴极。MCFC 的电极反应为

阳极反应：

$$H_2 + CO_3^{2-} \longrightarrow CO_2 + H_2O + 2e^- \tag{1-13}$$

阴极反应：

$$\frac{1}{2}O_2 + CO_2 + 2e^- \longrightarrow CO_3^{2-} \tag{1-14}$$

总反应：

$$\frac{1}{2}O_2 + H_2 + CO_2 \longrightarrow H_2O + CO_2 \tag{1-15}$$

MCFC 的工作温度为 650～700℃，余热利用价值颇高。MCFC 所用的电催化剂以镍为主，不使用贵金属，其使用的燃料为脱硫煤气或天然气。通过带铸方法制备 MCFC 隔膜，工艺成熟，易于批量化生产。若 MCFC 关键材料的腐蚀等技术难题得到有效解决，使电池使用寿命从现在的 10000～20000h 延长到 40000h，将加快 MCFC 商品化应用，其作为分散型电站或中心电站将有望进入发电设备市场[21,22]。

1.2.4　磷酸型燃料电池

图 1.6 为磷酸型燃料电池（phosphoric acid fuel cell，PAFC）的原理图。当以氢气为燃料、氧气为氧化剂时，在电池内发生的电极反应和总反应为

阳极反应：

$$H_2 \longrightarrow 2H^+ + 2e^- \tag{1-16}$$

阴极反应：

$$\frac{1}{2}O_2 + 2H^+ + 2e^- \longrightarrow H_2O \tag{1-17}$$

总反应：

$$\frac{1}{2}O_2 + H_2 \longrightarrow H_2O \tag{1-18}$$

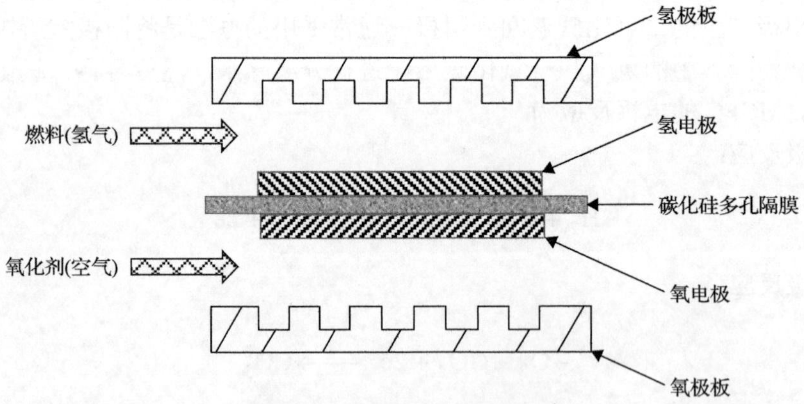

图 1.6　磷酸型燃料电池原理图

酸性燃料电池在研究与开发的过程中遇到了两大难题。一是在酸性电池中，由于酸的阴离子特殊吸附等原因，氧的电化学还原速率比碱性电池中慢得多。因此，为减少阴极极化、提高氧的电化学还原速率，需要采用贵金属（如铂）作电催

化剂，反应温度也需要提高，如已开发成功的 PAFC，工作温度为 190～210℃。二是酸的腐蚀性极强，除贵金属外，现已开发的各种金属与合金材料在酸性介质中均会发生比较严重的腐蚀现象。乙炔黑作电催化剂的载体和石墨化炭材作为双极板材料的研制成功，为 PAFC 的研制与开发提供了物质基础。

磷酸型燃料电池可用于以下几种类型的发电厂：分散型发电厂，容量为 10～20MW，安装在配电站；中心电站型发电厂，容量在 100MW 以上，可以作为中等规模热电厂。磷酸型燃料电池电厂相比一般电厂具有如下优点：即使在发电负荷比较低时，依然保持高的发电效率；由于采用模块结构，现场安装简单、省时，并且电厂扩容简单[23]。

1.2.5　碱性燃料电池

碱性燃料电池(alkaline fuel cell，AFC)以强碱(如氢氧化钾、氢氧化钠)为电解质，氢为燃料，纯氧或脱除微量二氧化碳的空气为氧化剂，在电池内发生的电极反应和总反应为

阳极反应：

$$2H_2 + 4OH^- \longrightarrow 4H_2O + 4e^- \tag{1-19}$$

阴极反应：

$$O_2 + 2H_2O + 4e^- \longrightarrow 4OH^- \tag{1-20}$$

总反应：

$$2H_2 + O_2 \longrightarrow 2H_2O \tag{1-21}$$

碱性燃料电池阳极处，氢气与碱中的 OH^- 在电催化剂的作用下，发生氧化反应生成水和电子[式(1-19)]。电子经过外电路到达阴极，在阴极电催化剂的作用下，参与氧的还原反应[式(1-20)]。生成的 OH^- 通过浸泡碱液的多孔石棉膜迁移到氢电极。为保持电池连续工作，除需等速地供应氢气、氧气外，还需连续、等速地从阳极(氢极)排出电池反应生成的水，以维持电解液碱浓度的恒定；排除电池反应的废热以维持电池工作温度的恒定。

图 1.7 为碱性石棉膜型燃料电池的工作原理图。碱性燃料电池采用对氧电化学还原具有良好催化活性的 Pt/C、Ag、Ag-Au、Ni 等为电催化剂制备的多孔气体扩散电极为氧电极，以 Pt-Pd/C、Pt/C、Ni 或硼化镍等具有良好催化氢电化学氧化的电催化剂制备的多孔气体电极为氢电极。以无孔炭材、镍板或镀镍甚至镀银、镀金的各种金属(如铝、镁、铁等)板为双极板材料，在板面上加工各种形状的气

体流动通道构成双极板。碱性燃料电池的主要优点是碱性介质中阴极反应动力学快、效率高。主要缺点是对燃料和空气中的CO_2非常敏感，KOH转化为碳酸钾盐可能会沉淀堵塞电极孔隙，且消耗溶液中的OH^-，降低电解液的电导率。因此，碱性燃料电池通常需要采用纯氧或净化后的空气，从而运行成本增加，故碱性燃料电池很少用于商业用途，一般应用于航天或其他特殊场景[24,25]。

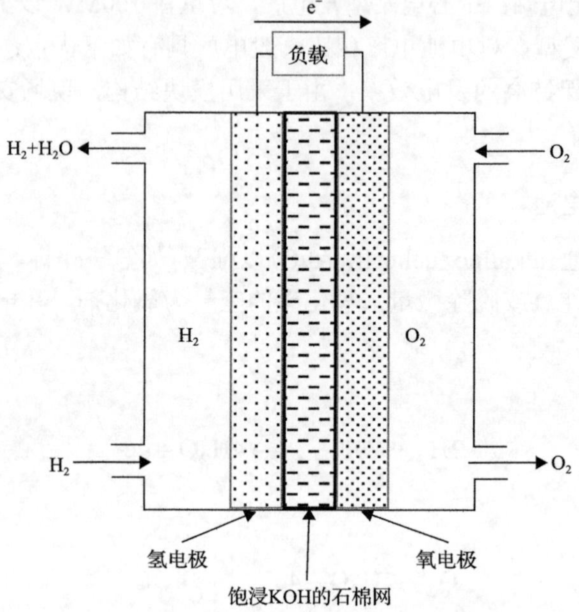

图 1.7　碱性石棉膜型燃料电池的工作原理图

1.3　燃料电池的优缺点

燃料电池由于其独特的工作方式，相比于内燃机和锂离子电池具有更多的优点。

(1)高效：燃料电池按照电化学原理等温地直接将化学能转化为电能。在理论上它的热电转化效率高达 85%～90%。但实际运行过程中，在电池工作时由于各类极化的限制，目前各种电池实际的能量转化效率均在 40%～60%的范围内。若能够实现热电联供，燃料的总利用率可达到 80%以上[26]。

(2)环境友好：当燃料电池以富氢气体为燃料时，富氢气体是通过矿物燃料来制得的，由于燃料电池高的能量转化效率，其二氧化碳的排放量比热机过程减少了 40%以上，这对缓解全球温室效应起到重要的作用。由于燃料电池的燃料气在反应前需要脱除硫及其化合物，而且燃料电池不经过热机的燃烧过程，故它几乎不排放氮氧化物和硫氧化物，减少了对大气的污染。当燃料电池的燃料气为纯氢时，它的化学反应产物仅为水，从而彻底地消除了氮氧化物、硫氧化物及二氧化碳等的排放[27]。

(3) 安静：燃料电池按电化学原理工作，运动部件很少，因此它运行时噪声低。

(4) 可靠性高：燃料电池可以是理想的全固态机械结构，即没有可移动的部件。这样的系统将潜在地具有可靠性高和寿命长等优势。

虽然燃料电池呈现出许多潜在的应用优势，但是它也存在一些明显的不足之处。成本高是燃料电池发展过程中面临的主要问题。功率密度是另一个重要的限制因素。功率密度表示一个燃料电池单位体积(体积功率密度：kW/L)或单位质量(质量功率密度：W/kg)所产生的功率。随着燃料电池技术的快速发展，它的功率密度已经得到显著提高，但是在便携式电子领域和汽车领域的应用，其功率密度还需要进一步提高。内燃机和普通电池(如铅蓄电池、锂离子电池等)在体积功率密度上通常胜过燃料电池，而在质量功率密度上它们非常接近(图 1.8)[28]。

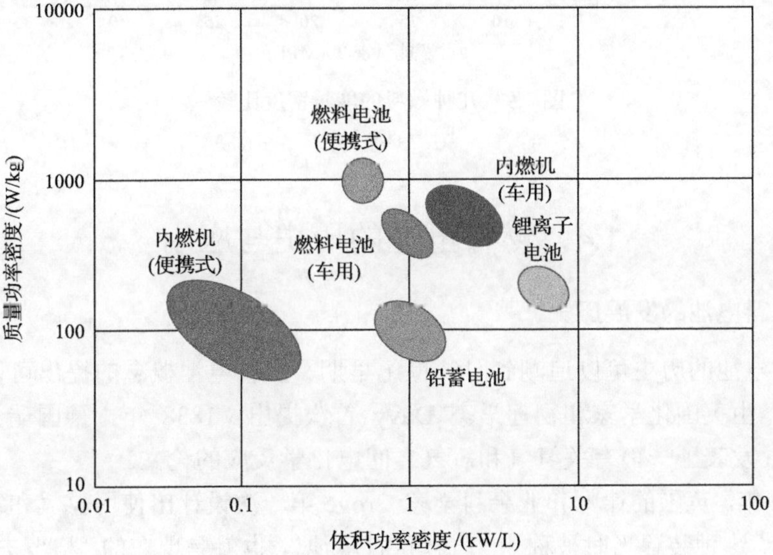

图 1.8　几种技术的功率密度比较

燃料的可用性和存储带来了更大的难题。燃料电池以氢气为燃料时工作性能最优，但氢气的体积能量密度较低，并且难以储存(图 1.9)。其他替代燃料(如汽油、甲醇和甲酸)通常需要重整提纯。而这些问题都会降低燃料电池的性能且增加对辅助设备的要求。虽然从能量密度的角度看，汽油作为具有独特优势的燃料，但它并不能作为燃料电池的燃料。

燃料电池的其他局限性包括其对工作温度的严苛要求，对燃料和氧化剂纯度的高标准，同时燃料电池的寿命和耐久性还需进一步提高。这些问题都限制了燃料电池的应用[29]。

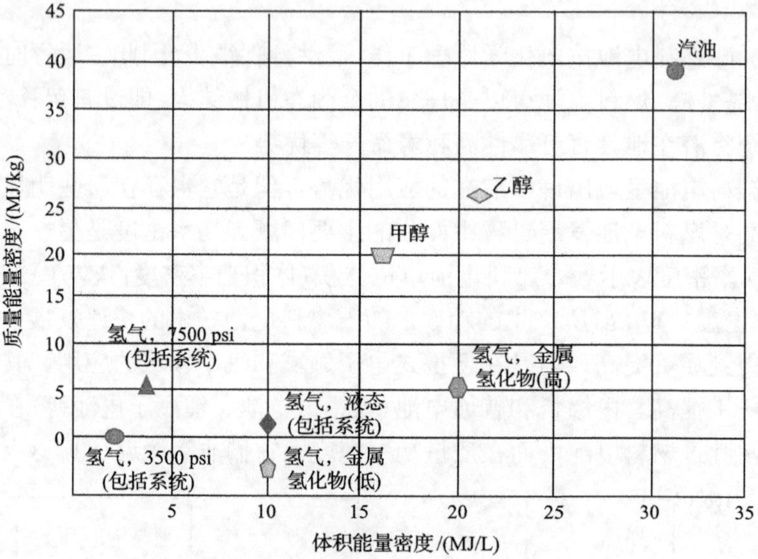

图 1.9　几种燃料的能量密度比较

1psi＝6894.76Pa

1.4　燃料电池的历史与应用

1.4.1　燃料电池的发展历史

燃料电池的历史可以追溯到 19 世纪早期。燃料电池概念的提出可以追溯到 1801 年，由英国化学家和物理学家 Davy 首次提出。1838 年，德国瑞士化学家 Schonbein 发表了一篇有关氢气和氧气之间电化学反应的论文。

1839 年，英国的律师和业余科学家 Grove 第一次设计出使用氢气和氧气来发电的电池，这种装置当时被称为“气体伏打电池”，也就是现在的“格罗夫电池”。但是由于电极腐蚀和材料不稳定的问题，格罗夫电池没有得到应用。

1889 年，Langer 和 Mond 试图利用空气和工业煤气制造燃料电池。然而，在随后的半个多世纪中，内燃机的快速发展使燃料电池在数十年内没有取得大的进展。直到 20 世纪 30 年代，英国化学工程师 Bacon 研制出碱性燃料电池的雏形，并在随后 30 年的时间里通过不断改进设计，最终在 1959 年提出第一个实用的、可产生 5kW 能量的碱性燃料电池。同年，Allis-Chalmers 团队制造了一辆由碱性燃料电池为动力的拖拉机。与此同时，通用电气的 Grubb 和 Niedrach 开发了一种基于部分磺化聚苯乙烯磺酸膜的质子交换膜燃料电池。

1960 年，燃料电池首次作为辅助电源应用于美国国家航空航天局(NASA)的阿波罗登月飞船。1966 年，通用汽车推出了全球第一款燃料电池汽车“Electrovan”，持续输出功率为 32kW，峰值功率达 160kW，这是一款以氢燃料电池为动力的概念车，验证了燃料电池技术的可行性。20 世纪 60 年代末，杜邦公司开发了基于聚四氟乙烯和全氟乙烯醚的 Nafion 膜。20 世纪 80 年代，美国海军将燃料电池应用在潜艇上。1990 年开始，燃料电池制造的领导者巴拉德公司将其燃料电池投入系列使用压缩氢燃料的原型车，1993 年第一辆小型巴士在媒体面前亮相。

2000 年之前燃料电池汽车产业的发展主要在概念设计及原理认证阶段，氢燃料电池汽车也基本以概念车形式为主。2000～2010 年是燃料电池汽车示范运行及技术攻关阶段，在 2006～2009 年，欧洲、中国和澳大利亚在公共交通服务中投入数十辆燃料电池示范公交车。2010～2015 年是燃料电池汽车性能提升阶段，在功率密度等方面取得了长足的进步，与此同时燃料电池在物流运输等领域率先被使用，初步实现了在特定领域的商业化。2014 年，第一款燃料电池轿车丰田 Mirai 实现了商业化，从此开启了燃料电池民用化的新篇章。此后，本田、通用、现代等多家公司开展了大量的燃料电池汽车的研究，由此燃料电池汽车正式进入了商业化阶段[30]。

1.4.2　燃料电池的车载应用

燃料电池汽车的研发始于 20 世纪 90 年代欧美，在 21 世纪初以福特、通用等为代表的汽车公司推出了大量的原型样车，并进行了小规模的示范应用，初步验证了燃料电池技术应用于汽车领域的可行性。虽然当时的电堆寿命不足 2000h，电堆功率密度也仅能达到 1kW/L，然而坚定了汽车行业对燃料电池在该领域应用的信心，同时掀起了燃料电池汽车的研发热潮。

在经历了 21 世纪初的热潮后，燃料电池汽车在 2008 年遇到了一个瓶颈期，并逐渐回归理性。随着各国支持政策的变化，燃料电池乘用车技术研发的热点区域由欧美转移到日韩，而欧美则更专注燃料电池客车和燃料电池叉车等领域。自 2014 年开始，燃料电池汽车的研发取得了突破性进展，日韩以丰田的 Mirai 和现代的“途胜”SUV 为代表，欧美则以 Plug Power 公司在叉车领域的应用以及 UIC 公司在客车领域的应用为代表。丰田的燃料电池汽车经过 22 年的研发与试运行，其 Mirai 车型于 2014 年 12 月开始销售。该车型采用的燃料电池电堆的体积功率密度达到 3.1kW/L，输出功率高达 114kW，在质量和成本方面均取得了显著的进步，氢燃料电池动力系统基本达到了和传统内燃机动力系统相当的技术水平。

同时期，我国也在燃料电池汽车方面做出了很大的贡献。其中以同济大学、上海汽车集团股份有限公司(简称上汽集团)等为首的校企业合作团队共同研制出超越系列燃料电池汽车。2003 年 7 月，由同济大学、上海神力科技有限公司等联合研制的第一代燃料电池轿车“超越一号(40kW)”首次驶出实验室，在同济大学进行试车并获成功。“超越二号(55kW)”燃料电池轿车诞生于 2006～2007 年，这两代发动机都基于分布式设计，氢能发电与动力输出等模块分布在车辆四周，结构相对复杂。“第三代超越 300E”基于前两代的技术基础，采用一体式绝缘结构、内绝缘式及阻断式工艺，首次全面实现内绝缘设计，提升了发动机的可靠性。同时，基于燃料电池-动力电池能量匹配策略与运行线路优化策略，相较于当前市场主流产品，氢耗降低 10%，效率提高 4.5%，成本下降约 28%，系统部件的国产化率为 100%，拥有了完全自主研发燃料电池汽车的能力。超越系列车型如图 1.10 所示。

图 1.10　超越系列燃料电池汽车

国内外一致认为，2020 年是燃料电池汽车产业的分水岭，2025～2030 年则是燃料电池汽车产业的全面爆发期。目前燃料电池汽车产业的竞争焦点主要是产业化速度，并尽快解决可靠性和耐久性等技术瓶颈，以实现大规模生产[31]。

1.4.3　燃料电池其他方面的应用

燃料电池具有常规电池(如锌锰干电池)的积木特性，可由多台电池按串联或并联的组合方式向外供电。因此，燃料电池既适用于集中发电，也可用作各种规格的分散电源和可移动电源。

以氢氧化钾为电解质的碱性燃料电池已成功应用于载人航天飞行，作为阿波罗登月飞船和航天飞机上的主电源，证明了燃料电池具有高效、高比能量、高可靠性等特点。

以磷酸为电解质的磷酸型燃料电池，至今已有近百台 PC25(200kW)作为分散电站在世界各地运行。不但为燃料电池电站运行提供了丰富的经验，而且也证明了燃料电池的高度可靠性，可用作不间断电源。

质子交换膜燃料电池可在室温快速启动，并可按负载要求快速改变输出功率，它是电动车、不依赖空气推进的潜艇动力源和各种可移动电源的最佳候选者。

固体氧化物燃料电池可与煤的气化构成联合循环，特别适宜于建造大型、中型电站，如果将余热发电也计算在内，其燃料的总发电效率可达 70%～80%。

熔融碳酸盐燃料电池可采用净化煤气或天然气作燃料，适宜于建造区域性分散电站。若将它的余热发电与利用均考虑在内，燃料的总热电利用效率可达 60%～70%。

燃料电池的工作原理告诉我们，当燃料电池发电机以低功率运行时，它的能量转化效率不仅不会像内燃机过程那样降低，反而略有升高。因此，一旦采用燃料电池组向电网供电，电网调峰问题将得到解决。

1.5　本 章 小 结

本章对燃料电池的基本原理、分类、发展历史及应用做了大致的介绍。要点包括：

(1)燃料电池是一种直接的电化学能量转换装置。它通过电化学反应直接把能量从一种形式(化学能)转换成另一种形式(电能)。

(2)燃料电池不像一般的电池，它不会耗尽。它更像一个“工厂”，理论上只要有燃料供给就能持续产生电。

(3)燃料电池包括阳极、阴极，并由电解质将其隔开。电化学系统必须包含两个成对的半反应：氧化反应和还原反应。氧化反应释放电子，还原反应消耗电子。氧化反应发生在阳极电极，还原反应发生在阴极电极。

(4)根据电解质的不同，燃料电池主要分为 5 种类型：质子交换膜燃料电池、固体氧化物燃料电池、熔融碳酸盐燃料电池、磷酸型燃料电池、碱性燃料电池。

(5)燃料电池广泛应用于汽车、航天、发电站、军工等行业。

思　考　题

1-1　与新能源二次电池比较，分别列出燃料电池的 3 个主要优缺点。讨论燃料电池至少两个潜在应用，以显现燃料电池的优势。

1-2　相比于传统内燃机，燃料电池具有哪些优势，并简要分析未来燃料的发展方向。

1-3　燃料电池具有哪些分类？分类的标准都有哪些？

1-4　请简述质子交换膜燃料电池的阴极、阳极反应，并指出质子交换膜燃料电池膜电极由哪几部分组成。

1-5　请简述固体氧化物燃料电池的电极反应，并分析固体氧化物燃料电池的优缺点及应用场景。

1-6　请简述碱性燃料电池的电极反应，并分析碱性燃料电池的优缺点及应用场景。

1-7　描述燃料电池中电生成的 4 个主要步骤，并且描述每一个步骤对燃料电池性能影响的潜在原因。

1-8　请结合燃料电池的应用场景，分析燃料电池的优缺点。

1-9　请简述燃料电池的发展历史。

1-10　请简要分析燃料电池发展的主要瓶颈。

参考文献

[1] 衣宝廉. 燃料电池——原理 • 技术 • 应用. 北京：北京工业出版社, 2003.

[2] 王萌. 质子交换膜燃料电池设计与综合优化研究. 北京：北京科技大学, 2019.

[3] 沈丹丹，林瑞. 质子交换膜燃料电池铂基合金催化剂研究进展. 世界有色金属, 2018, (21): 215-217.

[4] Cai X, Lin R, Shen D, et al. Gram-scale synthesis of well-dispersed shape-controlled Pt-Ni/C as high-performance catalysts for the oxygen reduction reaction. ACS Applied Materials & Interfaces, 2019, 11(33): 29689-29697.

[5] 范康年. 物理化学. 北京：高等教育出版社, 2005.

[6] 欧阳明高. 汽车新型能源动力系统技术战略与研发进展. 内燃机学报, 2008, 26(S1): 2107-2114.

[7] 冯道言. 多孔过渡金属氧化物块体材料的制备及其储锂性能. 杭州：浙江大学, 2019.

[8] 刘晋，徐俊毅，林月，等. 全固态锂离子电池的研究及产业化前景. 化学学报, 2017, 71(6): 869-878.

[9] 李瑰，张保成，田大龙. 内燃机曲轴主轴承润滑分析研究综述. 机械工程与自动化, 2015, (4): 224-226.

[10] 伍赛特. 燃料电池应用于汽车动力装置的技术现状及前景展望. 交通节能与环保, 2019, 15(3): 1-4.

[11] 欧阳明高. 我国节能与新能源汽车发展战略与对策. 汽车工程, 2006, (4): 317-321.

[12] Li W, Lin R, Yang Y. Investigation on the reaction area of PEMFC at different position in multiple catalyst layer. Electrochimica Acta, 2019, (302): 241-248.

[13] 宛朝辉. 质子交换膜燃料电池低 Pt 高氧传输性能催化层的制备、结构与性能研究. 武汉：武汉理工大学, 2018.

[14] 别康. 熔融碳酸盐直接煤/碳燃料电池电化学性能研究. 武汉：华中科技大学, 2019.

[15] 赵天天，张路，林瑞，等. 金属前驱体对质子交换膜燃料电池用 PtCu/C 催化剂性能的影响. 燃料化学学报, 2016, 44(5): 613-620.

[16] Li W, Lin R, Yang Y. One simple method to mitigate the structure degradation of alloy catalyst layer in PEMFC. Electrochimica Acta, 2019, (323): 134823.

[17] 丁靖，曹涛锋，林鸿，等. 质子交换膜燃料电池性能优化实验研究. 工程热物理学报, 2014, 35(9): 1826-1830.

[18] 衣宝廉. 燃料电池——高效、环境友好的发电方式. 北京：化学工业出版社, 2000.

[19] 卢俊彪，张中太，唐子龙．固体氧化物燃料电池的研究进展．稀有金属材料与工程, 2005, (8): 1177-1180.
[20] 王朝阳．固体氧化物燃料电池阴极反应的多尺度模拟．哈尔滨：哈尔滨工业大学, 2019.
[21] 杨帆．熔融碳酸盐燃料电池/燃气轮机混合发电系统的建模与控制研究．上海：上海交通大学, 2008.
[22] 王贵领，王静，曹殿学，等．炭在熔融碳酸盐中的直接电化学氧化性能．高等学校化学学报，2008，(9)：1829-1833.
[23] 隋升，顾军，李光强，等．磷酸燃料电池(PAFC)进展．电源技术, 2000, (1): 50-53.
[24] 韩克飞，杨起涛，于书平，等．用于碱性膜燃料电池的新型聚苯醚阴离子交换膜的制备与性能．高等学校化学学报, 2013, 34(10): 2437-2444.
[25] 葛倩倩．面向碱性燃料电池的阴离子交换膜结构设计及性能调控．合肥：中国科学技术大学, 2017.
[26] Lin R, Cai X, Zeng H. Stability of high-performance Pt-based catalysts for oxygen reduction reactions. Advanced Materials, 2018, (30): 1705332.
[27] 林瑞，蒋正华，任应时，等．低温工况下燃料电池性能衰减及策略优化．同济大学学报, 2018, 46(5): 658-666.
[28] 马建新，衣宝廉，俞红梅，等. PEMFC 膜电极组件(MEA)制备方法的评述．化学进展, 2004, (5): 804-812.
[29] O'Hayre R, Collella W, Prinz F B．燃料电池基础．王晓红，黄宏，等译．北京：电子工业出版社, 2007.
[30] 池滨．高性能高功率密度质子交换膜燃料电池膜电极的制备与研究．广州：华南理工大学, 2018.
[31] 邵志刚，衣宝廉．氢能与燃料电池发展现状及展望．中国科学院院刊, 2019, 34(4): 469-477.

第2章　燃料电池基本原理及传输特性

2.1　燃料电池热力学

热力学是关于热现象的宏观理论，以热力学三大定律为基础，通过物质的压力、温度、比容等宏观参数和加热、冷却、膨胀、收缩等行为的研究，对宏观现象和其中的热力学过程进行分析。通过热力学方法掌握能量转换机制及对其过程进行解析，能够有效地改良能源装置，提高能量的利用效率，对工业及日常生活的发展非常重要。

燃料的化学能通过燃烧转变成热能，然后进一步转换成机械能或者电能。然而，化石燃料的过度开采和使用，使得燃料资源逐渐消耗，环境污染问题也日益严重。同时，目前的能源装置在使用过程中仍存在着转换效率低的问题。因此，在开发新能源的基础上，提高能源转换装置的效率是解决能源与环境问题的关键之一。燃料电池因具有能量转化效率高、环境友好、启动速度快等优势，被认为是最有潜力的清洁能源技术之一[1,2]。

燃料电池作为能量转换装置，同样需要遵守热力学定律。热力学研究可以有效地预测燃料电池中的化学反应能否自发进行，也可以准确地计算燃料电池所能产生的电压极值。但是，只有可逆电池才能进行严格的热力学分析，而可逆电池须满足以下两个条件：

(1) 电极反应必须是可逆的，即当电流方向发生改变时，电极反应随之逆向进行。

(2) 电池工作时通过的电流趋于无穷小，即无限接近平衡状态。

本章对燃料电池进行热力学分析。吉布斯自由能(G)作为状态函数，其改变值吉布斯自由能变(ΔG)，只与体系变化的始末状态有关，与过程无关：

$$\Delta G = G_{终} - G_{始} \tag{2-1}$$

由热力学基本方程可知，电池反应的效率为

$$\eta = \frac{Q_r}{Q_p} = \frac{\Delta_r G_m}{\Delta_r H_m} \tag{2-2}$$

反应过程中的焓变是指反应在等温等压且不做非体积功时，与环境交换的热量，记作 Q_p；电池可逆状态下与环境交换的热量记作 Q_r。

本章将回顾热力学的基本定理，讨论燃料电池中的热力学现象，以理解燃料电池的能量转换规律。

2.1.1 热力学简介

燃料的总能量为内能(U)，内能与微观粒子间的相互作用有关。作为能量转换装置，燃料电池将氢气的部分内能转化为电能，利用热力学第一定律和热力学第二定律可以准确计算内能的理论值。

热力学第一定律即能量守恒定律——能量可以在不同物质间传递，也可以在不同的形式间转换，但是能量的总值始终不变。封闭系统与环境间的能量传递方式可以分为热传递(Q)和做功(W)。因此，热力学第一定律可写作：

$$\mathrm{d}U = \delta Q - \delta W \tag{2-3}$$

该式表明，封闭系统内能的变化($\mathrm{d}U$)等于系统吸收的热量(δQ)减去系统对外所做的功(δW)。通常，把系统对环境做的功定义为正功，把系统吸收的环境热定义为负功。与内能不同，功和热不是特定的属性，而是表示传递过程中的能量。热力学第二定律表示，功是能量的最高形式，如果能量能够以功的形式存在，则理论上就可以将其 100% 转化为其他形式的能量。而热是能量的最低形式，任何能量最终都将以热的形式完全散发到环境中。因此，功和热的高低程度可以说明燃料电池和内燃机的主要区别：内燃机先消耗燃料，部分能量转化为热，再将热转化成功，而造成不可避免的能量浪费[3]。

2.1.2 燃料电池的热和功：能斯特方程

1. 燃料的热能：反应焓

燃料电池将燃料中的内能转化为更容易利用的能量形式。因此，燃料中可获得的最大能量取决于利用方式，而常压下从燃料中可提取的最大热能取决于反应焓(H)[4]。

焓的微分表达式如下：

$$\mathrm{d}H = T\mathrm{d}S + V\mathrm{d}P \tag{2-4}$$

式中，T 为温度；$\mathrm{d}S$ 为熵变；V 为体积；P 为压强。在压强不变的情况下($\mathrm{d}P=0$)，可简化为

$$\mathrm{d}H = T\mathrm{d}S \tag{2-5}$$

其中，$\mathrm{d}H$ 和可逆过程中的热传递(δQ)相同。对于常压反应，焓变可表示反应中释放(或吸收)的热量。常压下，把 $\mathrm{d}H$ 用 $\mathrm{d}U$ 来表示：

$$\mathrm{d}H = T\mathrm{d}S = \mathrm{d}U + \delta W \tag{2-6}$$

从式(2-6)中可以看出，反应中释放(或吸收)的热量取决于系统对环境做功后的内能变化。系统的内能变化主要取决于反应中化学键的重新构造情况。排除做功所消耗的能量后，其余的内能均转变成了反应产生的热量。

2. 燃料的做功：吉布斯自由能

吉布斯自由能表示一个系统可以利用的能量，能够有效地判断化学反应的自发性。ΔG 可以表示一个反应是否自发进行：$\Delta G>0$，非自发；$\Delta G=0$，平衡；$\Delta G<0$，自发。

尽管自发反应符合热力学定律，但是反应并不一定会发生，反应的速率也无法判断。反应的发生还与动力学因素有关。例如，标准状态下，钻石到石墨的转变是符合热力学定律的，但是动力学因素阻碍了该转变的发生。燃料电池的产电速率同样受到多个动力学因素的制约。

2.1.3 燃料电池的电极电势

燃料电池中的电化学反应可分为还原反应和氧化反应，目前通用的表达方法如下：从左至右分别为电池中某一电极的材料、与其相接触的电解液，与另一电极接触的电解液、另一电极的材料，当中用竖线或逗号表示相界。当两电极的电解液不同时，若液体接界电位已消除，用双实线表示，未消除用双虚线表示。例如

$$\mathrm{Pt, H_2} \left| \mathrm{H^+} \right\| \mathrm{Cu^{2+}} \left| \mathrm{Cu} \right. \tag{2-7}$$

该式表示浸在酸性溶液中的氢电极和浸在二价铜溶液中的铜电极，电池液体接界电位已消除。由于电极电势无法测试，只能测定电池两极的电势差，即电动势。因此，国际上通常使用标准氢电极作为标准电极，将其电极电势定义为零，任何电极与同温度下标准氢电极所组成的电池的电动势为该电极的电势，用 $\phi_{[\mathrm{O}]/[\mathrm{R}]}$ 表示。[O]代表电极反应过程的氧化态物质，[R]代表电极反应过程的还原态物质。如在酸性氢氧燃料电池中的氧电极电势用 $\phi_{[\mathrm{H^+}]/[\mathrm{O_2}]}$ 表示。

将铂片置于含氢离子的溶液中后，通入氢气到该铂片上即可制成氢电极。实际应用中，将氢气分压为 0.1MPa，氢离子活度 $a_{\mathrm{H^+}}=1$ 时的氢电极作为标准氢电极，取其电极电势为零，即 $\phi^0_{[\mathrm{H^+}]/[\mathrm{H_2}]}=0$，上标“0”代表标准电极电势[5]。

通常，标准氢电极放在电池表达式的左侧，与任一给定电极构成电池，并消除液体接界电位，测定的电池电动势则为该电极以标准氢电极为标度的电极电势。

因此，若给定电极上进行的电极反应为还原反应，则 ϕ 为正；若进行的反应为氧化反应，则 ϕ 为负。当给定的电池反应物与产物均处在标准状态时，其值为标准电极电势，即 ϕ^0。

2.1.4　燃料电池的效率

能量转换装置的效率至为重要，其核心问题是“理想效率”和“真实效率”的差异。由热力学可知，燃料电池中可利用的电功以 ΔG 为限。由于在实际应用中，燃料电池中存在着不可逆的能量损耗，燃料电池的实际效率始终无法达到理想值。

1. 理想的可逆燃料电池的效率[6]

转换过程的效率 ε 为能量转换过程中的有用能量和总能量的比值：

$$\varepsilon = \frac{\text{有用能量}}{\text{总能量}} \tag{2-8}$$

如果从一个化学反应中提取的是有用功，则效率为

$$\varepsilon = \frac{\text{有用功}}{\Delta H} \tag{2-9}$$

对于燃料电池，用于做功的最大能量等于吉布斯自由能。因此，燃料电池的可逆效率可以写成

$$\varepsilon_{\text{thermo,FC}} = \frac{\Delta G}{\Delta H} \tag{2-10}$$

在常温常压下，理想氢氧燃料电池的可逆效率可达 83%，而传统热机的最大理论效率受到卡诺循环的限制：

$$\varepsilon_{\text{Carnot}} = \frac{T_{\text{H}} - T_{\text{L}}}{T_{\text{H}}} \tag{2-11}$$

式中，T_{H} 是热机的最高温度；T_{L} 是热机的最低温度。工作在最高温度 400℃、最低温度 50℃的热机，其可逆效率仅为 52%。由卡诺循环可知，提高工作温度可以提升热机的可逆效率。对于燃料电池，提高温度反而降低可逆效率。如图 2.1 所示，氢氧燃料电池的可逆效率与热机的可逆效率均随着温度的变化而改变。与传统热机相比，燃料电池在较低温度时具有更高的可逆效率，但是在温度升高后效率逐渐降低，600℃以上甚至低于热机的可逆效率。

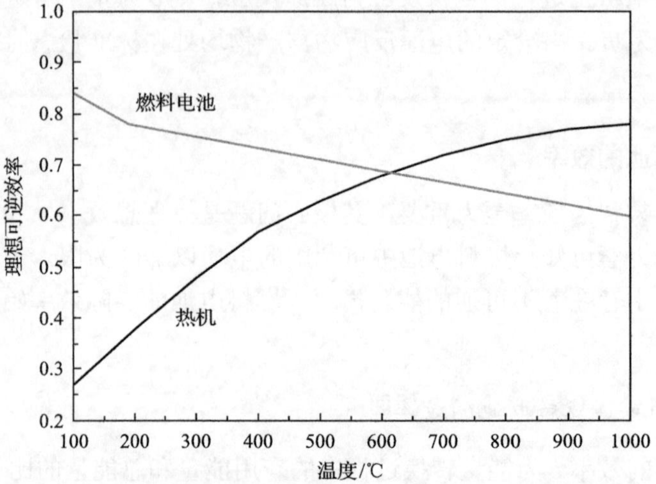

图 2.1　氢氧燃料电池的可逆效率和热机的可逆效率比较

2. 实际的可逆燃料电池的效率[7]

燃料电池的实际效率总是要比理想效率低，这主要是源于电压和燃料利用的损耗。燃料电池的实际效率为

$$\varepsilon_{\text{real}} = \varepsilon_{\text{thermo}} \times \varepsilon_{\text{voltage}} \times \varepsilon_{\text{fuel}} \tag{2-12}$$

式中，$\varepsilon_{\text{thermo}}$ 是燃料电池的可逆效率；$\varepsilon_{\text{voltage}}$ 是燃料电池的电压效率；$\varepsilon_{\text{fuel}}$ 是燃料电池的燃料利用率。

可逆效率 $\varepsilon_{\text{thermo}}$ 在前一节中有所描述。即使在理想条件下也不能将燃料中所有的焓都转化为有用功。

燃料电池的电压效率 $\varepsilon_{\text{voltage}}$ 表现为燃料电池运行过程中由不可逆动力学影响所引起的损耗。燃料电池的电压效率是燃料电池的实际工作电压(V)和燃料电池的热力学可逆电压(E)的比值：

$$\varepsilon_{\text{voltage}} = \frac{V}{E} \tag{2-13}$$

燃料电池的工作电压取决于燃料电池产生的电流(i)。因此，$\varepsilon_{\text{voltage}}$ 会随着电流的变化而变化，电流越高，电压效率越低。燃料电池在低负载情况下效率较高，这与内燃机截然相反，内燃机通常在最大负载时效率最高。

燃料利用率 $\varepsilon_{\text{fuel}}$ 是指参加反应产生电流的燃料量和总燃料量的比值。如果 i 是燃料电池产生的电流，v_{fuel} 是为燃料电池提供燃料的速率(mol/s)，则

$$\varepsilon_{\text{fuel}} = \frac{i/(nF)}{v_{\text{fuel}}} \tag{2-14}$$

式中，n 为电荷转移数；F 为法拉第常量。

供给的燃料应该根据电流而进行实时调控，但在实际情况下，燃料的供给量总比任意负载下所需的量都多，其过量系数即为化学当量因子(λ)。例如，当为燃料电池提供的燃料是利用率为 100%时所需燃料的 1.5 倍，则燃料电池是在 1.5 倍的化学当量下工作的。对于工作在化学当量条件下的燃料电池，燃料的利用率与电流无关，燃料利用率为

$$\varepsilon_{\text{fuel}} = \frac{1}{\lambda} \tag{2-15}$$

2.2　燃料电池动力学

燃料电池反应通常包含电极表面与邻近电极表面的化学物质之间的电子传输。由于电化学反应会导致电子的传输，燃料电池产生的电流大小取决于电化学反应的速率。因此，提高电化学反应的速率对于燃料电池性能的改善至关重要。本节将通过动力学分析，具体介绍催化作用、电极设计等一系列提高电化学反应速率的方法。

2.2.1　动力学简介

1. 电化学反应

电化学反应包含电极和化学物质之间的电荷传输，均在多相中进行，这是电化学反应与化学反应的本质区别。例如，氢气的电化学氧化反应只能发生在电极和电解质之间的界面[8]。如图 2.2 所示，氢气和质子不能存在于金属电极中，而自由电子不能存在于电解质中。因此，在氢气、质子和电子之间的反应只能发生在电极和电解质的交界处。

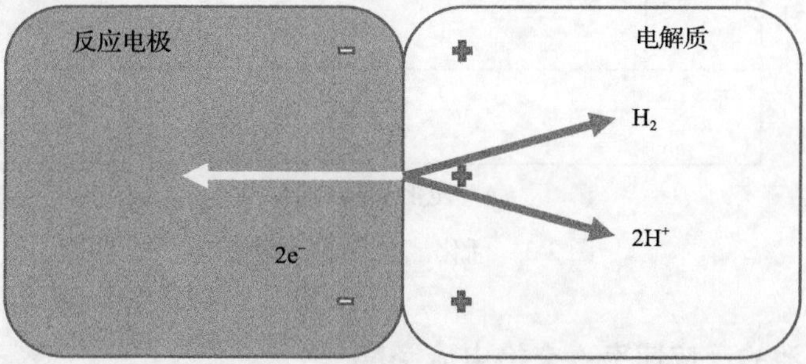

图 2.2　多相电化学反应

2. 电流

电化学反应会产生或消耗电子，电化学反应产生的电流 i 是电化学反应速率的直接度量。电流的单位为安培(A)，1A 等于 1C/s，表示电荷传输的速率。

3. 电流密度

由于电化学反应仅发生在界面处，产生的电流通常与界面的面积成正比。将反应的有效界面面积翻倍将使反应速率也翻倍，因此对电流密度 j(单位面积上的电流)的分析更加重要。

4. 电势

电势(电压)是电子能量的一种计量方法。根据能带理论，金属中电子的能量由费米能级来计量。通过改变电极电势，可以控制电化学系统中的电子能量而影响反应的方向。利用电势控制反应是电化学反应的关键。

5. 反应速率

电化学反应的速率是有限的，因此电化学反应所产生的电流也是有限的。即使自由能是下降的，活化能的存在也会阻碍反应物向产物转化，反应速率仍然是有限的。如图 2.3 所示，反应物要转化为产物，必须先越过活化峰。反应物越过这个峰的概率决定了这个反应发生的速率，ΔG_{rxn} 表示反应前后的吉布斯自由能的变化。

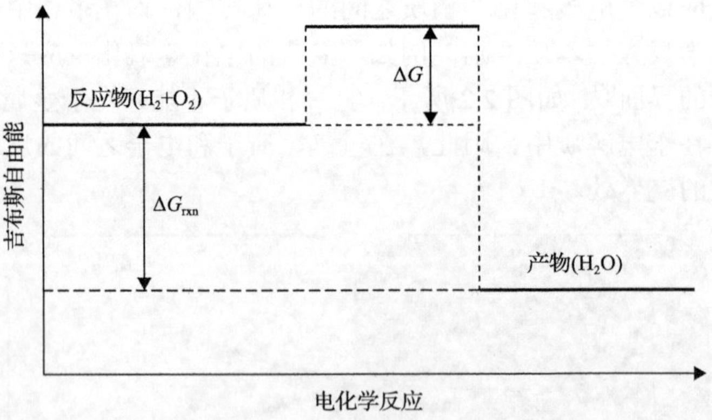

图 2.3　活化能垒(ΔG)示意图

2.2.2　燃料电池的反应速率：交换电流密度

电流密度可以理解为燃料电池的反应速率。在热力学平衡条件下，正向电流

密度（$j_{正}$）和逆向电流密度（$j_{逆}$）相等，净电流密度为零，即

$$j_{正} = j_{逆} = j_0(平衡状态) \tag{2-16}$$

式中，j_0 为反应的交换电流密度。虽然在平衡条件下，净反应速率为零，但正向反应和逆向反应的速率均为 j_0，实现了反应的动态平衡[9]。

2.2.3　燃料电池的反应电势：伽伐尼电势

对反应平衡态的另一种理解如图 2.4 所示。图 2.4(a)为氢吸附反应的化学自由能路径。与反应物(M-H)相比，产物($M+e^-+H^+$)具有更低的自由能，这将导致正向和逆向不平衡的活化能垒，正向反应速率将比逆向反应速率快。然而，这些不相等的速率将导致电荷增加，使得 e^-在金属电极积聚，H^+在电解质中积聚。电荷将不断积聚直到产生的反应界面的电势差正好抵消了反应物和产物间的化学自由能差。化学能和电势的综合效果如图 2.4(c)所示，净能量平衡导致了正向反应速率和逆向反应速率相等。

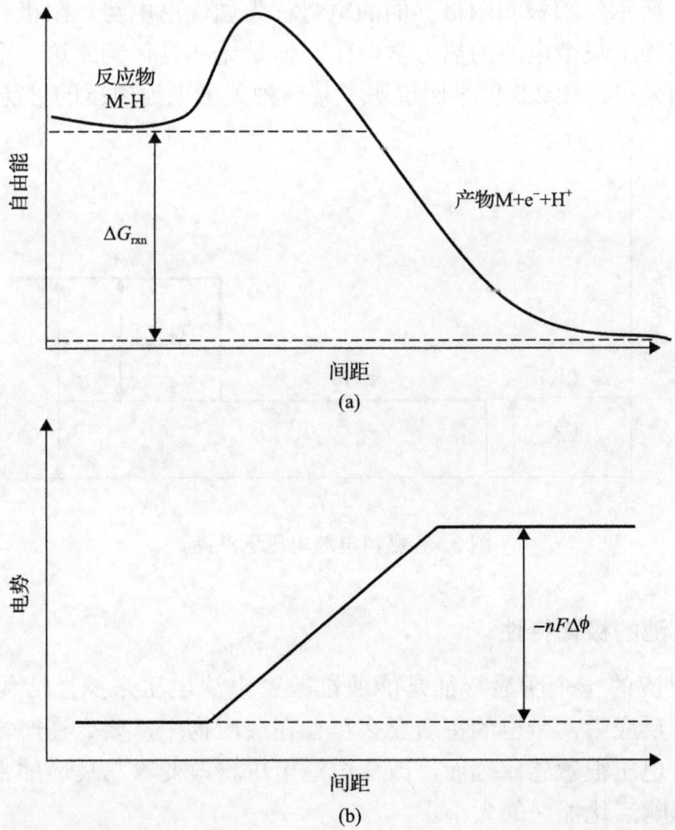

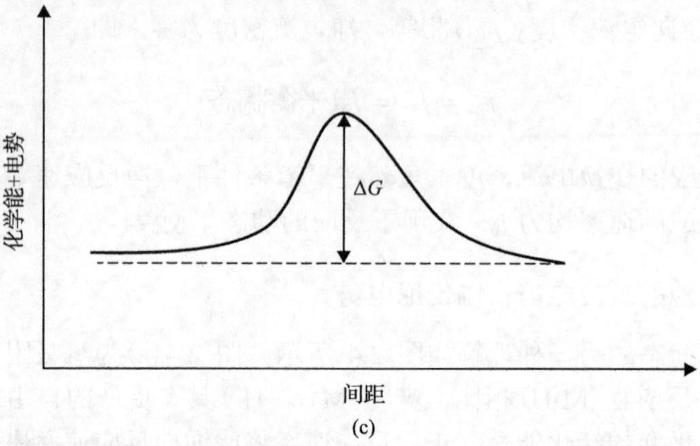

图 2.4 平衡条件下自由能差(a)、电势差(b)、综合能差(c)

与上述的阳极氧化反应一样，阴极还原反应中，反应物与产物间的化学自由能差也会导致电势差。在平衡时，两种能量相等，使反应形成动态平衡，阳极和阴极的界面电势差之和为燃料电池的热力学平衡电压。

如图 2.5 所示，阳极和阴极界面的电势称为伽伐尼电势。阳极和阴极间的伽伐尼电势相加等于整个电池的热力学电压，但是无法具体判断这一电势受到阴阳极界面的影响大小。图 2.5 仅举例说明了某一种关于电池电压的可能观点[10]。

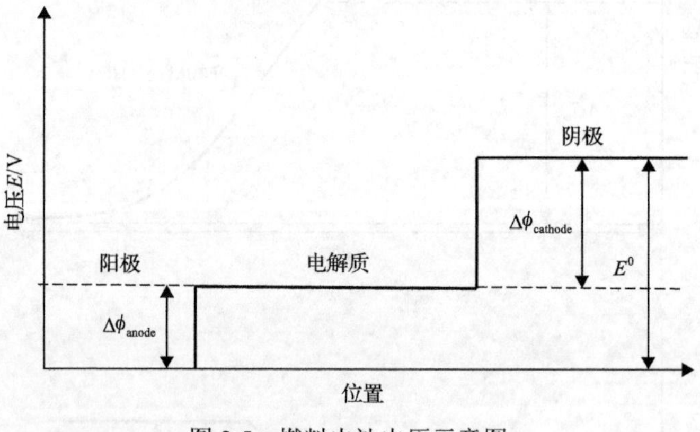

图 2.5 燃料电池电压示意图

2.2.4 燃料电池的极化特性

电化学反应的一个明显特征是能通过改变电池电压来操控活化能垒的大小。在所有电化学反应中，带电的特质要么包含在反应物中，要么在产物中。带电物质的自由能对电压很敏感。因而，改变电池电压将改变参与反应的带电物质的自由能，从而影响活化能垒的大小。

在平衡条件下，正向反应的电流密度和逆向反应的电流密度都为 j_0。远离平衡态时，可以将新的正向电流密度或逆向电流密度写成由 j_0 开始并考虑正向活化能垒和逆向活化能垒的变化：

$$j_1 = j_0 e^{\frac{\alpha nF\eta}{RT}} \tag{2-17}$$

$$j_2 = j_0 e^{-\frac{(1-\alpha)nF\eta}{RT}} \tag{2-18}$$

则净电流密度 j 为

$$j = j_0\left(e^{\frac{\alpha nF\eta}{RT}} - e^{-\frac{(1-\alpha)nF\eta}{RT}}\right) \tag{2-19}$$

这一等式假设电极处反应物和产物的浓度不受净反应速率影响。然而，实际上净反应速率可能会影响反应物和产物的表面浓度。例如，当正向反应速率急剧地增加而逆向反应速率急剧地减少时，反应物的表面浓度将趋于耗尽。在这种情况下，下面公式可以清晰地反映交换电流密度对浓度的依赖性：

$$j = j_0^0\left(\frac{C_R^*}{C_R^{0*}} e^{\frac{\alpha nF\eta}{RT}} - \frac{C_P^*}{C_P^{0*}} e^{-\frac{(1-\alpha)nF\eta}{RT}}\right) \tag{2-20}$$

式中，η 代表电压损失；n 代表电化学反应中的转移电子数；C_R^* 和 C_P^* 是反应中速率的有限物质的实际表面浓度；j_0^0 为参考点的测量值，此处反应物和产物的浓度分别为 C_R^{0*} 和 C_P^{0*}。实际上，j_0^0 代表标准浓度下的交换电流密度。

式(2-20)是众所周知的巴特勒-福尔默(Butler-Volmer)方程，它被认为是电化学动力学的奠基石，它是所有在电化学系统中尝试描述电流和电压的总起点。Butler-Volmer 方程基本阐述了电化学反应产生的电流随活化过电位指数增加。活化过电位是 η 的称谓，η 代表了为了克服同电化学反应相关的活化能垒而牺牲(损失)的电压。因而，Butler-Volmer 方程告诉我们，如果我们想从电池中获得更多电流，必须以损失电压作为代价。

燃料电池的开路电压是电池在无电流、无过电位情况下的理想电池电动势。然而，燃料电池实际工作不可能处于理想状态。理想电池的电动势(开路电压)和实际电池电动势(工作电压)与电流密度的关系是不一样的。

电极上没有电流通过时，电极处于平衡状态，与之相对应的电位称为平衡电位(E)。平衡电位是指外电流无限小、电极反应速率无限大、电极上的反应物质毫无阻力地进行电极反应时所处的电位。有电流通过电极时，电极电位会偏离平衡值，这种现象称为电极极化。电极极化程度可以用过电位来衡量，即某一电流密度下电位值与平衡电位值之差的绝对值。

实验表明，电流在阳极上通过时，电极电位正向移动，称之为阳极极化；电流在阴极通过时，电极电位负向移动，称之为阴极极化。图 2.6 是质子交换膜燃料电池的极化曲线。从图可以看出实际运行条件下，电池的开路电压低于理论值，这主要是由于燃料的渗透以及电池内部电流引起的压降损失。对应于不同的运行电流，极化曲线大致可以分为三个阶段：由于动力学影响，电极表面反应速率过慢所引起的活化极化损失；电池中材料器件的电阻以及器件之间的接触电阻和电解质中离子流动时遇到的阻力所引起的欧姆极化损失；在高电流密度下运行时，反应气体供给不足而造成的浓差极化损失。

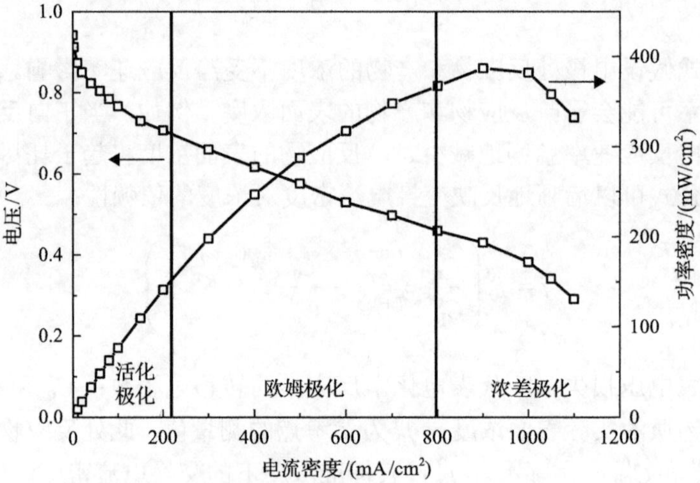

图 2.6　质子交换膜燃料电池的极化曲线

(1) 活化极化：

$$\eta_{\text{act}} = \frac{RT}{\alpha nF} \ln\left(\frac{j}{j_0}\right) \tag{2-21}$$

式中，j 为电流密度；n 为电荷转移数；F 为法拉第常量；j_0 为交换电流密度，表示反应速率。

(2) 欧姆极化：

$$\eta_{\text{ohm}} = jR_{\text{ohm}} = j(R_{\text{elec}} + R_{\text{ionic}} + R_{\text{contact}}) \tag{2-22}$$

式中，j 为电流密度；R_{elec} 为由电子传输引起的电阻；R_{ionic} 为离子传输引起的阻抗；R_{contact} 为接触电阻。

(3) 浓差极化：

$$\eta_{\text{conc}} = \frac{RT}{nF}\ln\left(1-\frac{j}{j_{\text{L}}}\right) \tag{2-23}$$

式中，j 为电流密度；j_{L} 为极限电流密度。由于电极材料和电极结构的限制，质子交换膜燃料电池在实际运行过程中存在电化学极化、欧姆极化和浓差极化现象，从而降低了电池性能和寿命[11,12]。

2.2.5　燃料电池动力学性能的改善

改善燃料电池动力学性能的方法归结于提高 j_0，j_0 代表平衡状态下反应物和产物间的“交换速率”[13]。目前，提高 j_0 的方法主要分为以下四种。

(1) 增加反应物的浓度：通过能斯特方程进行分析，增加反应物浓度在热力学上的效果不明显。但是从动力学看，反应物浓度与 j_0 呈线性关系。燃料电池在较高的压力工作时，可提高气体反应物的浓度，提升动力学速率。在燃料电池实际运行中，阴极往往使用空气而不是氧气。同氧气条件相比，空气将导致氧气的还原动力学水平大幅下降。在高电流密度条件下工作的燃料电池，反应物的消耗速率将快于补充速率，这将导致局部反应物浓度降低，这种损耗效应将导致动力学水平的进一步下降。

(2) 降低活化能垒：催化电极是一种可以显著降低反应活化能垒的电极。由于 ΔG 出现在指数项，即使活化能垒降低很小都可以产生很大的影响，因而使用一种高效催化电极就意味着提供了一种急剧提高交换速率的方法。

(3) 升高温度：通过升高反应温度，可以增加系统中可用的热能，提升系统中粒子的振动强度。这种高度的热活性增加了反应物获得足够能量以达到活化态的概率，因而增加了反应速率。如同改变活化能垒一样，改变温度对 j_0 也呈指数影响。

(4) 增加可能反应场所的数目：电流密度通常以一个电极的平面或者投影的几何面积为基础，如果一个电极表面极其粗糙，那么真实的电极表面面积将会是电极几何面积的几个数量级。单就动力学而言，与光滑的电极表面相比，粗糙的电极表面可以提供更多的反应场所。

2.3　燃料电池电荷传输

在电化学系统中，电荷传输通过将电荷从产生它们的电极移动到消耗它们的电极，构成一个闭环。电化学反应中主要有两种带电物质：电子和离子。电子与离子的传输有着本质的不同，这主要是因为两者的质量相差巨大。在大多数燃料电池中，离子电荷的传输远比电子电荷的传输困难，因而大部分研究的重点均集中在燃料电池的离子导电性上。

由于电荷传输电阻导致的燃料电池电压损耗，称为欧姆损耗。通过使用尽可能薄的电解质膜和高电导材料，可以将燃料电池的欧姆损耗最小化[14]。

2.3.1　燃料电池中的电荷转移

电荷穿过材料的速率定量为流通量(flux)(用符号 J 表示)。流通量是衡量流体在单位时间内流过一种材料单位面积上的量。图 2.7 可作为流通量的示意图：将水以 10L/s 的体流速流过这段管道，如果将流速除以管道的横截面积(A)，就得到了水沿管道流动的体流通量 J_A。

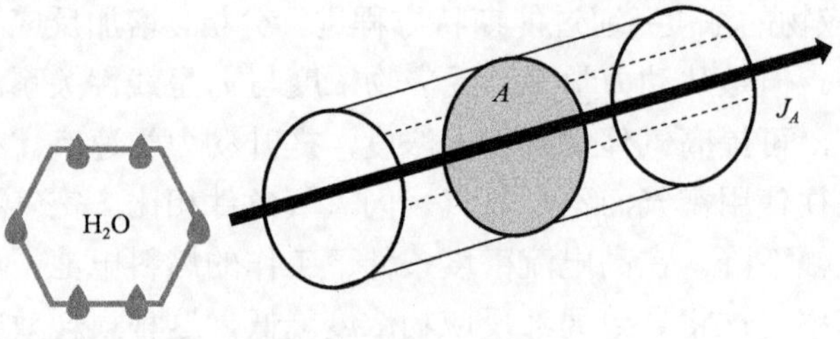

图 2.7　流通量的示意图

以氢氧质子交换膜燃料电池为例(图 2.8)，当氢气反应时，质子和电子在阳极累积，在阴极消耗。在两个电极上，电子的积累/消耗产生了电势梯度，驱动电子

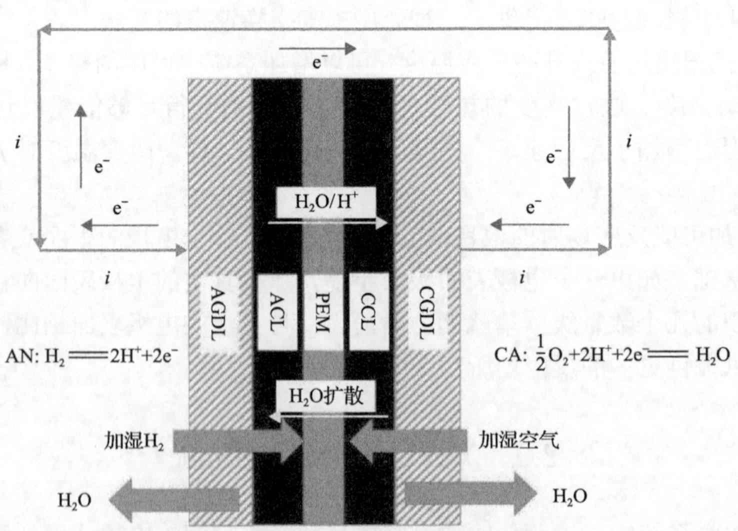

图 2.8　氢氧质子交换膜燃料电池示意图

AGDL. 阳极气体扩散层；ACL. 阳极催化层；PEM. 质子交换膜；CCL. 阴极催化层；CGDL. 阴极气体扩散层

从阳极输运到阴极。在电解质中质子的积累/消耗产生了电压梯度和浓度梯度，这两种耦合的梯度将驱动质子从阳极输运到阴极。

在金属电极中，只有电压梯度可以驱动电子电荷传输。然而，在电解质中，浓度梯度和电压梯度都会驱动离子的传输。根据电压驱动占优势的电荷传输情况，可知：

$$J = \sigma \frac{\mathrm{d}V}{\mathrm{d}x} \tag{2-24}$$

式中，J 代表电荷流通量(非摩尔流通量)；$\mathrm{d}V/\mathrm{d}x$ 是电荷传输提供驱动力的电场；σ 是电导率，即衡量一种材料在电场的作用下允许电荷流动的性质。该式简化了燃料电池电荷传输的条件[15]。

2.3.2　燃料电池中的电荷传输阻抗分析

电荷传输使得电池的工作电压随电流增加而线性降低。如果燃料电池的电阻降低，则电池的性能将会有效地提高。燃料电池电阻同面积成比例，为了规范化以消除这一效应，面积比电阻常被用来比较不同大小的燃料电池。燃料电池电阻也同厚度成比例变化，因此燃料电池电解质通常做得尽可能薄。此外，燃料电池电阻是可相加的，在燃料电池内不同区域发生的电阻损失可以连续相加。对燃料电池电阻的各种成分的研究显示燃料电池电阻中离子(电解质)通常提供了人部分的电阻。因此，可以通过研发更好的离子导体有效地改善性能[16]。

1. 电阻随面积的比例变化

燃料电池通常以单位面积为基础，用电流密度进行比较，所以在讨论欧姆损失时通常使用面积标准化的燃料电池电阻，即面积比电阻(ASR)，单位为 $\Omega \cdot \mathrm{cm}^2$。通过使用面积比电阻，欧姆损失可以由电流密度计算为

$$\eta_{\mathrm{ohmic}} = j(\mathrm{ASR}_{\mathrm{ohmic}}) \tag{2-25}$$

式中，$\mathrm{ASR}_{\mathrm{ohmic}}$ 是燃料电池的面积比电阻。面积比电阻说明，燃料电池的电阻同面积等比例变化，因而可以比较不同面积的燃料电池。

2. 电阻随厚度的比例变化

电阻不仅同导体的横截面积有关，还与导体的长度(厚度)有关。用面积比电阻归一化，则得到

$$\mathrm{ASR} = \frac{L}{\sigma} \tag{2-26}$$

导体长度 L 越短，电阻越低。离子电导率比金属中的电子电导率低几个数量级，所以将燃料电池电解质电阻最小化是至关重要的。因而，要将阳极和阴极间离子的路径尽可能地缩短，即尽可能地减薄燃料电池中的电解质膜。虽然减小电解质膜厚度能改善电池性能，但一些实际问题却限制了电解质膜的减薄。其中，最重要的是机械完整性的要求。对于固体电解质，膜不宜做得过薄，太薄会使膜更容易破裂，出现针孔，造成膜的失效，使得燃料与氧化物发生混合。目前的电解质膜仅为 8～25μm。

3. 燃料电池的电阻可加性

燃料电池总的欧姆电阻是不同部件电阻值的集合，包括阳极电极、阴极电极、阳极催化层、阴极催化层、电解质等，也可以归因于电池内不同层间界面相关的接触电阻。然而，目前很难明确区分不同电阻造成的损失。接触电阻、封装过程和工作条件的改变都会使燃料电池总电阻发生变化，但是电阻损失最大的通常是电解质。

4. 电解质的电阻损失

燃料电池中最好的电解质的离子电导率通常约为 $0.10\Omega^{-1}\cdot cm^{-1}$。即使电解质膜厚度为 10μm，也将产生 $0.01\Omega\cdot cm^2$ 的面积比电阻。相比之下，50μm 的多孔碳布电极只有小于 $5\times10^{-6}\Omega\cdot cm^2$ 的面积比电阻。所以电解质电阻在燃料电池总电阻中的占比很大。

目前，燃料电池总的面积比电阻通常为 $0.05\sim0.10\Omega\cdot cm^2$。如果电解质膜厚度不能缩小，降低欧姆损耗就依赖于高电导率的离子导体。然而，目前并未开发出更好的离子导体，研究仍在进行中[17]。

2.3.3　燃料电池电解质的种类与选择

为寻求更好的电解质，目前正在研究的材料主要分为 3 类：水溶液电解质/离子液体、聚合物电解质和陶瓷电解质[11]。三类物质都必须满足以下条件：高离子电导率、低电子电导率、高稳定性、低燃料渗透、合理的机械强度。除了高离子电导率外，电解质的稳定性的要求是最关键的。

1. 水溶液电解质/离子液体中的离子传导

水溶液电解质是指水基溶液，其中含有能够传输电荷的溶解离子。离子液体是指自身同时是液体又是离子的材料。燃料电池中几乎所有的水溶液电解质/离子液体都使用一种基质材料来支撑或固定电解质。这类基质材料通常要求有三个特性：①为电解质提供机械强度；②在防止短路的同时最小化电极间的距离；③防止反应气体渗透电解质。其中，反应物的渗透是水溶液电解质/离子液体的特有问题。在没有支撑时，反应物气体的渗透会非常严重。在这种情况下，无法实现非平衡压和高压条件下的操作。使用基质材料则有效地提供了机械完整性并减少了气体渗透问题，同时大大减薄了电解质膜的厚度(0.1～1.0nm)。

2. 聚合物电解质中的离子传导

对于聚合物电解质，通常其电导率随温度升高呈指数增长。这类基质材料通常要求有以下特性：①与移动离子相比，固定电荷结点应该具有相反的电荷，以确保贯穿聚合物的净电荷平衡；②自由体积同聚合物的空间组织相关联。典型的聚合物结构中存在着孔结构，并不是完全致密的。这些孔结构可以改善离子穿过聚合物的能力，且增加聚合物的孔结构会增加聚合物内小规模结构振动和移动的范围。由于孔结构的效应，聚合物膜可以表现出较高的离子电导率。聚合物的孔结构也产生了另一个传输机制——车载机制。在车载机制中，离子在某种自由物质经过时吸附，通过孔结构空间实现传输。

3. 陶瓷电解质中的离子传导

固态氧化物燃料电池的电解质是固态的，是可以传导离子的晶体氧化物材料。最普遍的固体氧化物燃料电池电解质材料是含有氧化钇的稳定氧化锆(YSZ)。典型的 YSZ 电解质是含有 8%氧化钇的氧化锆。由于电荷补偿效应，氧化钇向氧化锆晶体结构中引入高浓度的氧空位，此高浓度的氧空位使得 YSZ 展现出高离子电导率。在较高的温度下，这些氧空位加速了晶格中氧离子的传输[18]。

2.4　燃料电池质量传输

为了产生电流，必须不断地为燃料电池提供燃料和氧化物，并排出产物水以防止燃料电池水淹。供给反应物和产物的过程称为燃料电池的质量传输过程，该传输过程不带电，不受电压梯度的影响，所以必须依赖运动的扩散力和对流力。

恶劣的质量传输将导致严重的燃料电池性能损耗，因此理解燃料电池内部，尤其是催化层的质量传输是十分必要的。催化层内反应物的耗尽(或产物的聚积)对性能有着不利的影响，这种性能损耗被称为燃料电池的浓度损耗或质量传输损耗。通过对燃料电池电极和燃料电池流场结构中的质量传输的精心优化，可以将浓度损耗降至最低[19]。

2.4.1　膜电极与流道间的质量传输

燃料电池电极上和燃料电池流场结构中质量传输的主要区别在于传输机制的

不同。对于燃料电池的流场结构，其尺寸一般为毫米或厘米量级，流场图形通常是由沟道阵列组成，适用于流体力学定律。这些沟道中的气体传输受到流体流动和对流的控制。相反，燃料电池电极的结构和孔隙呈现为微米和纳米量级，使得气体分子免受流场沟道中出现的对流力的影响。由于不受对流流动的影响，电极内部的气体传输主要受扩散作用控制[20]。

流场沟道中控制传输的对流力通常来自推动燃料或氧化物以给定速率穿过燃料电池所需要的压力，该压力可以用流体动力学计算。高流速能够确保燃料电池内部各点反应物的良好分布和产物的有效排除，但过高的压强会导致其他的运行问题。

而电极中控制扩散传输的浓度梯度是由催化层内部的物质消耗(或产生)而产生的。在高电流密度下，燃料电池阳极的 H_2 可能会耗尽，由此引起的浓度梯度将提供 H_2 从电极向反应区域扩散传输的驱动力。

在阳极-电解质界面 H_2 的消耗导致了电极内部 H_2 的耗尽。H_2 的浓度在流场沟道到催化层的方向上迅速降低。在沟道-电极界面，H_2 的速率将会下降到 0，代表进入了扩散层[21]。

以对流为主的流动和以扩散为主的流动的“分界线”常常出现在燃料电池气体沟道和多孔电极的接触位置。在流场沟道内部对流使得气流充分混合，不会出现浓度梯度。但可能由于摩擦作用，气流的运动速率在电极-沟道边界趋近于零。由于缺少了对流的混合作用，电极中凝滞的气体内部会形成浓度梯度。因为在该区域内扩散占质量传输的主导地位，便称上述凝滞的气体区域为扩散层。因为对流传输结束与扩散传输起始的分界线模糊，该分界线还会随着流动条件、流场沟道的几何图形和尺寸以及电极结构而有所变化，因此扩散层精确的厚度通常很难确定[22]。

2.4.2 膜电极内部结构的质量传输

本节将探讨扩散层中的质量传输问题，假设电极与扩散层厚度一致。在多数流动情况下，这是一个合理的假设。但是，大流速或者不常见的流场图形会减薄扩散层，在这些情况下计算真实的扩散层厚度需要更精密的模型。同样，低流速能增厚扩散层，但这也需要精密模型加以处理[23]。

1. 驱动扩散的电化学反应

在典型的燃料电池电极内的质量传输状况中，电极一侧的电化学反应和电极另一侧的对流混合建立了一个浓度梯度，从而产生整个电极内部的扩散传输。电化学反应将导致催化层中反应物的消耗和产物的聚积，通过以下两种方式影响燃料电池的性能：①能斯特损耗，由于催化层中反应物的浓度比整体浓度低，催化层中产物浓度比整体浓度高，根据能斯特方程可以推断，燃料电池的可逆电动势将会下降；②反应损耗，因为催化层内反应物的浓度比整体浓度低，催化层中产物浓度比整体浓度高，反应速率(活性)损耗将会增加。

上述两种损耗的复合效果归结为燃料电池的浓度损耗(质量传输损耗)。为了确定浓度损耗的大小，需要精确确定催化层内反应物和产物浓度与它们的体相浓度的差值[24]。

2. 极限电流密度

燃料电池无法维持比反应物浓度在 0 的情况下更高的电流密度，该电流密度为燃料电池的极限电流密度，可以表示为

$$j_L = nFD^{\text{eff}} \frac{C_R^0}{\delta} \tag{2-27}$$

式中，D^{eff} 是有效扩散率；C_R^0 是反应物的浓度；δ 是电极(扩散层)的厚度。

燃料电池的质量传输设计的重点在于提高极限电流密度。这些设计包括：①使反应物均匀分布的良好流场结构，以确保高 C_R^0 值；②优化燃料电池的工作条件、电极结构和扩散层厚度，以保证大的 D^{eff} 值和小的 δ 值。δ 的典型值为 100～300μm，D^{eff} 的典型值为 $10^{-2}\text{cm}^2/\text{s}$，因此典型的极限电流密度为 1～10A/cm²。这一质量传输结果代表了燃料电池的最终极限，燃料电池不可能产生比其极限电流密度更高的电流密度[25]。

2.4.3　流道内部结构的质量传输

设计燃料电池的流场结构是为了使反应物尽量均匀地分布于燃料电池中。其中，最简单的流场结构为单一腔体结构。但是这种设计会使 H_2 滞留在腔体内，导致反应物分布较差且质量传输损耗较高，使得燃料电池的性能很差。

实际的燃料电池中，通过使用错综复杂的含有许多小流场沟道的流场结构可以使质量传输损耗最小化。相对于单一腔体的设计，采用许多小流场沟道的设计可以使燃料在穿过燃料电池时保持持续的流动，促进均衡的混合和均一的反应物分布。小流场沟道设计同样提供了更多电极表面的接触点，可以收集到更多的电流[26]。

为了得到燃料电池的流场结构，通常采用压印、刻蚀和机械加工等方法在流场极板上加工流场沟道设计图案。沟道常以迂回、盘旋或螺旋方式从一角的气体入口穿越流场极板到达另一角的气体出口。要分析这些复杂流场结构中的气体对流传输只能使用数值方法。常见的方法是使用计算流体动力学(CFD)建模等计算机仿真工具。除了使用 CFD，还可以对简单的特定流动情况进行基本模拟。这类基本模拟是根据流体力学原理建立的，也可以获得对燃料电池质量传输和流场结

构设计的更深入了解[27]。

1. 极限电流密度流场沟道中的压降

图 2.9 形象地表示了燃料电池流场沟道中典型的质量传输情况。有一种气体从左向右以平均速度 $\overline{u}$ 穿过流场沟道。入口压强($P_入$)和出口压强($P_出$)的差值驱动了流体的流动。增加入口和出口之间的压降会增加沟道中的平均气流速度，改善对流。

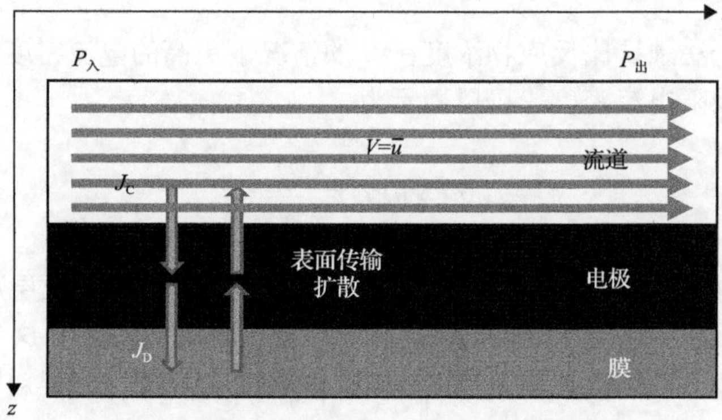

图 2.9 燃料电池流场沟道的质量传输示意图

2. 从流场沟道到电极的对流质量传输

从流场沟道到电极的对流质量传输如图 2.9 所示。尽管气体沿流场沟道 x 方向从左到右流动，对流质量传输也可以出现在从流场沟道进入(或流出)电极的 z 方向。这种类型的对流质量传输出现在物质在电极表面和流场沟道体内密度不同的情况下。例如，在燃料电池阴极，水在电极处产生，电极表面的水的局部密度比流场沟道体内的水的密度大，导致水流出电极表面的对流质量传输[28]。

2.5 本章小结

本章讨论了热力学、动力学在燃料电池中的分析及应用，并论述了燃料电池中电荷传输和质量传输对燃料电池性能损耗的影响。

通过热力学基本原理的应用可以了解燃料电池性能的理论极限。目前常用的三种热力学分析方法是焓分析、熵分析和㶲分析。通过热力学分析方法对能量转换过程进行分析，改进燃料电池，能够更加合理地利用能量。通过动力学则可以解释燃料电池的反应过程如何导致性能的损失。由于提高电化学反应的速率对于燃料电池性能的改善是至关重要的，动力学的研究可以极大地提升燃料电池的性能，本章主要介绍了催化作用、电极设计和其他提高电化学反应速率的方法。通过学习电荷传输和质量传输机制，则可以提供未来燃料电池的设计方向，有效地降低燃料电池运行过程中的各类损耗。

思　考　题

2-1　恒温条件下，一个含有气体的化学反应，反应后气体体积减小很多，那么这个反应的熵变是正的还是负的？为什么？

2-2　通常，反应物浓度(活度)的增加会增大还是会减小电化学系统的电池可逆电压？

2-3　①如果一个燃料电池在 $P=P_i$ 和 $T=\pi$ 时的可逆电压值为 E_1，如果调节电池压强为 P_2 并保持电池电压为 E_1，请写出对于温度的一个表达式。②对于一个在室温和大气压(对纯氧气而言)下工作的氢氧燃料电池，如果工作压强减小一个数量级，那么需要在什么温度下才可以保持原来的可逆电压？

2-4　其他条件不变，在一给定的活化过电位下，哪一个影响会造成反应净电流密度更大程度增加：温度翻倍(单位 K)或者活化过电位减半？假设 J_0 的指数前部分与温度无关。

2-5　列出对于燃料电池有效催化剂的主要要求。列出对于燃料电池有效电极结构的主要要求。

2-6　任何电化学动力学理论都可以在平衡条件下分解成热力学推导。证明 Butler-Volmer 动力学模型在平衡条件下转变为热力学平衡(能斯特公式)。

2-7　详细论述为何电荷传输导致燃料电池的电压损失。

2-8　作为一种候选的燃料电池电解质，请至少列出其应该具备的 4 种重要要求。哪种要求(除了电导率外)通常最难实现？

2-9　当其他条件相同时，使用“合成空气(21%氧气，79%氦气)”的燃料电池的浓度损耗比使用空气(约 21%氧气，约 79%氮气)的燃料电池的浓度损耗高还是低？论证你的答案。

2-10　讨论为什么在 SOFC 中阴极流场沟道设计不像 PEMFC 中那么重要。提示：考虑 SOFC 的典型工作温度及其对 J_L 的影响。

参 考 文 献

[1] Adamson K A, Pearson P. Hydrogen and methanol: A comparison of safety, economics, efficiencies and emissions. Journal of Power Sources, 2000, 86(s1-2): 548-555.

[2] Jiang J, Yi B. Thickness effects of a carbon-supported platinum catalyst layer on the electrochemical reduction of oxygen in sulfuric acid solution. Journal of Electroanalytical Chemistry, 2005, 577(1): 107-115.

[3] Antropov L. 理论电化学. 吴中达, 译. 北京: 高等教育出版社, 1982.

[4] Kenneth J, Donald R. Themodynamics. 6th Edition. New York: McGraw-Hill, 1999: 722-723.
[5] 李瑛, 王林山. 燃料电池. 北京: 冶金工业出版社, 2000.
[6] Larmine J, Dicks A. Fuel Cell System Sexplained. New York: Wiley, 2000: 26-28.
[7] 邓会宁, 王宁新. 燃料电池过程的效率. 电源技术, 2005, 29: 15-18.
[8] Owejan J P, Gagliardo J J, Sergi J M, et al. Water management studies in PEM fuel cells, Part I: Fuel cell design and *in situ* water distributions. International Journal of Hydrogen Energy, 2009, 34(8): 3436-3444.
[9] 查全性. 电极过程动力学. 2版. 北京: 科学出版社, 1987.
[10] 吴昆. 质子交换膜燃料电池动态建模与控制研究. 武汉: 武汉理工大学硕士学位论文, 2011.
[11] 罗马吉, 刘杰, 罗志平, 等. 质子交换膜燃料电池的效率分析. 武汉理工大学学报, 2009, 33(5): 948-951.
[12] 肖钢. 燃料电池技术. 北京: 电子工业出版社, 2009.
[13] 天津大学物理化学教研室. 物理化学. 4版. 北京: 高等教育出版社, 2001.
[14] 衣宝廉. 燃料电池——高效、环境友好的发电方式. 北京: 化学工业出版社, 2000.
[15] 严家騄, 王永青. 工程热力学. 2版. 北京: 中国电力出版社, 2013.
[16] O'Hayre R, Colella W, Prinz F B. 燃料电池基础. 王晓红, 黄宏, 等译. 北京: 电子工业出版社, 2007.
[17] 英克鲁佩勒. 传热和传质基础原理(原著第六版). 葛新石, 叶宏, 译. 北京: 化学工业出版社, 2007.
[18] Ioffe A I, Rutman D S, Karpachov S V. On the nature of the conductivity maximum in zirconia-based solid electrolyte. Electrochimica Acta, 1978, 23: 141.
[19] 衣宝廉. 燃料电池——原理・技术・应用. 北京: 化学工业出版社, 2003.
[20] Manso A P, Marzo F F, Barranco J, et al. Influence of geometric parameters of the flow fields on the performance of a PEM fuel cell: A review. International Journal of Hydrogen Energy, 2012, 37(20): 15256-15287.
[21] 侯明, 吴金锋, 衣宝廉. PEM燃料电池流场板. 电源技术, 2001, 25(4): 294-298.
[22] Gerteisen D, Heilmann T, Ziegler C. Enhancing liquid water transport by laser perforation of a GDL in a PEM fuel cell. Journal of Power Sources, 2008, 177(2): 348-354.
[23] Han S H, Choi N H, Choi Y D. Simulation and experimental analysis on the performance of PEM fuel cell by the wave-like surface design at the cathode channel. International Journal of Hydrogen Energy, 2014, 39(6): 2628-2638.
[24] 帕斯夸里・科尔沃, 福图纳托・米格莱蒂尼, 奥托里诺・维纳里. 车用氢燃料电池. 张新丰, 译. 北京: 机械工业出版社, 2019.
[25] 王志成. 燃料电池与燃料电池汽车. 北京: 科学出版社, 2020.
[26] 隋智通. 燃料电池及其应用. 北京: 冶金工业出版社, 2004.
[27] Chen Q, Ren J, Guo Z Y. Field synergy analysis and optimization of decontamination ventilation designs. International Journal of Heat and Mass Transfer, 2008, 51(3-4): 873-881.
[28] 陈全世. 燃料电池电动汽车. 北京: 清华大学出版社, 2005.

第 3 章　质子交换膜燃料电池的核心部件

3.0　引　　言

开发燃料电池新材料及部件是解决燃料电池耐久性和成本这两大问题的必经之路，也是目前车用质子交换膜燃料电池研究的热点。车用燃料电池的关键材料主要包括双极板、质子交换膜、催化层、气体扩散层、密封件和端板。质子交换膜与阴、阳极催化层构成三合一的膜电极组件，进一步与阴、阳极的气体扩散层相结合构成五合一膜电极组件。车用质子交换膜燃料电堆由五合一膜电极和双极板交替叠压、密封而成。

3.1　膜　电　极

膜电极(membrane electrode assembly，MEA)是质子交换膜燃料电池(proton exchange membrane fuel cell，PEMFC)的核心部件，选择合适的膜电极材料，设计并优化膜电极制备工艺，可有效提升燃料电池的性能。膜电极主要包含催化剂、质子交换膜和气体扩散层三个组成部分，五合一膜电极结构如图 3.1 所示。

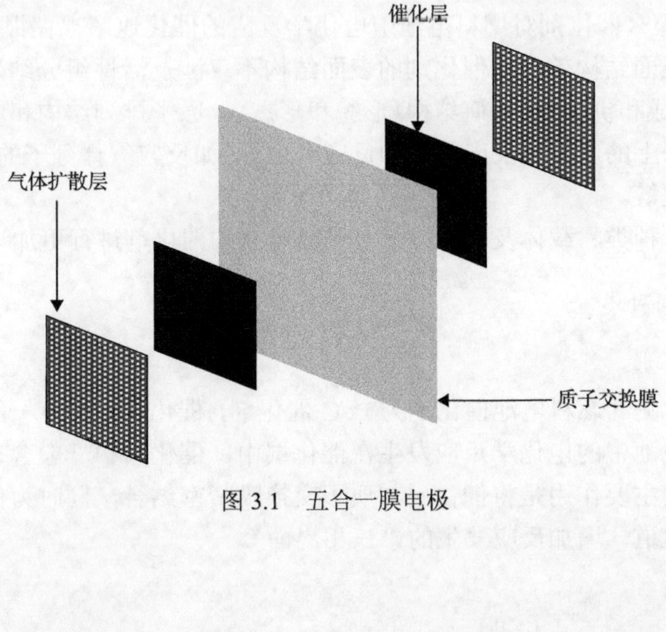

图 3.1　五合一膜电极

3.1.1 催化剂

许多电化学反应虽然在热力学上是可行的，但其动力学反应速率很慢，甚至几乎不发生。从第 2 章的燃料电池动力学基础(Butler-Volmer 方程，简称 B-V 方程)中可以知道，催化剂的使用可以降低反应的活化能垒，提高电池电势，因此选用高催化活性的催化剂可以有效地提升燃料电池的性能[1]。

催化剂对燃料电池中电化学反应速率的影响主要包括电子结构效应和表面结构效应。电子结构效应主要是指催化剂中金属元素的能带结构、表面态密度等对反应活化能的影响；表面结构效应是指催化剂中活性组分颗粒的表面结构(如原子排列结构、晶面结构等)通过与反应气体相互作用，进而对反应速率的影响。

燃料电池催化剂的选择一般需要考虑电子结构效应，选择合适的催化剂材料(如 Pt、Pt 合金等)，再考虑表面结构效应，研究催化剂的表面结构对催化反应速率和机制的影响。

(1) 电子结构效应：由于电子结构的作用，催化剂和反应物之间的相互作用降低了反应的活化能。不同金属对氧还原反应(ORR)和氢氧化反应(HOR)的活性、结合能和活化能都具有火山型关系。吸附能太大或太小，催化活性都很低，只有吸附能适中时，催化活性才能达到最大。吸附作用太弱时，反应物不易吸附，而吸附作用太强，反应中间产物会较难脱附，二者均不利于反应的进行。在所有已知金属中，Pt 催化剂是目前性能优异的燃料电池 ORR 和 HOR 催化剂。

(2) 表面结构效应：以 Pt 或 Pt 合金催化剂为例，如果其中的活性组分纳米颗粒具有不同的表面原子排列结构(如不同的纳米颗粒形状、不同晶面结构、不同颗粒粒径等)，那么催化剂对燃料电池中电化学反应的催化速率存在很大差别，这便是催化剂的表面结构效应。催化剂的表面结构不仅涉及活性组分纳米颗粒表面的化学结构(组成和价态)、几何结构(形貌和形态)、原子排列结构和电子结构，还涉及分子水平上的电催化反应机制和反应动力学，如反应气体分子的吸附、解离、表面结构重建等。

下面将从种类、载体及制备方法对燃料电池的催化剂进行更加详细的介绍。

1. 催化剂种类

1) Pt 催化剂

目前最常见的燃料电池催化剂为 Pt/C 催化剂，催化层的厚度一般为几到几十微米。燃料电池中的电化学反应发生在催化层中。催化层中一般含有全氟磺酸树脂，该材料的主要作用是将催化层与质子交换膜紧密结合，同时为催化层中的质子传导提供通道，增加反应发生的“三相界面”。

由于催化剂中贵金属 Pt 的使用，成本高成为燃料电池在大规模商业化道路上亟待解决的问题。催化剂作为燃料电池中最为昂贵的材料之一，是材料主导型部件，其成本不会由于大规模生产而降低，而在整个燃料电池系统中，催化剂成本所占比例反而会因大规模生产而上升，所以提高催化剂性能、降低催化剂成本具有十分重要的意义。同时催化剂作为参与燃料电池内部电化学反应的关键材料，其性能衰减、失活也会导致整个电池的性能衰减甚至失活。因此，催化剂作为质子交换膜燃料电池的关键材料，一直是研究的重点。

近几年的相关研究发现，在纳米尺度上对催化剂 Pt 纳米颗粒的结构进行理性设计和化学裁剪，会显著改变催化剂的物理化学性质，进而获得性能更好的 Pt 催化剂，如一维结构的 Pt 纳米线(nanowire)、Pt 纳米管(nanotube)，三维结构的 Pt 纳米枝(nanodendrites)、Pt 纳米多孔(nanoporous)、Pt 纳米网(nanonetwork)等[2,3]。

2)双金属催化剂

在不降低 Pt 催化性能的基础上，非贵金属的引入不仅能部分取代 Pt，降低催化剂成本，还能进一步改善催化剂性能[4]。Pt-M(M 为 Co、Ni、Ru、Mo 等)催化剂在降低 Pt 载量、提高催化剂活性和耐久性等方面表现出优良的性能，已经成为催化剂领域的研究热点。一方面，非贵金属元素的引入使 Pt—Pt 的原子间距缩短，有利于 O_2 的解离吸附，从而提高了催化剂对 ORR 的催化活性。另一方面，催化剂能够提供的活性位点和反应中间产物在催化剂表面的吸附能，也是影响催化剂性能的关键因素[5]。非贵金属的添加使 Pt 原子的 d 带中心发生偏移，从而改变催化剂表面的吸附能，影响催化剂的 ORR 催化活性。双金属催化剂中非贵金属的溶解还会增加催化剂的表面粗糙度，为 ORR 提供更多的反应活性位点。综上所述，双金属催化剂具有合适的 Pt—Pt 原子间距及更多的 d 带空穴，两者共同作用提高了其对于 ORR 的催化活性。

Pt 基双金属催化剂具有以下优势[6]：降低 Pt 载量，提高 Pt 利用率；提高催化性能；改善催化剂抗毒性；提高催化剂耐久性。催化剂的结构与催化活性之间建立了更加密切的关系，因此可根据催化活性的要求改善催化剂的结构。

除了单纯地添加非贵金属形成 Pt 基双金属催化剂，还可以对双金属催化剂进行纳米尺度上的调控，研制具有特殊形貌(立方体结构、核壳结构 M@Pt 等)、不同晶面结构[暴露更多(111)晶面]、不同粒径大小的双金属催化剂，进一步提升催化性能。

3)非 Pt 催化剂

由于 Pt 储量有限、造价高昂，因此 Pt 基催化剂的使用成为制约燃料电池商业化发展的主要因素之一。采用非 Pt 催化剂甚至非贵金属催化剂为解决这一问题提供了可能性。目前，非 Pt 催化剂主要分为三大类：Pd 基催化剂、过渡金属大环类化合物和过渡金属氮化物/过渡金属氧化物。

(1) Pd 基催化剂：Pd 是除 Pt 以外具有最好催化活性的金属。虽然 Pd 也是贵金属，但 Pd 的储量远高于 Pt，还具有很好的抗 CO 中毒能力。用于燃料电池阳极催化剂时，Pd 基催化剂表现出良好的 HOR 催化活性和抗 CO 中毒能力；用于燃料电池阴极催化剂时，Pd 基催化剂表现出良好的 ORR 催化活性。

(2) 过渡金属大环类化合物：过渡金属大环类化合物一般指由酞菁(Pc)、三烯丙基胺(TAA)、四甲氧基苯基卟啉(TMPP)、四苯基卟啉(TPP)等具有多齿配位作用的大环结构与过渡金属离子 M(如 Fe、Co、Mn 和 Ni 等)螯合形成的过渡金属大环类化合物。该类化合物可用作 ORR 催化剂，适用于中性、酸性及碱性介质。

(3) 过渡金属氮化物/过渡金属氧化物：过渡金属氮化物是指氮原子嵌入过渡金属晶格中所形成的一类金属填充性化合物，对 ORR 具有一定的催化活性，但远低于 Pt[7]。通过引入新型碳材料(如石墨烯)，改进组成、结构等，有望提高此类催化剂的催化活性。但氧化物在酸性环境中易溶解，因此此类催化剂的研究目前只适用于碱性电解液中。

2. 催化剂载体

将贵金属的纳米颗粒分散在载体上，可提高贵金属的分散性，从而有效地提高贵金属的利用率。催化剂中的载体不仅可以起到支撑和分散活性组分纳米颗粒的作用，同时还对催化剂的传质、电化学稳定性和热稳定性等都有重要影响。为了满足燃料电池运行的要求，理想的催化剂载体应该具备以下条件：①高比表面积(＞$75m^2/g$)，为活性组分负载提供足够的比表面积，提高催化剂活性组分的分散性及利用率；②高导电性，具有良好的电子传导能力，减少燃料电池运行过程中由此产生的欧姆损耗；③酸性条件下的耐腐蚀性，可以满足燃料电池汽车的耐久性要求；④适宜的孔结构(2～10nm)，减小反应物和产物的传质阻力；⑤适宜的亲水/疏水特性，保证足够的容水能力与气体通道；⑥一定的机械强度和热稳定性[8]。

目前的催化剂新型碳载体主要有碳纳米管、碳纳米纤维、碳纳米球、石墨纳米纤维、富勒烯 C_{60} 及介孔炭等。现阶段还出现了一些对传统碳载体进行表面改性或修饰，提高碳载体利用率和耐腐蚀性的研究，如在碳载体中引入化学基团，以氮氧化物、金属氧化物对碳载体进行修饰等。除了碳基材料，一些金属氧化物(如 CeO_2、TiO_x、WO_x)、过渡金属碳化物、硼化物或氮化物等也被用作催化剂的载体。

3. 常用制备方法

1) 两步还原法

两步还原法是目前制备燃料电池双金属催化剂的常用方法之一。两步还原法制备的纳米颗粒粒径较小，分散性好，制备条件温和。

2) 乙二醇还原法

乙二醇(ethylene glycol，EG)还原法也是一种常用的燃料电池催化剂制备方法。由于乙二醇是弱还原剂，还原得到的金属纳米颗粒粒径生长速度较慢，制备的催化剂纳米颗粒粒径较小。

3) 脉冲微波辅助化学还原法

脉冲微波辅助化学还原法是一种利用脉冲微波设备制备燃料电池催化剂的有效方法。通过微波使反应液温度快速升高，金属前驱体快速地被还原成核，形成颗粒细小的金属纳米颗粒。

3.1.2　质子交换膜

质子交换膜(proton exchange membrane，PEM)在燃料电池中主要起两大作用：①传递质子，推动电子通过外电路供能；②阻隔阴极和阳极，避免燃料和氧气直接接触而发生短路。因此，PEM 会直接决定 PEMFC 的性能。应用于燃料电池的理想的聚合物电解质膜应该具备下列性质：

(1) 高质子传导率，饱和湿度下应该大于 100mS/cm；

(2) 低的燃料渗透率；

(3) 良好的机械稳定性；

(4) 良好的热稳定性和水解稳定性；

(5) 良好的电化学稳定性；

(6) 良好的尺寸稳定性。

根据氟含量，可以将质子交换膜分为全氟质子交换膜、部分氟化聚合物质子交换膜、非氟质子交换膜和复合质子交换膜。其中，全氟磺酸树脂分子主链具有聚四氟乙烯(polytetrafluoroethylene，PTFE)结构，因而具有优秀的热稳定性、化学稳定性和较高的力学强度；该聚合物膜寿命较长，同时由于分子支链上存在亲水性磺酸基团，因此具有优秀的离子传导特性。非氟质子交换膜对工作环境的要求比较苛刻，否则膜会迅速被降解破坏；从实用角度考虑，非氟质子交换膜要稍差于全氟磺酸质子交换膜。

全氟质子交换膜最先实现产业化。增强型全氟质子交换膜主要包括 PTFE/全氟磺酸复合膜和玻璃纤维/全氟磺酸复合膜。高温型复合质子交换膜则主要包括杂多酸/全氟磺酸复合膜和无机氧化物/全氟磺酸复合膜。

普通全氟质子交换膜的生产主要集中在美国、日本、加拿大和中国，主要品牌包括美国杜邦 Nafion 系列膜、陶氏化学公司 Dow 膜和 Xus-B204 膜、3M 公司全氟碳酸膜，日本旭化成株式会社 Alciplex、日本旭硝子公司 Flemion、日本氯工程公司 C 系列，加拿大 Ballard 公司 BAM 系列膜，比利时 Solvay 公司 Solvay 系列膜，中国东岳集团的DF988、DF2801质子交换膜。20世纪80年代初，自加拿大Ballard公司将全氟磺酸质子交换膜用于PEMFC并获得成功以来，全氟磺酸质子交换膜成为现代PEMFC唯一商业化的膜材料。

目前市场应用最广的质子交换膜是杜邦公司的Nafion膜。相比其他质子交换膜，Nafion膜具有较高的化学稳定性和较高的机械强度，即便在高湿度的工作环境下也能保持高质子传导率。目前商业化的全氟磺酸质子交换膜几乎都是以Nafion结构为基础。

Nafion膜为高分子膜，不具有自由电子，因此没有电子导电性，而其侧链末端由于带有$SO_3^-H^+$磺酸基团，H^+与SO_3^-结合并不是很紧密，当质子膜水合足够时，质子可在电场作用下迁移，因此带有质子导电性[9]。其质子传递机制主要分为三类[10]：侧链振动、车载机制和跳跃机制。侧链振动主要负责相邻侧链间的质子传递，通过温度依赖的链段振动实现。而车载机制认为质子传递过程中以水合形式存在，磺酸基团形成类似$SO_3^-H_3O^+$结构进一步减弱H^+与SO_3^-间的结合力，H_2O协同H^+一同从阳极传递至阴极。跳跃机制认为在树脂中水含量足够多的情况下，H^+结合2～4个水分子形成$H_5O_2^+$和$H_9O_4^+$充电位点，使得H^+可以在连续的充电位点之间传输。

3.1.3 气体扩散层

气体扩散层(gas diffusion layer，GDL)通常由碳基材和微孔层组成，主要成分为碳粉、水、醇类和疏水剂等材料[11]。

气体扩散层中，反应产生的水通常以气相和液相两种形态存在。无论是液态水还是水蒸气，传质方向都是从催化反应界面到流场。根据液态水滴在气体扩散层的表面接触角不同，可以将气体扩散层表面微孔分为亲水孔与疏水孔，其中亲水孔易于排水，而疏水孔则利于传递气体。当燃料电池在大电流密度和使用空气作为氧化剂的条件下工作时，为了能够将催化层内的产物水及时排出，气体扩散层必须具备较高的疏水特性。

反应气体主要是依靠扩散效应从流场扩散至催化反应界面的。反应气体的传质主要与气体的浓差梯度和孔隙率有关。可以根据扩散方式不同，将气体传质分为两种：发生在较大气孔内的分子间扩散；发生在较小微孔内的克努森扩散(Knudsen diffusion)。克努森扩散与气体的浓差梯度无关。扩散层的多孔结构有利于反应气体的分配，同时还可以将催化层内的热量传递到集流板。

气体扩散层在电极中不仅起着支撑催化层、稳定电极结构的作用，还具备为电极反应提供气体通道、电子通道和排水通道的多种功能[12]。气体扩散层的作用主要有以下几点：

(1)支撑催化层；

(2)传输气体和水的通道；

(3)传导电子；

(4)热的传输和分配；

(5)较强的耐化学腐蚀和耐电化学腐蚀。

1. 基材

碳纤维纸是目前 PEMFC 电极中最常用的气体扩散层材料。该材料具有均匀的多孔质薄层结构、优异的导电性、良好的化学稳定性和热稳定性(表 3.1)。碳纸的主要原料是碳纤维，碳纤维在超过2000℃的高温下石墨化时，其导电性和机械强度将会得到进一步提升。目前常见的碳纤维制备方法是将黏结剂和短纤维混合抄纸造纸，经过浸渍、模压、碳化及石墨化得到碳纸，碳纸制备流程如图 3.2 所示。目前国内的PEMFC研究单位基本都使用日本的TORAY、德国的SGL及Freudenberg、加拿大Ballard等公司生产的碳纤维纸。

表 3.1　常见气体扩散层材料优缺点

材料	优点	缺点
碳纤维纸	均匀的多孔质薄层结构； 优异的导电性； 良好的化学稳定性和热稳定性	脆性大，缺乏柔性
碳纤维编织布	机械脆性低； 柔性高，具有弯曲性能； 具有一定的抗压性能	缺乏尺寸稳定性
非织造布	机械脆性低； 柔性高，具有弯曲性能； 尺寸稳定性较好	表面接触电阻较大
炭黑纸	导电性好	机械强度低； 热稳定性差

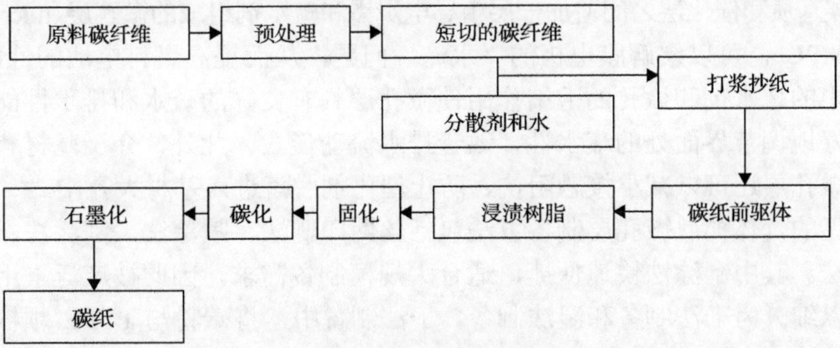

图 3.2　碳纸制备流程图

基材作为气体扩散层的关键组成部分，关于支撑层的制造方法和成分组成的研究很多。许多研究者考察了不同疏水剂载量与气体扩散层疏水性和导电性的关系。经过不同比例疏水剂处理的碳纸表面形貌如图 3.3 所示。气体扩散层的疏水性非常重要，一方面它可以提高气体扩散层的排水能力从而减少水淹现象的发生[13]。另一方面，PTFE 还可以增强气体扩散层的机械强度。常见的疏水剂包括：聚四氟乙烯、聚偏二氟乙烯(polyvinylidene fluoride，PVDF)和氟化乙烯丙烯(fluorinated ethylene propylene，FEP)等。

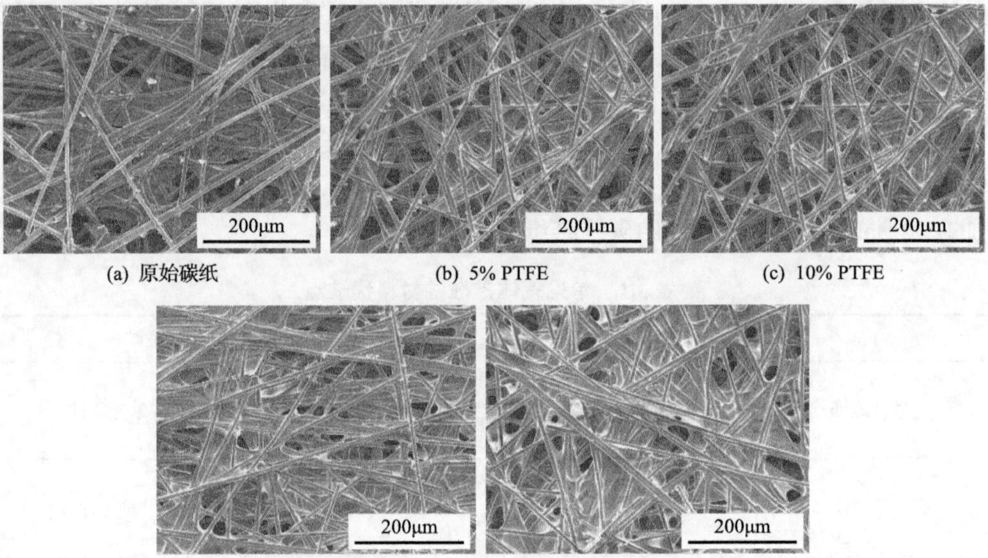

(a) 原始碳纸　(b) 5% PTFE　(c) 10% PTFE　(d) 20% PTFE　(e) 30% PTFE

图 3.3　不同浓度 PTFE 溶液浸渍的碳纸 SEM 图

2. 微孔层

在碳基质和催化层之间增加一层由导电炭黑和疏水剂组成的微孔层(micro-porous layer，MPL)，可以缓解膜电极的“水淹”问题，从而提高燃料电池的性能[14,15]。微孔层中的疏水剂和微孔的毛细作用使微孔层具有良好的疏水和排水性能，因此可以很好地调节界面处的疏水性，改善排水流动形式。此外，介于基材和催化层之间的微孔层还可以减小接触阻抗、防止催化剂脱落进入基材大孔中。

常见的气体扩散微孔层制备方法包括丝网印刷法、喷涂法、刮涂法、浸渍法和沉积法。其中刮涂法快速便捷，适合大规模制备需求，因此被广泛采用。刮涂法又可以细分为干法制备和湿法制备。干法制备中，将碳粉与 PTFE 颗粒混合研磨后直接涂覆在碳纸表面，然后进行热处理。湿法制备中，将碳粉、PTFE 乳液混合均匀后，涂覆在碳纸表面，最后进行热处理。干法制备的微孔层虽不易发生水淹，但是表面较为疏松，因此耐久性较差。

通常，微孔层比基材的疏水性更高，且孔隙率较小。气体扩散层的毛细作用力随着疏水剂和微孔的增加而变大。微孔层具有良好的排水性能，因此电化学反应产生的液态水可以迅速排出。微孔层在制备过程中会渗透到基材中，渗透的厚度也会影响燃料电池的水管理。研究表明微孔层渗透系数越大，气体扩散层在低湿度下的保水能力以及在高湿度下的除水能力都能得到增强。气体扩散层的通道需要提供足够的气体以确保燃料电池反应的稳定性。影响微孔层好坏的因素有很多，如载量、孔径、孔隙率、亲疏水性、裂纹等[16]。

3.1.4　三合一膜电极制备工艺

三合一膜电极的发展主要分为三个阶段，分别为气体扩散电极(gas diffusion electrode，GDE)型膜电极、催化剂涂层膜(catalyst-coated membrane，CCM)型膜电极和有序化膜电极。其中，CCM 型膜电极是目前最为常用的膜电极。

三合一膜电极中的反应涉及反应气体、质子、电子及产物水，同时质子传递也需要有一定的含水量，由于质子交换膜燃料电池运行温度在 100℃以下，水分将以气液共存形式出现。因此，电化学反应的物料传递及电荷传输将涉及气体通道(反应气体、气态水)、电荷通道(质子/电子)及液态水通道。催化剂(活性位点及电子通道)、气体通道及聚合物质子网络共同在催化层中构成了三相反应界面。三合一膜电极优化的主要目的之一是提供更多的、有效的“三相界面”。

1. GDE 型膜电极

GDE 型膜电极为第一代膜电极，是最早的膜电极制备技术，该阶段将催化剂与气体扩散层直接接触。GDE 型膜电极方法采用 PTFE 作为黏结剂，制备得到的催化层较厚(可达 30～50μm)，因此气体传质阻力过大。在制备的过程中，催化剂容易渗透进气体扩散层中，大大降低了催化剂的利用率。此外，因制备工艺引起的催化层和质子交换膜之间结合力差的问题，还会导致接触电阻增加。

2. CCM 型膜电极

CCM 型膜电极为第二代膜电极，该阶段将催化剂直接与质子交换膜接触，有效降低了催化层与 Nafion 膜的接触内阻[17]。根据涂覆方式的不同，具体制备方法可分为转印法、喷涂法、丝网印刷法、电化学沉积法等。目前应用较广的为转印法和喷涂法。

CCM 型膜电极由阴极催化层、阳极催化层及质子交换膜夹层组成。催化层为多孔电极，是发生电化学反应、进行能量转化的场所。催化层中氢气在催化剂活性位点进行电化学反应，化学能部分直接转化为电能，对外做电功，其余以热能形式耗散。质子交换膜起到隔绝阴阳两极反应气体不使其接触的作用，在负责质子的传递、保证内电路回路连通的同时，阻隔阴阳极间电子的直接导通，因此阳极反应电子需要通过碳纸、双极板、导线到达阴极。

CCM 中的催化层电化学反应涉及气体传质，特别在阴极还涉及液态水排出，其物质传递过程对催化层厚度极其敏感。由于液态水主要存在于多孔电极孔隙中，电极孔隙同时作为气体传输通道和仪器液态水的排出通道。从另一个角度来看，电极层厚度表现其储水能力，在电极层排水速度一定的情况下其厚度影响对水淹的敏感性，催化层过薄不能形成良好的毛细作用力，不利于催化层内液态水排出，更容易造成水淹。同时，氧气从扩散层/催化层界面向催化层/PEM 界面扩散过程同时被阴极氧还原反应所消耗，因此催化层过厚将加重 PEM 膜侧催化层的浓差极化电压损失，影响其高电流输出性能，现今普遍采用的阴极催化层厚度为 10～15μm。

1) 转印法

转印法首先将催化剂、Nafion 溶液、醇类溶剂等各成分按一定比例混合均匀制得催化剂浆料；再将催化剂浆料均匀涂到基底上，并在一定温度下烘干形成三相界面；然后将带有催化层的基底通过热压机热转印到质子交换膜，最终得到 CCM 型膜电极。

在制备催化剂浆料阶段加入的 Nafion 树脂是质子导电剂，主要是为了保证催化层能形成连续的质子通道交联网络。适量的 Nafion 树脂在催化剂颗粒分散过程中起到一定的分散剂作用，形成空间位阻可以抑制催化剂颗粒的进一步团聚。此外，Nafion 在加入浆液后形成的团聚体间的静电斥力也能在一定程度上阻止大颗粒团聚体形成。但催化剂浆料的 Nafion 过多时，将会阻碍反应气体在电极孔隙中的传输，降低膜电极的性能。

醇类溶剂的选取对膜电极的制备也存在较大影响，Nafion 膜接触到醇类溶剂会产生溶胀褶皱，醇类溶剂的沸点温度也影响烘干温度的选择。因此，针对不同的催化剂，应当选择合适的醇作为浆液溶剂。

转印法的最后一个步骤是将制备好的阴、阳极烘干催化层基底，在一定温度和压力下同时热压转印到质子交换膜的两侧。该方法可以实施的依据是催化层在基底上的附着力较小，而由于其内部含有相对亲水的 Nafion，所以催化层和质子交换膜的亲和性很强。在高温高压下催化层中的离子聚合物和 Nafion 膜的结构会发生玻璃态转化，由于结构相似，两者会熔融在一起，从而将催化层转印到 Nafion 膜上。转印成功的关键是热压温度、压力和热压时间的选择。此外，由于催化层和 Nafion 膜都很薄，所以热压台表面的平整性也非常重要。图 3.4 为转印法的制备流程。

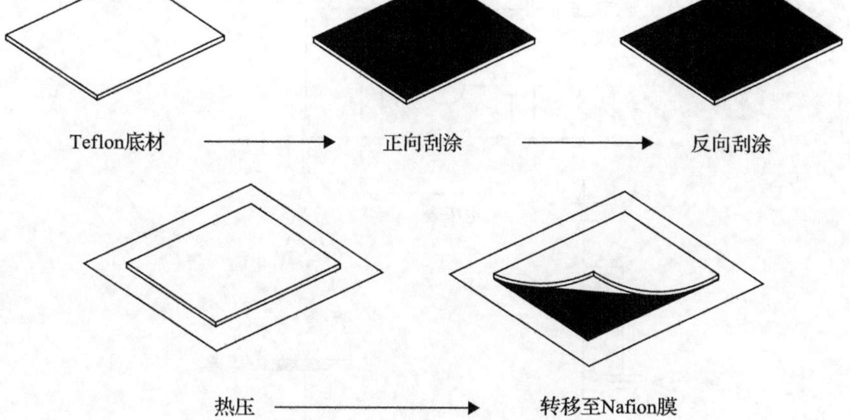

图 3.4　转印法的制备流程

转印法制备 CCM 的优势在于制备效率高，适合规模化生产，且制备出的催化层均匀性和平整性都较高，催化层内部结构也比较理想。但转印法仍需克服以下难题：

(1) 提高转印的成功率，使浆液可以成功转印到 Nafion 膜上。既要保证催化层在基底上有很好的亲和力，又要保证催化层在转印过程中可以轻松脱离。

(2) 采用涂膜技术将催化层涂抹到膜电极上时，在烘干的过程中会造成催化剂及 Nafion 等的团聚，使催化剂分散不均匀。因此需要提高催化层的均匀性，以保证燃料电池运行时面电流密度均匀。

2) 喷涂法

喷涂同样首先需要将催化剂、Nafion 溶液、醇类溶剂等各成分按一定比例混合均匀制得催化剂浆料；然后将催化剂浆料直接喷涂在 Nafion 膜上。在喷涂法制备催化剂浆料阶段，浆料中的 Nafion 和醇类溶剂同样会对最终的膜电极产生较大影响，原因与转印法中提到的相似，此处不再赘述。

喷涂法制备燃料电池 CCM 也是比较主流的膜电极制备工艺之一[18]。该方法的优势是操作简单，只需在自动涂膜机上设定好程序，机器便会自动完成喷涂，喷涂一致性较好。图 3.5 为喷涂法制备膜电极的示意图。通常情况下，喷涂法制备得到的 CCM 型膜电极催化层厚度可小于 10μm[19]。

但该方法也有不足之处，喷涂速度和浆料的干燥速度必须匹配好，若喷涂太快而干燥太慢，则新的喷涂气流会将之前的涂层吹散破坏，浆料与 Nafion 膜较长时间的直接接触，也会造成 Nafion 膜的溶胀[20]。若喷涂太慢而干燥太快，则浆料在喷涂到质子交换膜上之前溶剂便挥发干净，造成 Nafion 和催化剂颗粒的团聚。

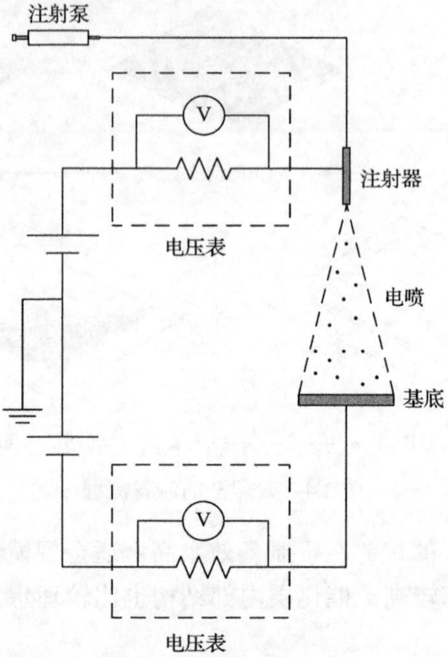

图 3.5　喷涂法制备膜电极的示意图

此外，由于喷涂法使用的浆料浓度较低，喷涂时间较长，喷涂法的制备效率相对转印法较低。另外，喷涂机的能耗较大，这也是喷涂法大规模应用的障碍之一。

3. 有序化膜电极

GDE 型膜电极和 CCM 型膜电极在制备过程中均会存在较多缺陷，如催化剂和 Nafion 溶液的团聚导致的不均匀，造成膜电极性能及稳定性的下降。为改善这些缺点，第三代膜电极——有序化膜电极被提出。有序化膜电极在 2000 年被首次提出，Middelman[6,21]使长链的碳组成定向结构，再将 Pt 均匀分布在上面。定向载体周围的空隙可保证催化剂周围拥有充足的反应气体，从而减小燃料电池的传质阻力。有序化膜电极示意图如图 3.6 所示。

van der Vliet 等[7,22]通过物理气相沉积法，在分子固体晶须的定向阵列上分布均匀 Pt 和 Pt 合金纳米结构薄膜(nanostructured thin film，NSTF)。该方法不仅提高了 NSTF 催化剂的利用率，还减小了与碳载体和碳/金属界面处的接触电阻。这种膜电极的结构更为牢固、完整，高度有序的膜电极结构可以提高气体的传质能力与水管理能力、增加催化剂的利用率，有效地减少 Pt 载量。

有序化膜电极需要实现质子、电子、气体、水等多相传输有序化通道，以提高催化剂的利用率及耐久性。通常情况下，膜电极的有序化是通过载体进行控制的，在有序化的载体中负载催化剂，进而增加膜电极的三相界面。

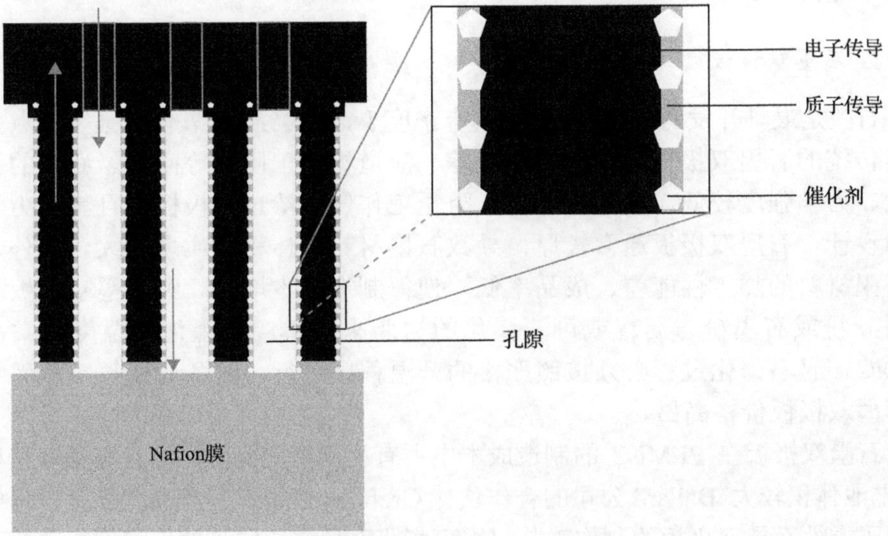

图 3.6　有序化膜电极示意图

采用碳纳米管/碳纳米线作为载体也可制备有序化膜电极。通过磁控溅射及电沉积等方式将催化剂负载在载体上，并通过在催化剂或载体中掺杂一些元素来提高催化剂的稳定性，可有效提高膜电极的机械强度、电导率等特性。但以碳为载体的膜电极在运行过程中产生的 H_2O_2 会造成膜的腐蚀。因此，部分有序化膜电极采用其他非碳基材料作为载体。

3M 公司以单层定向有机染料晶须作为载体，与传统的催化层相比，这种结构没有了电子导体的炭黑与质子导体的 Nafion 溶液，可消除在高电位下碳载体的腐蚀。并且由于采用磁控溅射法将催化剂沉积在有机染料晶须上，通过退火处理得到膜状催化剂，可以很好地传递电子、提高膜电极的电导率、减少燃料电池的欧姆极化损失。

3.2　双　极　板

双极板是质子交换膜燃料电池的重要组件，具有隔断反应介质、集流导电、支撑膜电极、导热等作用。通过在双极板上加工流道，该部件还可为反应气体提供通道，均匀分布反应气体并将反应产物水及时排出。此外，在两个耦合的双极板间隙中添加冷却剂，还可以有效控制电池的温度。为了满足实用的需求，双极板应当满足成本低、易于加工成型、质量轻、体积小、导电导热性好、致密性强、化学性能稳定、接触阻抗低等条件[23]。

3.2.1 材料选取

1. 石墨双极板

石墨是最早开发的双极板材料，具有密度小、耐腐蚀、抗氧化性强等优点[24]。但是传统的石墨双极板存在机械性能差、流道机加工困难等问题。石墨的孔隙率大、力学强度较低、脆性大，为了阻止工作气体渗过双极板，且满足力学性能的设计，石墨双极板通常较厚，导致石墨材料的体积和质量较大。另外，由于石墨材料的加工性能差、成品率低，使得制造成本增加。纯石墨双极板一般采用碳粉或石墨粉与沥青或可石墨化的树脂来制备。石墨化的温度通常高于2500℃，且石墨化过程必须按照严格的升温程序进行，制备周期长，从而导致纯石墨双极板价格高昂。

石墨双极板在 PEMFC 的制造成本中占有相当高的比例，而且石墨双极板较厚，电池体积较大。Ballard 公司的合作伙伴 Graftech 公司在其产品的公开报道中，介绍了柔性石墨双极板的制作工艺，用可膨胀石墨膨化得到的石墨蠕虫直接压制出不同密度的柔性石墨双极板，这些柔性石墨双极板的性能稳定、导电性好、耐腐蚀、有自密封作用并且易加工，是很好的流场板材料。

石墨双极板材料具有良好的耐腐蚀性和电导率，可以满足双极板长期运行的要求，但是石墨材料的加工性能差，制造成本高，近几年的研究虽然使得石墨双极板的力学性能和成本有了很大改善，但还是不能完全满足双极板的力学性能和成本要求，这仍是限制石墨双极板广泛运用的最大瓶颈。

2. 金属双极板

金属不仅强度高、韧性好，还具有机械加工性能优、导电导热性好、致密性好等优点，可以用来制作很薄的 PEMFC 双极板[25]。例如，金属双极板的导电性可达到石墨的 10～100 倍，并且由于具有优异的力学性能，金属双极板的厚度可以小于 1mm，从而可大幅度减小电池组的体积。目前金属双极板已得到广泛关注，但在燃料电池的运行过程中，存在工作电压范围内阴、阳极腐蚀严重的问题，即金属双极板存在耐久性差的问题[26]。

PEMFC 启动时，阴、阳两极的电位差可达 1.0V 甚至更高，普通金属双极板在阴极会产生溶解，在阳极易发生氢脆。同时在上述环境中，金属板与电极或气体扩散层接触，二者存有间隙，易产生间隙腐蚀。

腐蚀不仅会破坏双极板本身，还会降低燃料电池的性能。若金属板腐蚀产生的离子进入了催化层，将会改变催化剂的活性，因此电池性能下降；若腐蚀产生的金属离子被聚合物电解质膜吸收，膜的质子传导能力将会降低，电池性能同样会下降。金属双极板除了要考虑与电极、扩散层接触一侧的腐蚀外，还需关注与冷却介质接触的双极板一侧是否腐蚀。腐蚀形成的金属离子溶入冷却剂中，将改变冷却剂的介电性能，使冷却剂变成导体，产生电流旁路、短路、腐蚀和冷却剂电解等问题。

在阴极，对某些特定金属的双极板(如不锈钢)不仅会产生溶解，还会发生表面钝化。在金属表面形成的不溶性氧化物钝化层，会对金属板的导电性产生严重影响。考虑到双极板的工作特点，双极板必须具有低的接触阻抗，否则会降低燃料电池的输出功率。因此，金属双极板作为 PEMFC 的核心部件，需重点考虑在确保双极板低成本的条件下，所选金属材料不仅耐腐蚀，还具有较低的接触阻抗。此外，金属双极板的平整性也是制作过程中亟须解决的问题之一，不但会导致膜电极和端板的损坏，而且会导致燃料电池电堆的夹紧力分布不均匀，气体在流场中分布不均匀，进而导致电池的输出性能下降。

针对金属材料导电性与耐腐蚀性之间的矛盾，目前解决的方法主要是对金属双极板进行表面改性。通过表面喷涂、镀膜、离子溅射等工艺在金属双极板表面添加一层耐腐蚀薄膜，可增强其自身的耐腐蚀性能并减小与其他部件的接触阻抗[27]。由于涂层材料与金属及合金基体表现出的力学及物理化学性能各异，因此必须选择与基体有着良好匹配性和结合性的涂层材料，以避免在电池环境下产生电化学腐蚀。

3. 复合双极板

复合双极板结合了石墨双极板和金属双极板的优点，同时具有导电性好、机械强度高、耐腐蚀性强、加工性能优、成本低等优点，逐渐成为燃料电池双极板材料的研究重点[28]。目前复合双极板主要分为碳基复合双极板和金属基复合双极板两大类。

1) 碳基复合双极板

将碳基导电材料(碳纤维、石墨、炭黑、碳纳米管等)与一些聚合物树脂以一定比例混合，通过注射成形或模压等工艺，便可以制备出碳基复合双极板。研究开发者通过向石墨中加入有机聚合物可以降低其脆性，加入纤维可改善其机械性能，同时加入金属颗粒来增强其导电性。

这种复合双极板既可以保持石墨双极板的高电导率和耐腐蚀性，还可以改善双极板的机械强度，是复合双极板的主要研究方向之一。同时，若采用注射成形或模压工艺，还可以一次性制备成形出带有流场的双极板，可有效降低双极板的生产成本，易于实现批量化生产。

2）金属基复合双极板

采用薄金属板为分隔板，树脂为边框，石墨板为流场板，通过导电胶将边框和石墨板与金属板相黏结，便可以制得金属基复合双极板。金属基复合双极板同时具备石墨双极板的耐腐蚀性和金属双极板高电导率、高强度等优点。但是由于其结构及制备工艺比较复杂，难以实现批量化生产，生产成本远高于碳基复合双极板，不适合进行大批量的推广应用。

3.2.2 流场设计

在质子交换膜燃料电池中，膜电极各处需要获得足够均匀的反应气体，并可以把电池反应生成的水迅速排出。流场板是双极板重要的组成部件之一，可引导反应气体流动，保证电极各处获得充足的反应气体，并且将流道中的水及时排出，不影响气体的正常流通。若反应气体在膜电极各处分配不均匀，电池将局部过热；若反应生成的水不能迅速排出，会产生膜电极水淹现象。发生水淹时，反应气体不易与催化剂结合，燃料电池的传质阻抗增大，输出功率降低，电池的寿命、性能均会受到严重影响。流场设计的另一个重要参数是流道材料特性，选择疏水性、排水能力相对更强的流道材料，可有效提高电池性能、减小燃料电池的体积和质量。

1. 传统流场结构

常见的 PEMFC 中，传统流场主要类型包括：蛇形流场、平行流场和交指型流场。蛇形流场的结构分为单通道和多通道两种。多通道蛇形流场又分为恒定式与渐变式。蛇形流场具有反应气体流量多、流速大、化学反应速率快、反应产生的水可随气体排出的优点。但因其流道过长，所以有气体压力损失大、进出口气体压差大、不利于提高催化剂的利用率、电流密度均匀性差等缺点。

平行流场结构简单，易加工，流道长度短，流动阻力及压降较小，更适合低压电池。但反应气体在直流道中的存留时间短，气体利用率低，流速相对较低，产生的水不能及时排除，易造成水堵现象。

交指型流场结构有效地改善了燃料电池的温度分布。交指型流场可以强化对流传质，提高电池的极限电流密度，因此越来越受到国内外研究者的关注。使用交指型流场的燃料电池，气体被强制引导进扩散层中，有更多气体进入到催化层并参与反应，气体的利用率、功率密度均随之增加。

2. 其他流场及新型流场结构

除了最常见的平行、蛇形、交指型等流场之外，点状流场和网状流场也有部分研究，还有不断开发的新型流场，如基于仿生学的仿生流场、螺旋流场等。

其中，点状流场的特点是流场与双极板为一体结构，虽然其结构简单，但流体经过流场板时易发生短路，使得流体分布不均匀。此外，部分流场板的区域并没有得到有效利用，因此电池性能会受到影响。

网状流场的特点为路径相同，阻力相等，因此反应气体的分布较均匀。网状流场没有实在的流道，需要与分割两侧气体的导电板组合形成双极板，设计更灵活，对电极扩散层强度要求较低。但网状流场的气体流速也低，排水能力差，且流场与分割板间接触电阻较大，同等条件下使用网状流场的电池功率密度值比蛇形流场低得多。网状流场能形成湍流，有利于气体传质，减少浓差极化，但金属网防腐制造工艺较复杂。使用网状流场板的燃料电池在安装时，电池组受力必须均匀，否则电池性能将会受到较大影响。

2014 年底，日本丰田推出燃料电池车“Mirai”，同时也出现了一种新的流场板设计，即创新型的阴极三维细网格结构流场，其结构如图 3.7 所示。这种流场采用疏水的三维细网格，使生成的水能够很快排出，防止滞留水对空气传输产生影响[29]。在结构设计中，该三维细网格结构流场没有固定的气体流动通道，流体在三维细网格结构中不断进行分流流动，使气体在扩散层中均匀分布，同时板型和扩散层部分结构有一定的夹角。因此这种流场表现出如下优点：

(1)气体的分流作用使得气体在流场上分布更为均匀。

(2)气体在流动中对扩散层表面有一定的冲击作用，产生的强制对流效果使得更多的气体能进入催化层而发生反应。

(3)传统流场中流道间的“岸”基本消失，流场开孔率较高，催化层高活性反应面积增加。

(4)气流的绕流作用使得催化层及扩散层中的水分容易排出，不易发生水淹。当然和传统流场比较，制造难度加大，气体流动阻力也增加。

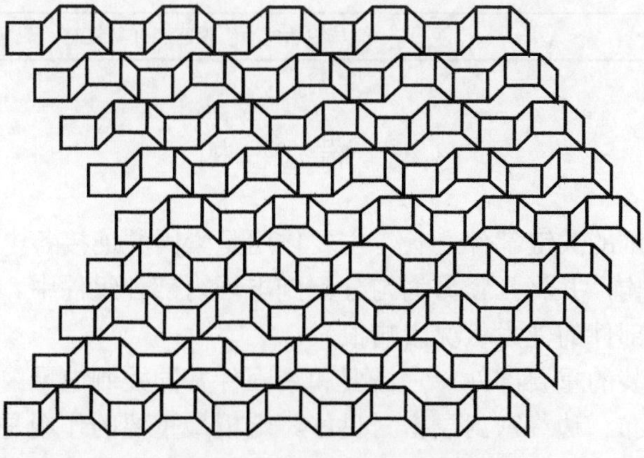

图 3.7　三维细网格结构流场

图片来源于网络 https：//www.sohu.com/a/330020952_775757

3.3 密 封 件

质子交换膜燃料电池在工作时，膜电极两侧的阴、阳极同时有氢气和氧气存在。因此，需要密封件将阴、阳极工作空间分离，否则将使燃料电池失效。密封垫片的主要作用有防止阳极气体氢气和氧化气体氧气混合、防止燃料气体从电池组内逸出及防止冷却水溢出。

为了满足以上的要求，密封垫片除了易于加工制备外，还应当满足其他要求，如气密性合格、力学性能、热性能、化学性能稳定和绝缘等。具体要求如表 3.2 所示。

表 3.2 密封垫片要求

性能	具体要求
气密性	具有良好的气密性，漏气率低
力学性能	合适的结合强度或承压能力
	良好的抗振动能力
热性能	与相邻电池组件有良好的热匹配
	良好的热循环稳定性
化学性能	在湿热及氧化气氛下具有长期的化学稳定性
	和相邻电池组件具有长期的化学兼容性
	对氢腐蚀有良好的抵抗能力
电性能	绝缘
制造	低成本
	高可靠性
	能与相邻电池组件匹配且易装配

3.4 端 板

端板作为电堆的关键部件之一，主要作用是紧固并连接各电池组件，形成稳固的电堆整体结构，并将预紧力均匀分配到电堆内部各组件中。端板形状和结构对燃料电池电堆部件的受力状况影响很大。

作为电堆封装的重要部件，它需要和紧固件共同控制电堆内部的接触压力，并保证其均匀分布、边缘密封层密封良好。端板最重要的作用是控制电堆接触压力，因此足够的强度与刚度是端板最为重要的特性。足够的强度可保证在封装力作用下端板不被破坏，足够的刚度则可使得端板的变形更加合理，从而将封装载荷均匀地分布到密封层和膜电极上。

端板结构除了应具备足够的机械强度和刚度外,还应具有绝缘性好、质量轻、体积小、易于加工等特点。

3.5 本章小结

本章讨论了质子交换膜燃料电池电堆的核心部件及其结构,并论述了各材料、部件的作用及对电堆的影响。

质子交换膜燃料电池膜电极为典型的多孔材料，催化层是电化学反应场所，直接决定了燃料电池性能。双极板具有隔断反应介质、集流导电、支撑膜电极、导热、为反应气体提供通道、均匀分布反应气体及排水等作用。膜是质子传输通道，而气体扩散层则负责反应气体的分配和产物水的排出。密封件和端板的主要作用是保障电堆的气密性和内部载荷的均匀性。

思考题

3-1　燃料电池的关键材料主要包含哪些?

3-2　催化剂主要通过什么效应影响反应速率?

3-3　理想的催化剂载体应具备什么条件?

3-4　碳纸的基材主要包含哪些？制造碳纸基材的基本步骤是什么?

3-5　气体扩散层主要有哪些作用?

3 6　质子交换膜的质子传递机制是什么?

3-7　有序化膜电极相比传统膜电极具有哪些优点？目前存在哪些问题?

3-8　结合本章内容及自己的观点，阐述膜电极的发展历程及原因。

3-9　金属双极板和复合双极板各有什么优缺点?

3-10　燃料电池对密封件有什么要求?

参考文献

[1] Sevilla M, Fuertes A B. Catalytic graphitization of templated mesoporous carbons. Carbon, 2006, 44 (3) : 468-474.

[2] 侯明, 衣宝廉. 燃料电池的关键技术. 科技导报, 2016, 34: 54-63.

[3] Lapicque F, Belhadj M, Bonnet C, et al. A critical review on gas diffusion micro and macroporous layers degradations for improved membrane fuel cell durability. Journal of Power Sources, 2016, 336: 40-53.

[4] Lin R, Zhao T T, Shang M F, et al. Effect of heat treatment on the activity and stability of Pt-Co/C catalyst and application of *in-situ* X-ray absorption near edge structure for proton exchange membrane fuel cell. Journal of Power Sources, 2015, 293: 274-282.

[5] 赵天天, 林瑞, 张路, 等. Pt 含量对 Co@Pt/C 核壳结构催化剂性能的影响. 物理化学学报, 2013, 29(8): 1745-1752.

[6] Middelman E. Improved PEM fuel cell electrodes by controlled self-assembly. Fuel Cells Bulletin, 2002, 2002(11): 9-12.

[7] van der Vliet D F, Wang C, Tripkovic D, et al. Mesostructured thin films as electrocatalysts with tunable composition and surface morphology. Nature Materials, 2012, 11(12): 1051-1058.

[8] Zhang J L. Recent advances in cathode electrocatalysts for PEM fuel cells. Frontiers in Energy, 2011, 5(2): 137-148.

[9] 衣宝廉. 燃料电池——原理 · 技术 · 应用. 北京: 北京工业出版社, 2003.

[10] Bezerra C W B, Zhang L, Lee K, et al. A review of Fe-N/C and Co-N/C catalysts for the oxygen reduction reaction . Electrochimica Acta, 2008, 53(15): 4937-4951.

[11] Pasaogullari U, Wang C Y. Two-phase transport and the role of micro-porous layer in polymer electrolyte fuel cells. Electrochimica Acta, 2004, 49(25): 4359-4369.

[12] Litster S, McLean G. PEM fuel cell electrodes. Journal of Power Sources, 2004, 130(1-2): 61-76.

[13] Omrani R, Shabani B. Gas diffusion layer modifications and treatments for improving the performance of proton exchange membrane fuel cells and electrolysers: A review. International Journal of Hydrogen Energy, 2017, 42(47): 28515-28536.

[14] Lin R, Diao X Y, Ma T C, et al. Optimized microporous layer for improving polymer exchange membrane fuel cell performance using orthogonal test design. Applied Energy, 2019, 254: 113714.

[15] Shan J, Lin R, Chen X D, et al. EIS and local resolved current density distribution analysis on effects of MPL on PEMFC performance at varied humidification. International Journal of Heat and Mass Transfer, 2018, 127(8): 1076-1083.

[16] Wilson M S, Valerio J A, Gottesfeld S. Low platinum loading electrodes for polymer electrolyte fuel cells fabricated using thermoplastic ionomers. Electrochimica Acta, 1995, 40(3): 355-363.

[17] Martin S, Garcia-Ybarra P L, Castillo J L. Electrospray deposition of catalyst layers with ultra-low Pt loadings for PEM fuel cells cathodes. Journal of Power Sources, 2010, 195(9): 2443-2449.

[18] Li W B, Lin R, Yang Y. Investigation on the reaction area of PEMFC at different position in multiple catalyst layer. Electrochimica Acta, 2019, 302(2): 241-248.

[19] Ihm J W, Ryu H, Bae J S, et al. High performance of electrode with low Pt loading prepared by simplified direct screen printing process in PEM fuel cells. Journal of Materials Science, 2004, 39(14): 4647-4649.

[20] Jiao K, Li X. Water transport in polymer electrolyte membrane fuel cells. Progress in Energy and Combustion Science, 2011, 37(3): 221-291.

[21] Sun S, Jaouen F, Dodelet J P. Controlled growth of Pt nanowires on carbon nanospheres and their enhanced performance as electrocatalysts in PEM fuel cells. Advanced Materials, 2008, 20(20): 3900-3904.

[22] Wang C, Daimon H, Onodera T, et al. A general approach to the size- and shape-controlled synthesis of platinum nanoparticles and their catalytic reduction of oxygen. Angewandte Chemie, 2008, 47(19): 3588-3591.

[23] 黄乃宝, 衣宝廉, 侯明, 等. PEMFC 薄层金属双极板研究进展. 化学进展，2005, 17(6): 17-23.

[24] Yan X Q, Hou M, Zhang H F, et al. Performance of PEMFC stack using expanded graphite bipolar plates. Journal of Power Sources, 2006, 160(1): 252-257.

[25] Zhu Y K, Lin R, Jiang Z H, et al. Investigation on cold start of polymer electrolyte membrane fuel cells with different cathode serpentine flow fields. International Journal of Hydrogen Energy, 2019, 44(14): 7505-7517.

[26] Tawfik H, Hung Y, Mahajan D. Metal bipolar plates for PEM fuel cell: A review. Journal of Power Sources, 2007, 163(21): 755-767.

[27] Madadi F, Rezaeian A, Edris H, et al. Improving performance in PEMFC by applying different coatings to metallic bipolar plates. Materials Chemistry and Physics, 2019, 238: 121911.

[28] 杨涛, 史鹏飞. 质子交换膜燃料电池复合双极板材料研究. 电源技术, 2008, 15(5): 29-32.

[29] Yoshida T, Kojima K. Toyota MIRAI fuel cell vehicle and progress toward a future hydrogen society. The Electrochemical Society Interface, 2015, 24 (2): 45-49.

第 4 章　车用燃料电池系统

4.0　引　言

燃料电池系统的复杂程度取决于燃料电池应用和系统的效率。整个系统中可非常高效工作的仅有燃料电池电堆和少数的其他设备部件。燃料电池系统主要由燃料电池电堆、氢气供应子系统、空气供应子系统、水热管理系统及电控系统组成，如图 4.1 所示。对于车用燃料电池系统而言，由于燃料电池电堆体积质量受限，应用条件和工况多变，为满足布置空间与效率的要求，整个系统的设计难度较大。对车用燃料电池系统的设计与优化是无止境的[1,2]。

图 4.1　车用燃料电池系统

图片来源于网络 https: //www.tyncar.com/qrldc/2017-27960.html

4.1　车载质子交换膜燃料电池电堆及系统

4.1.1　质子交换膜燃料电池电堆结构

至今，绝大多数 PEMFC 电堆是按压机限位螺栓紧固方式组装的，而且大多采用内共用孔道形式。如图 4.2 所示，电堆的主体为膜电极、双极板及密封件组成的单电池层叠组合。一端为氧单极板，可兼作电流导出板，为电堆的正极；另一端为氢单极板，也兼作电流导入板，为电堆的负极。与这两块导流板相邻的是电堆端板，也称夹板，其上除布置有反应气体与冷却液进出通道外，延边还均布一定数目的通孔。在组装电堆时，当压机限位后，通孔内穿入螺杆，紧固电堆。若两块端板用金属(如不锈钢、钛板、超硬铝等)制作，还需在导流板与端板之间加入绝缘件[3]。

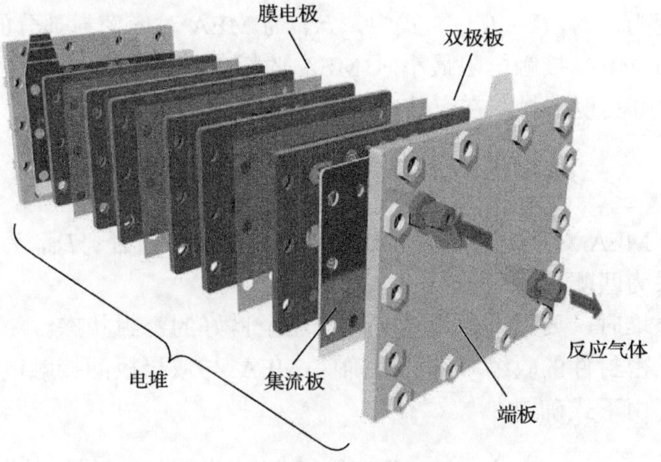

图 4.2　燃料电池电堆结构图

图片来源于网络 https: //cn.bing.com/images/search?view=detailV2&ccid=yNUcdahl&id

4.1.2　质子交换膜燃料电池电堆装配

质子交换膜燃料电池电堆装配注意要点主要分为三点：定位、匹配和气密性检查[4]。

1. 定位

电堆内共用孔道是由双极板、MEA 与密封件在电堆组装时形成的，因此组装时 MEA 与双极板移位不但会增加共用孔道压力损失，而且会严重影响反应气体在各单电池间的分配。所以在制备双极板和 MEA 时，均应设有定位孔。在组装电堆时依靠定位机构的定位作用，确保电堆内各双极板及 MEA 无移位，形成共用孔道。

2. 匹配

整个电堆组装工艺与过程需确保电堆密封，电堆各节单电池的 MEA 与双极板有良好的接触，尽可能地减少接触阻抗，为此在 MEA 制备工艺确定后，应将电极与带流场的双极板或其一部分进行压紧力与接触阻抗关系的实验。实验中当压紧力达到一定值后，接触阻抗会趋近某个常值。此时测量双极板与 MEA 的总厚度，还会发现其值随压紧力的增加有微小的减小。这是因为 MEA 由扩散层、催化层与质子交换膜构成，随压紧力增加它们会有微小收缩。此外，受压后流场也会产生影响：若流场为刚性，它会轻微压入电极；若流场为多孔材料(如膨胀石墨)，随着压力增加，它也会轻微收缩。在计算时，可假设这种在压紧力作用下的厚度减少原因仅为 MEA 压缩，这样一来，MEA 与流场接触的部分在确保接触电阻最小时的厚度为：$b_{M_1}(1-f_M)$。式中，b_{M_1} 为 MEA 对应密封部分的厚度；f_M 为达到双极板与 MEA 接触电阻最小时 MEA 收缩率。密封件的压缩率 f_r 在 30%～60%之间，均可实现密封，在组装电堆时应满足如下关系：

$$2d(1-f_r)-2D_{gro}+b_{M_2}=b_{M_1}(1-f_M) \tag{4-1}$$

式中，b_{M_2} 为 MEA 对应电极部分的厚度；d 为密封件直径；D_{gro} 为密封槽深度。通称上述关系为匹配。

在组装电堆时，要用液压机械将电堆压至良好的密封状态。一般按压紧后的高度控制电堆密封件的收缩率，同时确保 MEA 与双极板间接触电阻最小。最终电堆高度 h 可由下式确定：

$$h_1=[b_{M_1}(1-f_M)+b_b]\cdot x+b_{else} \tag{4-2}$$

$$h_2=[2d(1-f_r)+(b_b-2D_{gro})+b_{M_2}]\cdot x+b_{else} \tag{4-3}$$

$$h=h_1-h_2 \tag{4-4}$$

式中，b_b 为双极板的厚度；x 为电堆中单电池节数；b_{else} 为其他硬件如绝缘板等的厚度。式(4-3)中可调节 f_r，使 $h=h_1-h_2$，此时 f_r 同样应在密封件具有良好密封性能的压缩率范围内。

3. 气密性检查

外漏检查：将组装好的电堆燃料孔道、氧化剂孔道、冷却液或水孔道充入氮气，至电池工作压力(如 0.3MPa)，保压一段时间后，切断气源，观察压力是否下降。不下降说明电堆无外漏；若下降，可通过检漏液观察气泡、检查漏处，也可通入适量氢气，用氢传感器检查漏处。若出现轻微外漏，可适当增加电堆夹紧力，直至不漏为止。若出现较严重外漏，则必须重装电堆。

内窜检查：分别向燃料孔道、氧化剂孔道、冷却液或水孔道充入 0.05MPa 的氮气，用皂沫流速计检测各孔道之间有无窜气发生。理论 1：若密封结构合理、密封件压缩率控制合适，燃料孔道、氧化剂孔道、冷却液或水孔道之间应无任何窜气发生。因为燃料孔道与氧化剂孔道由质子交换膜(如 Nafion 系列全氟质子交换膜)分隔，在室温至 80℃之间，Nafion 系列膜的氧渗透系数(oxygen permeability coefficient)为 10^{-9}～$10^{-8}cm^3(STP)/(cm\cdot s\cdot mmHg)$，其中 1mmHg=133Pa，由此值估算可得到 50μm 厚的 Nafion112 膜每平方厘米膜透气量在 $10^{-4}cm^3(STP)$ 的数量级。可依据 MEA 有效活性面积与电堆单电池节数估算，在电堆密封良好时这两孔道之间的渗透量，即最小窜气量。例如，对由 MEA 有效活性面积 $500cm^2$ 的 100

节单电池构成的电堆，最小窜气量应为5cm^3/s。

若实测值接近或稍大于此值，如10cm^3/s，则认为电堆密封合格。若高于此值太多，如达到30～50cm^3/s，则应适当增加电池夹紧力后再测；若渗透量仍不减小，则应反思密封结构设计是否存在缺点，或密封件、双极板制备是否不匹配等，此时必须重装电堆。

4.1.3　车载质子交换膜燃料电池电堆设计

电堆的设计准则主要为[4]：效率与比功率、寿命与关键材料、反应气体纯度与流场、电堆密封。

1. 效率与比功率

电堆在标定功率下运行时的能量转化效率，以及电堆在标定功率下运行时的质量比功率和体积比功率，是电堆的三个重要指标。用于民用发电(如家庭电源或分散电站)时，能量转化效率极为重要，而对体积比功率与质量比功率的要求居次要地位。因此，在依据用户对电堆工作电压的要求确定出串联的单电池节数时，一般单电池工作电压选在0.70～0.75V，这样在不考虑燃料利用率时，电堆的效率可达0.56或0.60[按低热值(LHV)计算]。再依据单电池的实测极化曲线，确定电堆工作电流密度，进而依据用户对电堆标定功率的要求确定电堆工作面积。在确定电堆工作面积时，一定要考虑电池系统的内耗。若用于车载质子交换膜燃料电池发动机或各种可移动动力源，则对电堆的质量比功率与体积比功率有较高要求。在电池关键材料与单电池性能已定的前提下，只有提高电池工作电流密度(即降低单电池的工作电压)，才可提高电堆的质量比功率与体积比功率。

2. 寿命与关键材料

电堆寿命要求随用途不同而不同。对于民用发电装置，一般要求电堆寿命需达几万小时，而对于车用燃料电池发动机，则电堆寿命≥5000h已满足需求。由于电堆寿命要求不同，在关键材料选取上也是不一致的。如对膜的选取，车用燃料电池可以选用Nafion112或更薄的膜，以便提高电池性能；而对民用发电电堆，重要的是长寿命，则需选Nafion115或更厚的膜。

3. 反应气体纯度与流场

由于PEMFC工作温度低于100℃，电池反应有液态水生成，大部分水需要通过反应气体带出电池。当反应气体在电池流场内流速存在一定波动，才能有效排出电池生成的水。而对于采用高纯度的反应气体(如纯氧作氧化剂、纯氢作燃料)，电堆流场设计极为重要。对采用高纯度气体作反应气体的电堆来说，当采用多通道蛇形流场时，通道个数一般小于 4，并且流场脊与沟槽宽度比要大，比例可达 2～3。为提高反应气体利用率，常需采用电堆尾气循环，这样不仅能提高流场内反应气体线速度，还能同时对反应气体进行预增湿，并对改善反应气体在电堆内各单电池间的分配情况有积极作用。对采用空气作氧化剂和重整气作燃料的电堆来说，若采用多通道蛇形流场，通道数要多，如 4～8 个。流场脊与沟槽宽度比一般为 1～1.5。流场结构对 PEMFC 电堆极为重要，而且与反应气体纯度、电堆流程等因素密切相关。因此在设计电堆结构时，需根据具体条件(如反应气体纯度、有无尾气回流)进行计算，各项参数(如反应气体线速度等)均要达到设计要求，常需通过仿真计算和单电池实验验证后，才可确定。

4. 电堆密封

电堆的密封要求是：按设计的密封结构，在电堆组装力的作用下，达到反应气体、冷却液不外漏，氧化剂、燃料和冷却液不互窜。对 PEMFC 电堆，电堆的密封结构与 MEA 的结构密切相关。密封结构需尽量采用线密封，这样可以减小组装力。密封件可由平板橡皮冲剪、模压制备或注入特制密封胶。放置密封件的密封槽尽量布置于双极板、集流板及端板上，以简化 MEA 结构，利于 MEA 批量生产。在电堆运行过程中，密封件会老化，密封性能变差，尤其是对要求运行几万小时的长寿命电堆更为严重。由于电堆内密封件不便于像常规机械密封件那样定期更换，为确保电堆的密封良好，需在电堆结构中增加自紧装置。常在端板与绝缘板之间加入几个碟形弹簧，补偿电池密封件变化后的压紧力，确保电堆密封良好，并保证 MEA 与双极板接触始终处于良好状态。

4.1.4　车用燃料电池系统结构及分类

燃料电池汽车按照能源配置的情况，可分为纯燃料电池驱动型汽车和混合驱动型燃料电池汽车。下面介绍几种不同结构的燃料电池汽车动力系统结构[5-9]。

图 4.3 是纯燃料电池驱动型汽车动力系统结构图，只有燃料电池一个动力源，汽车上的所有功率负荷都由燃料电池承担。其缺点如下：①燃料电池的功率大，成本昂贵；②需要很高的燃料电池系统的动态性能和可靠性要求；③不能对制动能量回收。

图 4.4 采用“燃料电池+蓄电池(FC+B)”混合驱动型燃料电池汽车动力系统结构，此类汽车为串联式混合动力燃料电池汽车。该系统中燃料电池与蓄电池共同为驱动电机提供能量，电能经过电机转化成机械能传给传动系。制动时，电机处于发电模式，蓄电池可以回收储存回馈的能量。在燃料电池和蓄电池共同工作时，燃料电池的输出能量变化较平缓，多余的能量需求由蓄电池组来分担。同时，冷启动性能有所提高，燃料电池工作效率提高，整车成本有所降低。然而，这种结构

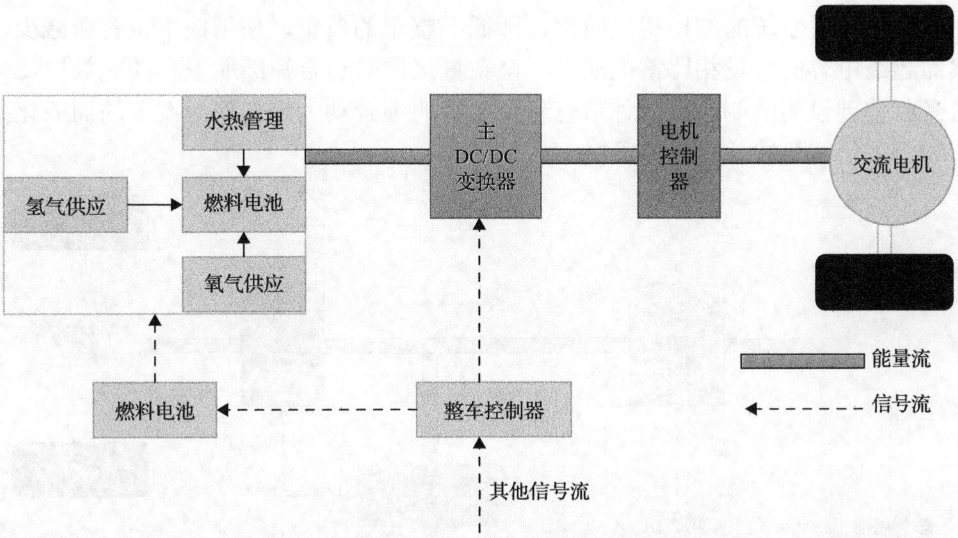

图 4.3　纯燃料电池驱动型汽车动力系统结构图

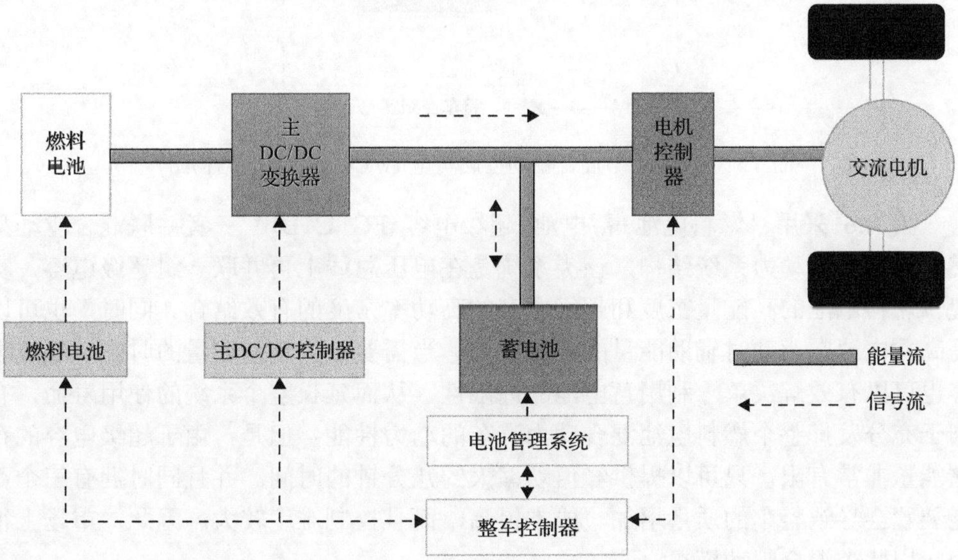

图 4.4　“FC+B”混合驱动型燃料电池汽车动力系统结构图

增加了蓄电池组的数量，导致整车自重增加，系统变得复杂，增加了整车的布置难度，进而影响到动力性和经济性。

图 4.5 采用“燃料电池+超级电容(FC+C)”混合驱动型燃料电池汽车动力系统结构。此类功率混合型燃料电池汽车中开始出现燃料电池与超级电容的组合。采用该超级电容的突出优点是寿命长和效率高，改善了整车的瞬态特性，使得电机负载对燃料电池系统的冲击有所减免，提高了燃料电池工作稳定性，延长了工

作寿命。同时系统的结构得以简化，降低了整车的质量，使用成本也有所减少。然而超级电容的容量相比蓄电池少一个数量级，只适合短续航里程的充放电，同时受到基础设施的制约，这种带有超级电容的混合动力燃料电池汽车的商业化推广和应用仍需要较长时间的发展。

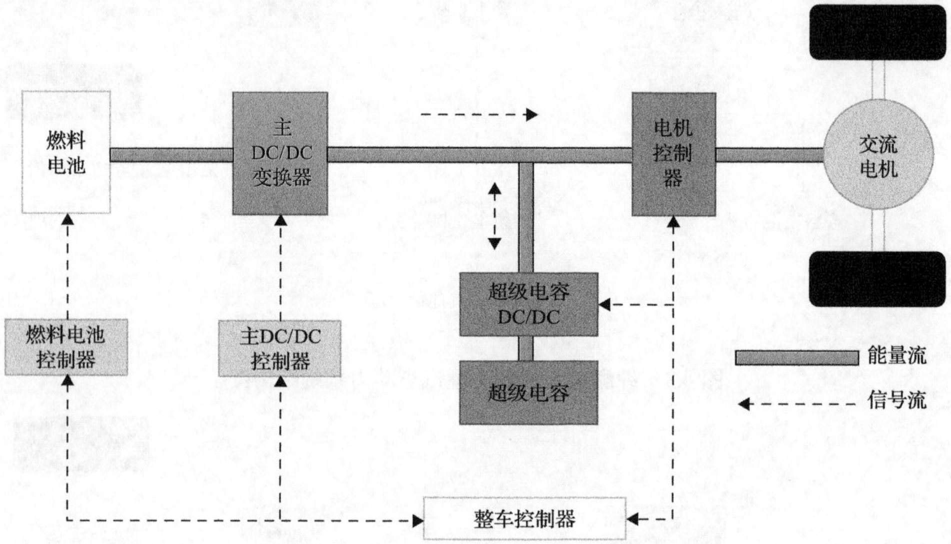

图 4.5　“FC+C”混合驱动型燃料电池汽车动力系统结构图

图 4.6 采用“燃料电池+蓄电池+超级电容(FC+C+B)”三者并联混合驱动型燃料电池汽车动力系统结构，该类系统是在电压总线上再并联一组超级电容，实现了燃料电池的高能量密度和超级电容的高功率密度的有效结合。同时，也可以提高蓄电池在驱动时辅助能量的充分发挥。当需要更大辅助能量的时候，超级电容也可以有效解决单一利用蓄电池的局限性，从而延长整个系统的使用寿命，有利于充分发挥整个燃料电池混合动力汽车的动力性能。但是，由于超级电容的存储能量非常有限，只可以提供峰值功率大约几分钟的时间。并且同时拥有三个蓄能装置会导致整车的质量增加、成本提高，而且控制难度较大。因此，市场上很少应用此类混合驱动模式。

图 4.7 采用“超高速飞轮+蓄电池+燃料电池(FC+B+FW)”混合驱动型燃料电池汽车动力系统结构。超高速飞轮作为机械方式储能元件可以应用到电动汽车或混合动力汽车中。针对其具有高比能量、高比功率、长循环寿命、高能量效率、快速补充能量、免维护特性、成本效应和环境友好性等显著特点，如果克服了飞轮材料和安全问题，那么将超高速飞轮与蓄电池和燃料电池结合起来，将会很大程度上提高整个电池系统的效率，提高燃料电池的输出特性，进而提高燃料电池汽车的动力性能。但是其成本太高，技术实现起来比较困难，因此并未得到太多应用。

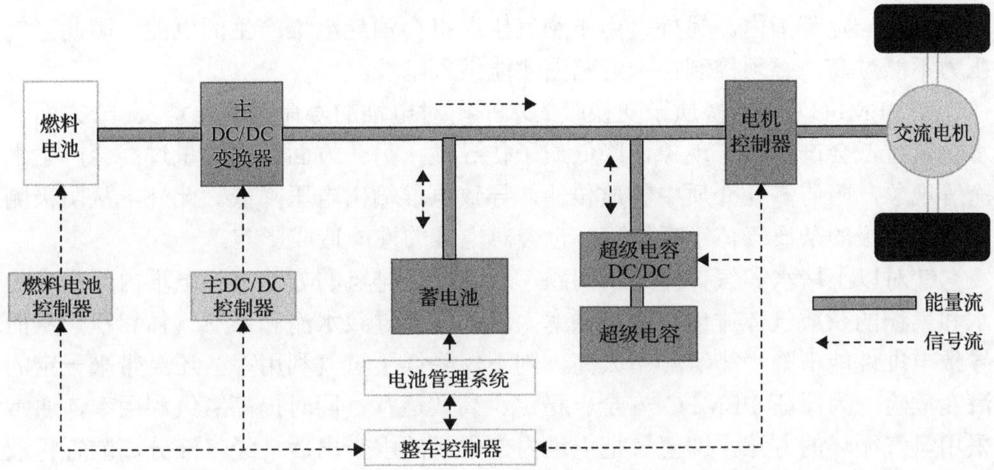

图 4.6 “FC+C+B”混合驱动型燃料电池汽车动力系统结构图

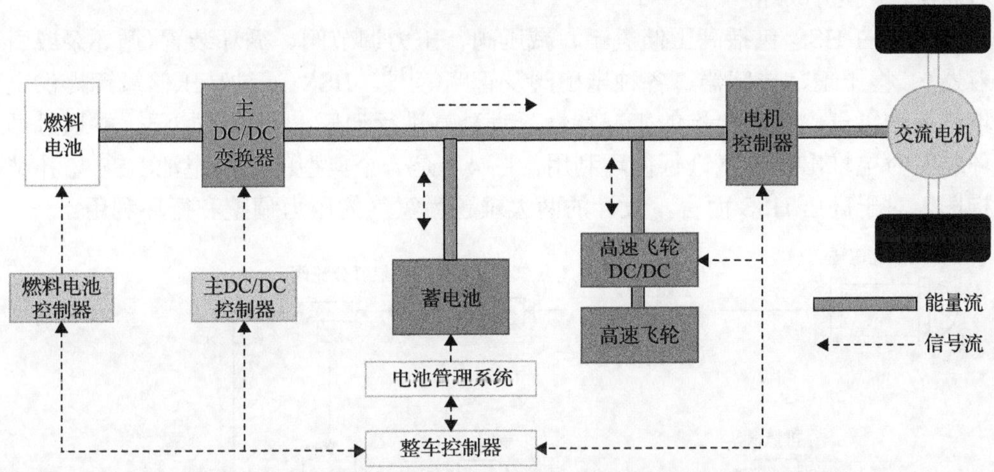

图 4.7 “FC+B+FW”混合驱动型燃料电池汽车动力系统结构图

4.2 氢气供应子系统

氢气供应系统(hydrogen supply system，HSS)的调压、排水、排气、加湿作用对提高 PEMFC 的性能与寿命有重要影响[10-12]。

在 PEMFC 中，氢气储存在高压瓶中，典型的存储压力为 35MPa，也可高达 70MPa。虽然更高的反应气体压力可以提高电堆性能，但阴阳极压差大到一定程度，可能导致质子交换膜破裂穿孔，使电堆的安全性和可靠性下降。因此，当阳极的氢气压力增大时，阴极的空气也必须通过空气压缩机增压，以保证阴阳极压差维持在一定范围内。另外，由于空气压缩机会消耗电堆产生的电能，因此氢气压力不能过高，必须控制在一定范围才能供入电堆。

在 PEMFC 中，保持质子交换膜的水平衡对电堆的寿命有重要意义。一方面，水含量过低会产生膜干现象，降低质子传导性；另一方面，水含量过高会产生水淹等现象，阻碍多孔介质中物质传输，导致电堆输出电压降低。此外，从阴极侧穿透到阳极的杂质气体不断累积，也会对电堆的性能造成影响。

针对以上堵水和气体渗透的问题，通常采用排氢的方法，将电堆内部生成的水和累积的杂质气体排出。排氢频率太低，容易导致水淹和杂质气体累积，从而导致电堆性能下降；排氢频率太高，则不仅降低了氢气利用率，还会带来一定的潜在危险。为保证 PEMFC 安全、稳定、高效运行，同时提高氢气利用率，通常采用氢气循环的方法，即氢气把电堆内部生成的水带出后，经气液分离装置将液态水分离，再由氢气循环泵或引射器将氢气循环送回到电堆阳极重复使用，同时对新鲜氢气进行加湿。

典型的 HSS 包括高压储氢罐、减压阀、压力调节阀、循环装置(循环泵或引射器)、稳压罐、传感器、各种电磁阀及管路等[10]。HSS 通过高压储氢罐提供电堆所需的氢气，根据电堆的工况特性，对氢气进行调压、加热、加湿，并通过循环装置对电堆出口氢气进行循环利用。图 4.8 是一个典型的燃料电池 HSS 拓扑结构图。对于高压 HSS 而言，设计的两大难题为氢气的压力调整和循环利用。

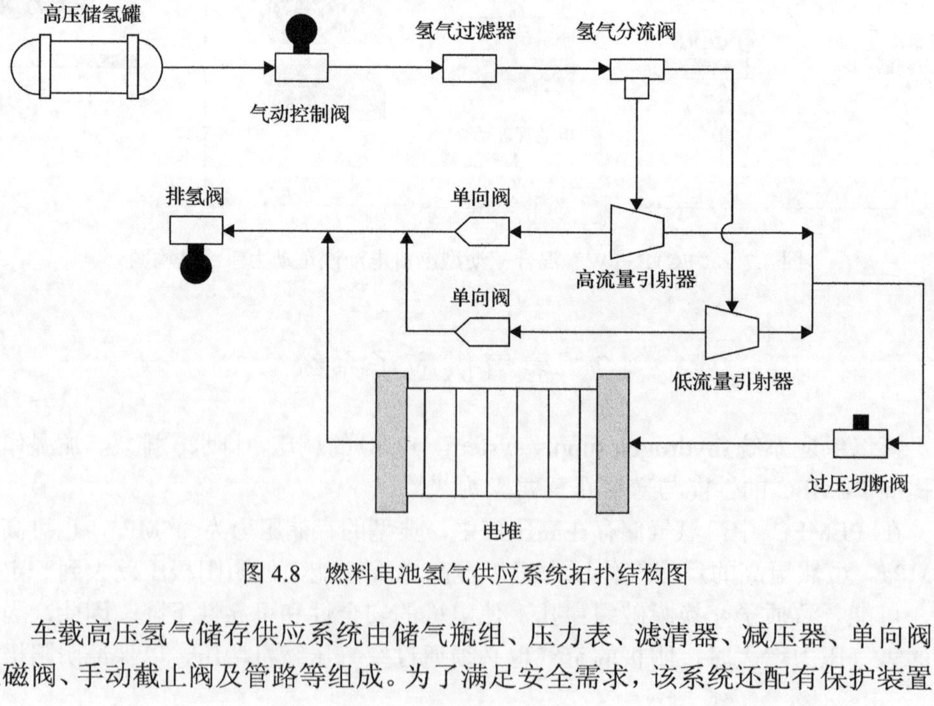

图 4.8　燃料电池氢气供应系统拓扑结构图

车载高压氢气储存供应系统由储气瓶组、压力表、滤清器、减压器、单向阀、电磁阀、手动截止阀及管路等组成。为了满足安全需求，该系统还配有保护装置：

(1)在高压管路部分，设置了过流安全保护装置。若发生意外，在超过设计安全流量时，则不需借助任何外力迅速自动切断气路；当故障排除后，只需对电磁阀通电数秒钟，又可恢复正常运行。

(2)在低压管路部分，设置了发动机供气安全保护装置。当发动机无论因何原因出现故障不能正常运转时，因控制信号的消失使电磁阀自动关闭，切断发动机供气气路，从而保证了供气系统的供气安全。

4.2.1　储氢罐

储氢罐需质量轻、单位储氢密度高，具有优良的韧性和抗撞击性能[11]，常采用铝合金内胆碳纤维缠绕的高压储氢罐。储氢罐保护层主要采用整体式设计，整个框架通过 3 根横梁和 2 根纵梁将氢气集成到一个框架总成中，保证在碰撞时，高压储氢罐的动态位移不会过大，避免断裂。氢管路中大多采用 316 不锈钢材质的管路，其在氢气中的抗拉伸性能、抗疲劳性能和抗疲劳裂纹扩展性能出众，具有较好的抗氢脆性能。燃气管排出氢气的方向是顺延车底部向后方向，可以保证车舱内不被火焰殃及。

车载储氢技术主要包括高压气态储氢、低温液态储氢、固体储氢和有机液体储氢。车载储氢系统的主要技术要求有：能量储存密度(即单位质量储氢密度和体积储氢密度)；在车辆启停及行驶过程中，储氢系统能够动态快速响应，及时进行氢气的供给与中断；能适应恶劣环境(如低温)；安全性与稳定性，要有相应的保障体系。

目前主流燃料电池乘用车厂商均采用高压气态储氢作为车载储氢方法。综合考虑续航里程、储氢罐安全等因素，车载储氢系统的压力一般分为 35MPa 和 70MPa 两个等级。车用氢气瓶一共分为四个类型，如图 4.9 所示：Ⅰ型(全金属气瓶)、Ⅱ型(金属内胆纤维环向缠绕气瓶)、Ⅲ型(金属内胆纤维全缠绕气瓶)及Ⅳ型(非金属内胆纤维全缠绕气瓶)。

Ⅰ型	Ⅱ型	Ⅲ型	Ⅳ型

全金属气瓶	金属内胆纤维环向缠绕气瓶	金属内胆纤维全缠绕气瓶	非金属内胆纤维全缠绕气瓶

图 4.9　车用氢气瓶分类

各种类型储氢罐的特点如表 4.1 所示，其中Ⅰ型和Ⅱ型气瓶重容比较大，储氢密度较低，目前燃料电池车用储氢容器为Ⅲ型气瓶和Ⅳ气瓶。由于Ⅳ型气瓶具有质量轻、储氢密度高的优点，国际主流产品多数采用 70MPa 的Ⅳ型气瓶[12]。受制于储氢容器的内胆加工成型工艺技术，国内企业以生产 35MPa 的Ⅲ型气瓶为主。

表 4.1 各类储氢罐特点汇总表

类型	Ⅰ型	Ⅱ型	Ⅲ型	Ⅳ型
工作压力/MPa	17.5～20	26.3～30	30～70	>70
介质相容性	有氢脆、有腐蚀性	有氢脆、有腐蚀性	有氢脆、有腐蚀性	有氢脆、有腐蚀性
产品重容比/(kg/L)	0.90～1.30	0.60～0.95	0.35～1.00	0.30～0.80
使用寿命/年	15	15	15～20	15～20
储氢密度/(g/L)	14.28～17.23	14.28～17.23	40.4	48.8
成本	低	中等	最高	高
车载是否使用	否	否	是	是

Ⅲ型气瓶和Ⅳ气瓶的对比分析如表 4.2 所示。

表 4.2 燃料电池车载氢气瓶对比表

类型	Ⅲ 型气瓶	Ⅳ 型气瓶
示意图	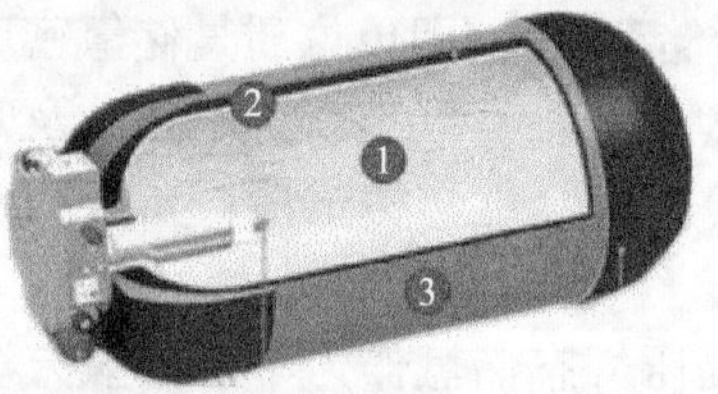	
结构	①内层：铝内胆 ②中间层：碳纤维强化树脂层 ③表层：玻璃纤维强化树脂层	①内层：树脂衬里 ②中间层：碳纤维强化树脂层 ③表层：玻璃纤维强化树脂层
国内外现状	国内：Ⅲ型气瓶是我国发展的重点，已开发 35MPa 和 70MPa，技术和产品成熟，其中 35MPa 已被广泛应用于氢燃料电池车，70MPa 刚刚开始推广。存在的问题：国内碳纤维、树脂短缺，性能不能满足氢气瓶发展 国外：技术成熟，但车用以Ⅳ型为主	国内：处于研发阶段。面临工艺落后，碳纤维、树脂性能差，标准缺失等问题 国外：美国的 Quantum 公司、通用汽车公司、Impco 公司和 Hexagon Lincoln 公司等世界著名气瓶生产厂商，已研制成功多种规格型号的纤维全缠绕高压储氢气瓶，其高压储氢罐设计制造技术已处于世界领先水平
主要企业	北京科泰克有限责任公司、北京天海工业有限公司、中材科技股份有限公司、沈阳斯林达安科新技术有限公司、张家港富瑞特种装备股份有限公司	Hexagon Lincoln 公司、Quantum 公司、通用汽车公司、丰田汽车公司、Dynetek 公司

已发布的国家标准《车用压缩氢气铝内胆碳纤维全缠绕气瓶》(GB/T 35544—2017)，适用于 35MPa、70MPa Ⅲ型气瓶。未来我国车用氢气瓶标准发展趋势和动态如下：

(1)轻量化、高效能车载储氢设备标准制定，如塑料内胆Ⅳ型气瓶、液氢储罐等；

(2)储氢罐的信息化管理标准的立项与制定；

(3)储氢罐定期检验新技术、新方法标准的制定。

4.2.2　减压阀和截止阀

减压阀是通过调节阀门开度，将进口压力减至某一需要的出口压力，并依靠介质本身的能量，使出口压力自动保持稳定的阀门。减压阀对于减压能力和稳压效力有较高要求，优质减压阀需要既可以大跨度减压，又可保证阀后无巨大波动。TESCOM 减压阀可以达到 30MPa 至 2MPa 的减压并保证阀后波动在 5%以内，可直接选择一级减压，减少了减压阀的数量，也节省了空间与成本。

车用燃料电池发动机对于系统体积也有较高要求，因而各级阀门的集成也是重要发展方向[11]。氢气供给系统可划分为供氢、储氢和调压三个模块，其中将调压模块以减压阀为主体集成了一款减压阀。其功能包括过滤器、减压阀、安全泄放阀、泄压截止阀、控制截止阀等功能部件。过滤器用于保护减压阀，确保减压阀不受固体杂质污染而损坏密封面。减压阀可向下游电堆供应恒定压力的低压气体，同时在不使用时，可靠锁闭，切断氢气供应。安全泄放阀与低压排气管路连接，用于在减压阀出现锁闭故障而导致出口压力超压时，通过低压排气管路释放超压氢气，确保电堆不因超压而损坏。泄压截止阀也与低压排气管路连接，用于车辆维修、保养时，主动排放瓶阀下游管路内的氢气。控制截止阀用于控制电堆供气管路的通断，平常处于常开状态，当电堆需要维护时，关闭主通道，切断氢气供应。

减压阀减压稳压性能要求：减压跨度大，且在不同流量和阀前压力下减压阀后端压力波动小，同时由于多级减压及安全保护阀门造成的体积过大，需要对减压模块进行集成以减小体积。

4.2.3　气液分离器

对于 PEMFC 来说，电堆内部的水平衡对其输出性能、耐久性和使用寿命至关重要。为了使燃料电池能够持续工作，需要循环排水系统不断将生成的水排出，以避免造成水淹，影响电池正常工作。

旋风式气液分离器依靠自身结构特点使气液混合物在分离段形成漩涡，然后液态水在离心力的作用下被壁面捕集，再依靠外旋气体的拖曳力及重力沿壁面运动到收集段，最后排出气液分离器，实现气液分离，具体结构见图 4.10。旋风式气液分离器内部结构简单，便于缩小体积实现集成化；气体通过的流动阻力小，可减小循环泵寄生功率，增加 PEMFC 系统的输出功率。因此，合理的气液分离器能有效改善燃料电池动力装置的动力性能。

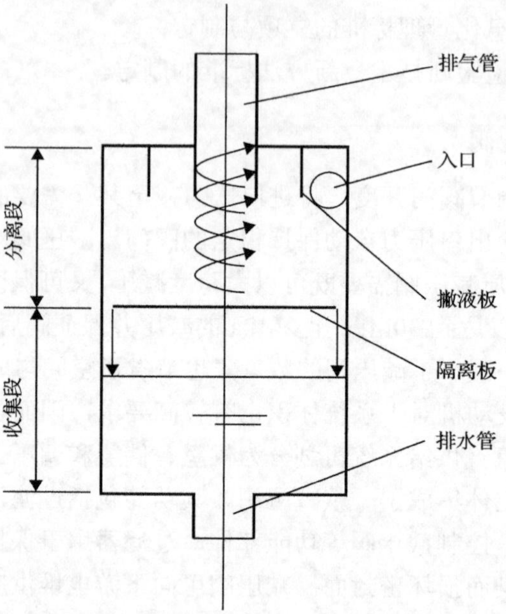

图 4.10　燃料电池旋风式气液分离器结构图

气液分离器安装在 PEMFC 循环排水系统中时，其入口连接电堆出口，通入电堆排出的气液混合物；排气口连接循环泵，排出分离后的气体；出水口根据液位信号周期性打开，向外排水。

4.2.4　引射器和氢气循环泵

质子交换膜燃料电池在发电运行时产生大量的水，生成的产物水既会在燃料电池的阴极流道中出现，也会在阳极流道中出现。燃料电池流道内的水含量过高，会产生水淹现象，阻碍多孔介质中物质传输，导致输出电压降低、性能下降，甚至影响使用寿命[12]。

为了保证燃料电池的高效、稳定运行，又能将燃料电池中生成的水排放到电池外部，通常采用氢气循环的方法把电池内部生成的水带出电池，经过气液分离装置将液态水分出，再将氢气循环回到电池重复使用，以提高氢气利用率，同时可以对入堆氢气进行加湿，降低燃料电池外加湿难度。对于氢气循环模式的质子交换膜燃料电池来说，通过各个运行参数的耦合优化，保证燃料电池处于稳定高效的水气平衡状态至关重要。

为了提高氢气利用率，降低燃料电池发电成本，并且获得更高的电堆性能，往往对电堆阳极氢气进行闭端操作。常见的燃料电池的氢气闭端技术有氢气死端模式(dead end anode，DEA)和氢气循环模式(flow through anode，FTA)两种[11]。

氢气死端模式是直接在电堆阳极尾气端设计常闭电磁阀，增加电堆运行压力，同时提高氢气利用率和电池节电压。对于氢气死端模式的 PEMFC 来说，由于阳极出口处于关闭状态，没有氢气从阳极出口流出，氢气利用率得以提高。然而，这种操作模式会导致水汽在阳极累积形成液态水，堵塞氢气扩散通道，减少催化剂活性面积，导致电池性能下降。

氢气循环模式是多余的氢气把电堆内部生成的水带出后，经气液分离装置将液态水与氢气分离，再将剩余氢气循环送回到电堆阳极入口重复使用，同时对新鲜氢气进行加湿，并且可以有利于氢气在电池内部的均匀分配，提高燃料电池的使用寿命。图 4.11 和图 4.12 为带有氢气循环泵的燃料电池氢气循环系统图和模型简图。

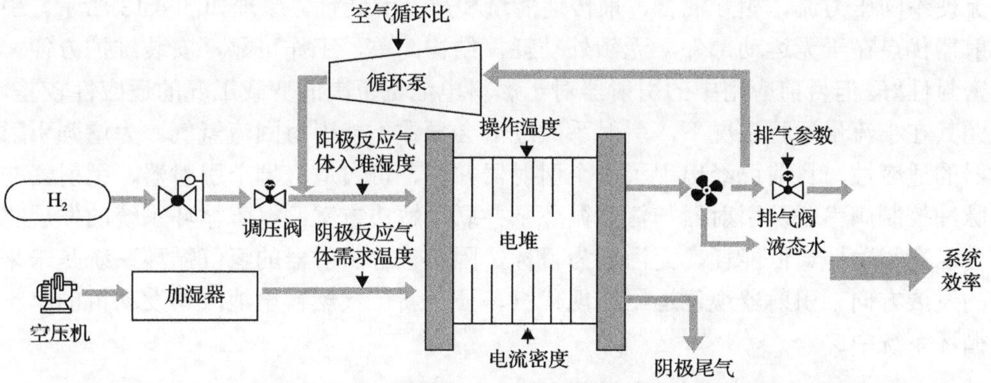

图 4.11　带有氢气循环泵的燃料电池氢气循环系统图

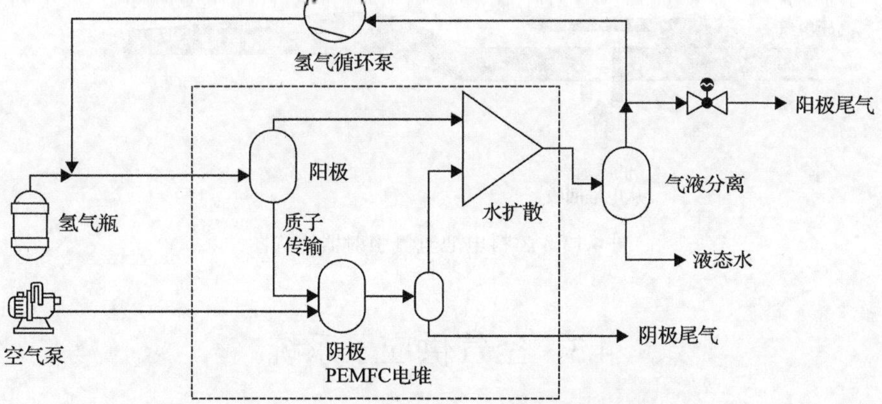

图 4.12　燃料电池氢气循环系统模型简图

同样，在氢气循环过程中，燃料氢气中的杂质以及阴极空气中的 N_2 和反应产生的水透过质子交换膜会在阳极累积，长时间运行后造成氢气分压降低，并且产生的液态水会阻碍氢气与催化层的接触，造成电堆电压下降，甚至产生局部饥饿现象，引起 MEA 的电化学腐蚀，导致电堆性能的不可逆下降。因此需要在运行过程中间歇性打开尾气排气阀进行吹扫，排出累积在阳极的杂质、N_2和水，但此过程也会造成一部分氢气的浪费。氢气高效利用技术需要对运行压力、运行温度进行优化，进行阀门流量系数与系统操作条件的匹配，并且对于阀门打开的吹扫时长、吹扫间隔、吹扫流量、吹扫体积等进行优化，以实现在不损失电堆性能的前提下提高氢气的利用率。氢气循环系统需要的循环泵、气液分离器和引射器，会增加 PEMFC 系统的成本、质量和体积，这就要权衡燃料电池的应用场景和需求来进行系统性选择与优化[12]。

此外，引射器也可作为氢气循环动力器件的方案之一。引射器是一种利用射流使不同压力流体相互混合，来传递能量和质量的装置，原理如图 4.13 所示。引射器优点在于无运动部件，无额外功耗，结构简单，工作可靠，安装维护方便，密封性好。但目前应用中的引射器对于燃料电池宽范围的变载工况的适应性较差，尤其在小流量运行工况下，引射系数过低会导致不能引射回流氢气。为增强引射器的适应性，目前已经出现了多个引射器并联、可自适应调节引射器、引射器与脉冲控制阀串联及引射器与氢气循环泵并联等解决方案。氢气循环系统的发展将会以高紧凑性、低能耗、无污染为目标，因此包含引射器的氢气循环系统是未来的发展方向。引射器现已运用在现代汽车公司新一代燃料电池汽车发动机的氢气循环系统中。

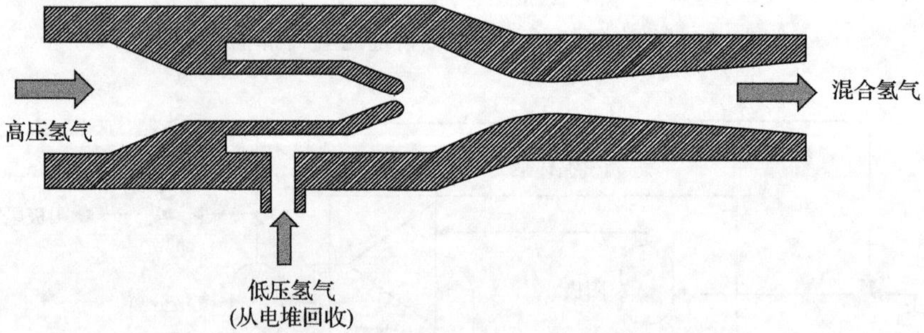

图 4.13　燃料电池氢气引射器结构图

4.3　空气供应子系统

4.3.1　空气过滤装置

空气中的污染物(如固态颗粒物、CO、C_mH_n、NO_x、SO_2 和 H_2S 等)会对 PEMFC 的性能造成不良影响(如 SO_2 对阴极催化剂有强吸附作用，从而产生“中毒”效应使电池阴极电势降低，性能迅速显著下降)，甚至可能造成 PEMFC 运行中断[13,14]。

通常可以采用两种方法消除大气中有害气体对燃料电池性能的影响，一种是通过开发新型催化剂增加质子交换膜催化层的抗毒化性能；另一种是在空气进入燃料电池阴极之前，采用空气过滤装置将有害气体过滤去除。但是空气中有害气体种类众多，很难开发出可以抵抗空气中所有有害气体的阴极催化剂，因此后一种方法更加简单实用。

燃料电池空气过滤器的设计应该考虑以下因素：进气属性(污染物类型、污染物浓度和空气流量)、滤芯体积、滤芯材料的吸附量、过滤器的压降等，如图 4.14 所示。

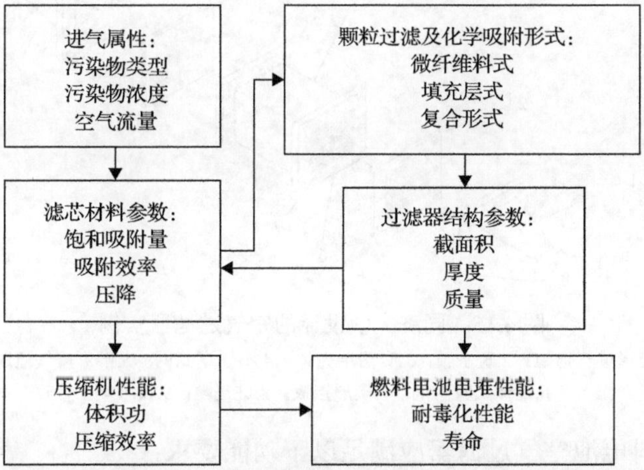

图 4.14　空气过滤器设计考虑的因素

对于燃料电池空气过滤器滤芯结构参数的设计，在选定滤芯材料后首先需要根据滤芯材料的吸附容量计算滤芯的使用寿命。此外，对于燃料电池空气过滤器滤芯结构参数的设计，不仅要确保其满足一定的吸附容量以及使用寿命，还要求其具有较小的压降。

同济大学汽车学院采用自主研发的、具有良好性能的化学吸附材料，以及整体式吸附剂与空气通道交替排列结构，设计了用于燃料电池的空气过滤器，如图 4.15 所示[14]。其中过滤器的锥形进气通道 1 由前往后截面逐渐增大的结构有助于降低空气流速，从而延长空气通过过滤器的时间，提高过滤效率。而锥形排气通道 5 截面逐渐缩小的结构，则有利于增大排气端空气流速以满足燃料电池空气流量的需要。空气进气端 8 和排气端 9 均设计为圆形，便于过滤器与前端空气压缩机和后端的圆形管道连接，锥形进气通道由圆形逐渐过渡至正方形。该空气过滤器在空气流动通道中利用与两侧壁面各呈 45°角的楔形挡板 7 改变空气的流动方向。设置楔形挡板的作用在于，一方面强迫空气分流经过两侧的吸附剂后才能继续向前流动，多次分流透过吸附剂可以提高空气的过滤效果，同时能保证各部分吸附剂的利用率基本相同；另一方面，45°的楔形设置，可以减少空气在改变流动方向过程中的紊流和黏滞阻力，从而减少空气传输阻力，提高空气流速，同时一定程度上还可以降低噪声。采用不锈钢滤网 4 的作用是滤除过滤器中可能夹带出的固体颗粒物，同时通过疏水膜 2 有效滤除空气(如海边潮湿的空气)中的水分，并能很方便地将整体式吸附剂 6 从吸附层壳体 3 内取出，进行活化处理或者更换吸附剂。但过滤器的结构较复杂，空气阻力较大。

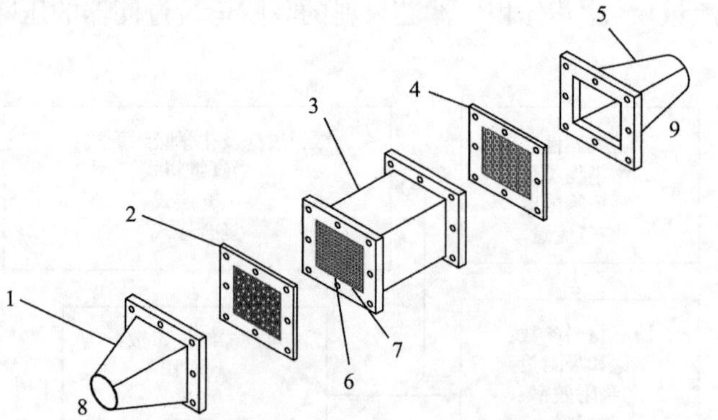

图 4.15　同济大学设计的空气过滤器实例

1.锥形进气通道；2.疏水膜；3.吸附层壳体；4.不锈钢滤网；5.锥形排气通道；6.整体式吸附剂；7.楔形挡板；8.进气端；9.排气端

因此，燃料电池空气过滤器应满足以下功能要求：

(1)满足吸附穿透时间、吸附容量、过滤效率的要求；

(2)较小的空气流动阻力、压降及能耗；

(3)具有一定消除噪声的功能；

(4)具有一定的机械强度和稳定性；

(5)结构紧凑简单，便于更换滤芯，成本低。

4.3.2　空气压缩机

若对进入的空气进行压缩将提高单位体积、单位时间氧气的浓度，从而提高燃料电池的效率，这意味着可以使用更小、更轻的燃料电池电堆[13]。另外，因质量传输问题而引起的压降问题只有当电流密度更大时才会发生。如果压强较大，那么对相同的摩尔流速，可用较低的体积流速。而每摩尔空气达到饱和状态所需的水较少，因此加湿也比较容易实现。流场能承受较大的压降，流场设计的限制较少，因此常会采用空气压缩机对进堆空气进行加压。压缩机(同鼓风机或风机)由电动机驱动，运转时需要燃料电池或其他电源供电，可以是等温压缩或绝热压缩，等温压缩时保持温度与周围环境的均衡，绝热压缩时与周围环境没有任何热交换。

有两种类型压缩机可用于燃料电池系统：①容积式压缩机，如 Roots 压缩机、螺杆式压缩机、隔膜式压缩机和活塞式压缩机；②连续流压缩机，如离心式压缩机、轴向压缩机和轴流压缩机。这两种类型压缩机的气流调节是不同的。

容积式压缩机，如 Roots 压缩机，价格便宜并且使用的流速范围很宽。这种类型压缩机仅在小的压差时效率比较高。螺杆式或 Lysholm 压缩机有两个反向转动的螺杆，驱动两个螺杆之间的气体向前并进行压缩。螺杆式压缩机有两种配置：第一种配置是一个外部电动机驱动第一个回转轴，第二个回转轴又由第一个回转轴驱动；第二种配置是使用同步齿轮连接两个螺杆。Lysholm 压缩机的优点是能提供很宽范围的压缩比。它可将压强提高到输入压强的 8 倍，但制造成本较高。

最常用的压缩机类型是离心式压缩机，它使用动能来增大压强，成本低，并能提供很宽范围的流速。这种类型的压缩机不能在低流动区域内工作。通过调整流速和压强，离心式压缩机可在很大流速范围内高效运转。这种类型压缩机常用在涡轮发动机装料系统。

轴流压缩机使用大叶片来推动空气通过设备，截面积逐步减小。这种压缩机制造成本高，但可在很大流速范围内保持较高的工作效率。

对总的燃料电池系统效率来说，压缩机的效率非常重要。可利用将压强从 P_1 提升到 P_2 所做的等熵功与实际功之比来计算效率和理想的出口温度：

$$\frac{T_2}{T_1}=\left(\frac{P_2}{P_1}\right)^{(\gamma-1)/\gamma} \tag{4-5}$$

式中，T_2 是出口温度；T_1 是入口温度；γ 是气体比热容之比，$\gamma=C_p/C_v$。为了使用该公式，需要做一些一般性的假设：

(1) 压缩机产生的热可以忽略不计；

(2) 气体流过压缩机的动能可以忽略不计；

(3) 气体是理想气体，因此常压下的比热容 C_p 为常数。

系统实际做功为

$$W=C_p(T_2-T_1)m \tag{4-6}$$

式中，m 为压缩气体的质量（空气流速，g/s）；T_1 和 T_2 分别为入口和出口的温度；C_p 为常压下的比热容［J/(g·K)］。效率是等熵功和实际功之比（等熵功是在绝热和可逆的条件下，压缩工质所做的功）。

4.3.3 压力传感器

目前车用的压力传感器主要有陶瓷压敏电容和扩散硅压敏电阻两类，此外还有热敏电阻和 Pt 电阻。在空气系统中，压力传感器可用在出堆位置，工作在潮湿微酸性的环境中，需要耐腐蚀。此时在冷启动过程中，液态水结冰会导致压力传感器失效，这是个难点。同时还可用在进堆位置，在空气管路压力闭环中作为控制量使用，要求有较高的精度和较短的响应时间。一般不使用出堆压力作为压力闭环的控制量，是因为出堆位置环境较恶劣，压力传感器的可靠性不如进堆压力传感器可靠[15]。

1. 陶瓷压敏电容

原理：陶瓷压敏电容式传感器如图 4.16 所示，陶瓷压敏电容技术采用固定式陶瓷基座电极和可动陶瓷膜片电极结构，可动膜片通过玻璃浆料等方式与基座密封固定在一起。两者之间形成一个可变电容，当膜片上所承受的介质压力变化时，两者之间的电容量随之发生变化，通过调节芯片将该信号进行转换后输出给后级使用。

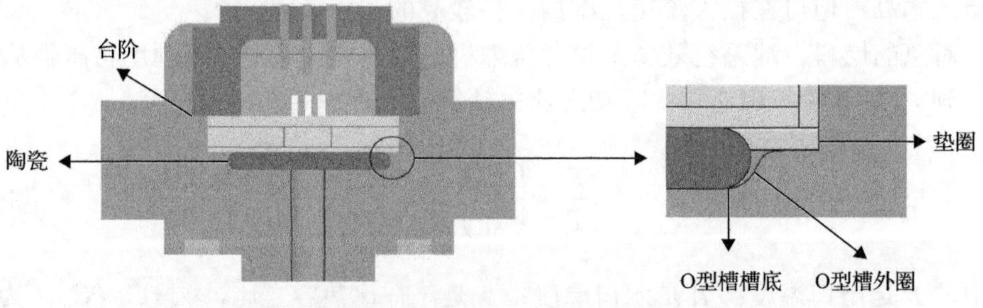

图 4.16　陶瓷压敏电容式传感器

特点：测量范围取决于陶瓷膜片的厚度，属于干式传感器(介电物质)，温度影响小，不需要温度补偿。

优势：成本适中，量程范围宽，温度特性好，一致性和长期稳定性好等。

2. 扩散硅压敏电阻

单晶硅在受到外力作用产生极微小应变时，其内部原子结构的电子能级状态会发生变化，从而导致其电阻率剧烈变化(G 因子突变)。被测介质的压力直接作用于传感器的不锈钢膜片，如图 4.17 所示，使膜片产生与介质压力成正比的微位移，使内部封装的单晶硅的电阻值发生变化，利用电子线路检测这一变化，并转换输出一个对应于这一压力的标准测量信号。扩散硅压敏电阻有如下特点：

(1)适合制作小量程的传感器。硅芯片的这种压敏电阻的压阻效应在零点附近的低量程段无死区，制作压力传感器的量程可小到几千帕。

(2)输出灵敏度高。硅应变电阻的灵敏因子比金属应变计高 50～100 倍，故相应的传感器的灵敏度就很高，一般量程输出为 100mV 左右，因此对接口电路无特殊要求，使用比较方便。

(3)精度高。由于传感器的感受、敏感转换和检测三部分由同一个元件实现，没有中间转换环节，重复性和迟滞误差较小。且由于单晶硅本身刚度很大、变形很小，保证了良好的线性，因此综合静态精度很高。

(4)可靠性高。由于工作形变低至微应变数量级，弹性芯片最大位移在亚微米数量级，因而无磨损、无疲劳、无老化，寿命长达 1×10^3 级压力循环，性能稳定，可靠性高。但是由于膜片很薄，膜片最大位移小，如果外力碰撞致使超量程，会造成零点漂移或者损坏。

(5)温度补偿。扩散硅有一定的温度特性，没有温度补偿时，测量误差可能会比较大。

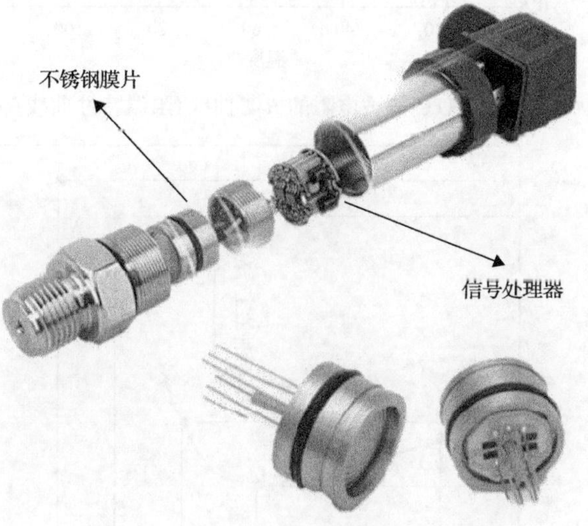

图 4.17　不锈钢膜片扩散硅电阻传感器

3. NTC 与 PTC 热敏电阻

负温度系数(NTC)热敏电阻器，以锰、钴、镍和铜等金属氧化物为主要材料，采用陶瓷工艺制造而成。这些金属氧化物材料都具有半导体性质，因此在导电方式上完全类似锗、硅等半导体材料。温度低时，这些氧化物材料的载流子(电子和孔穴)数目少，所以其电阻值较高；随着温度的升高，载流子数目增加，所以电阻值降低，NTC 热敏电阻的 *R-T* 曲线如图 4.18 所示。

正温度系数(PTC)热敏电阻，是以钛酸钡(或锶、铅)为主成分，添加少量施主(Y、Nb、Bi、Sb)元素、受主(Mn、Fe)元素，以及玻璃(氧化硅、氧化铝)等添加剂，经过烧结而成的半导体陶瓷。PTC 热敏电阻在居里温度(T_C)以下具有小电阻，居里温度以上电阻阶跃性增加 1000 倍～100 万倍。PTC 热敏电阻的 *R-T* 曲线如图 4.19 所示。

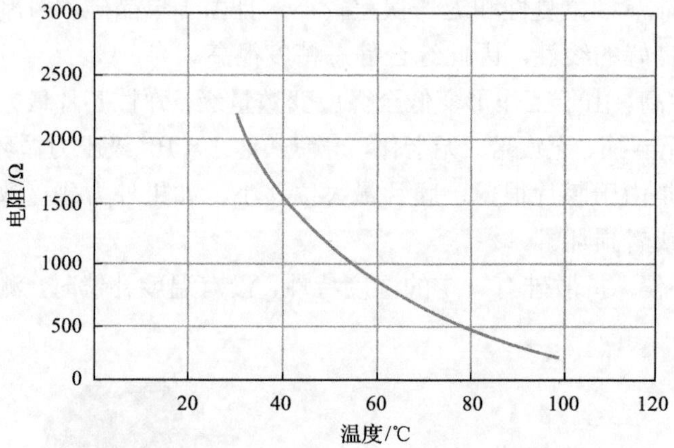

图 4.18　NTC 热敏电阻的 *R-T* 曲线(阻温特性曲线)

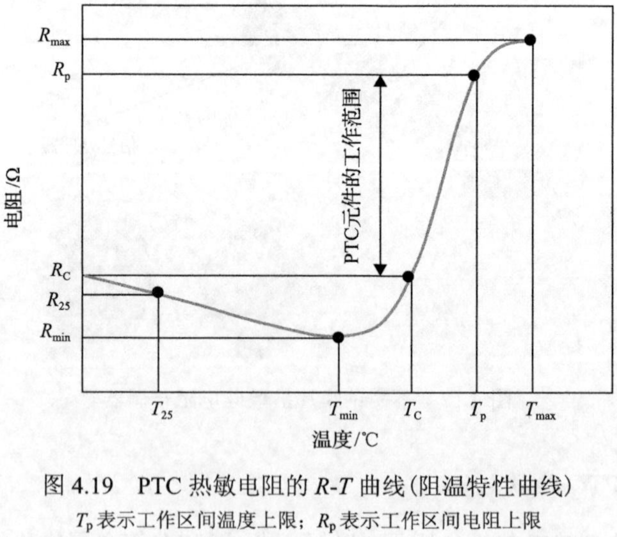

图 4.19　PTC 热敏电阻的 *R-T* 曲线(阻温特性曲线)

T_p 表示工作区间温度上限；R_p 表示工作区间电阻上限

4. Pt 电阻

用真空沉积的薄膜技术把 Pt 溅射在陶瓷基片上，膜厚在 2μm 以内，用玻璃烧结料把 Ni(或 Pd)引线固定，经激光调阻制成薄膜元件。根据 Pt 电阻值在一定温度范围内随温度呈基本线性变化的原理进行温度的测量，具有稳定性好、测量范围宽、精确度高、重复性好等诸多技术优势。

按 0℃时的电阻值 R 的大小分为 10Ω(分度号为 Pt10)和 100Ω(分度号为 Pt100)等，测温范围为–200～850℃，Pt 电阻的 *R-T* 曲线如图 4.20 所示。

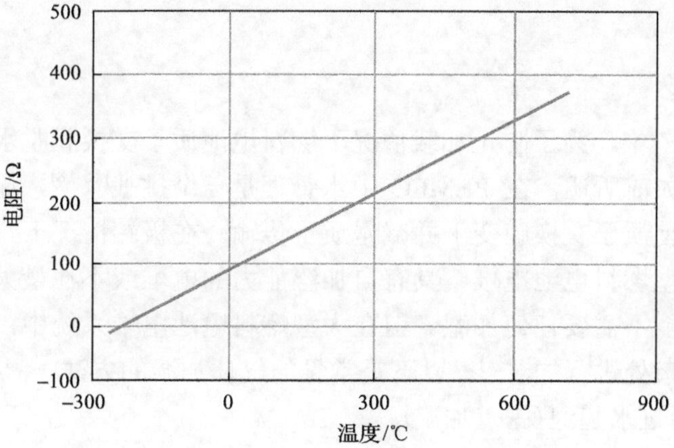

图 4.20　Pt 电阻的 *R-T* 曲线(阻温特性曲线)

感温元件骨架的材质也是决定 Pt 电阻使用温区的主要因素，常见的感温元件有陶瓷元件、玻璃元件、云母元件，由于骨架材料本身的性能不同，陶瓷元件适用于 850℃以下温区，玻璃元件适用于 550℃以下温区。

传感器常用特性参数如下：

(1)测量范围：在允许误差限内被测量值的范围称为测量范围。

(2)上限值：测量范围的最高值称为测量范围的上限值。

(3)下限值：测量范围的最低值称为测量范围的下限值。

(4)量程：测量范围的上限值和下限值的代数差就是量程。

(5)准确度：被测量的测量结果与真值间的一致程度。

(6)重复性：相同测量条件下，同一被测量连续进行多次测量所得结果的一致性。

(7)蠕变：当被测量及其所有环境条件保持恒定时，在规定时间内输出量的变化。

(8)迟滞：在规定的范围内，当被测量值增加或减少时，输出中出现的最大差值。

(9)激励：为使传感器正常工作而施加的外部能量，一般是电压或电流，施加的电压或电流不同，传感器的输出值等参数也不同，所以有的参数如零点输出、上限值输出、漂移等参数要在规定的激励条件下测量。

(10)零点漂移：零点漂移是指在规定的时间间隔及标准条件下，零点输出值的变化，由周围温度变化引起的零点漂移称为热零点漂移。

(11) 过载：通常是指能够加在传感器/变送器上不至引起性能永久性变化的被测量的最大值。

(12) 稳定性：传感器/变送器在规定的条件下储存、试验或使用，经历规定的时间后，仍能保持原来特性参数的能力。

(13) 可靠性：指传感器/变送器在规定的条件下和规定的时间内完成所需功能的能力。

4.3.4　加湿模块

在 PEMFC 中，为了防止加载情况下燃料电池质子交换膜脱水，需要用到氢气加湿系统。如前所述，在 PEMFC 中水管理是一个挑战[16-18]，原因是在大电流下，反应产热使质子交换膜变干并减慢质子传输。在极端情况下，膜甚至会遭到物理破坏。小型燃料电池电堆、具有自加湿能力的电堆或不在最大功率下连续工作的电堆，可能不需要任何加湿。但在大型燃料电池电堆系统中，空气和氢气都必须在燃料入口处进行加湿[8]。以下是常见的气体加湿的方法：

(1) 气体通过水起泡(露点加湿)；

(2) 水或蒸汽注入；

(3) 快蒸；

(4) 通过水渗透媒介进行水和热交换；

(5) 在吸收表面进行水和热交换。

如图 4.21 所示是这些加湿方法的举例。

(a) 露点加湿

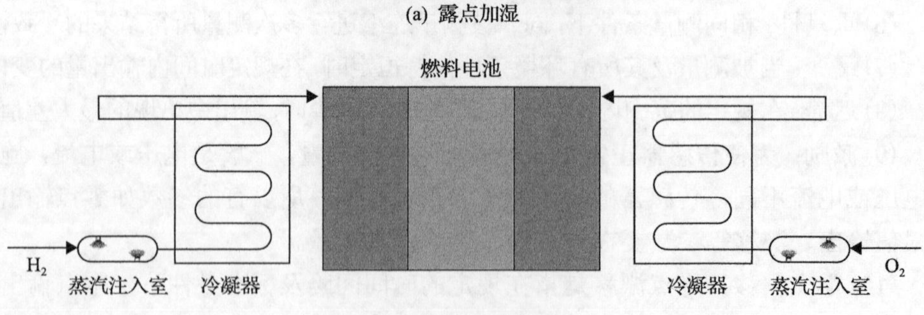

(b) 蒸汽注入加湿

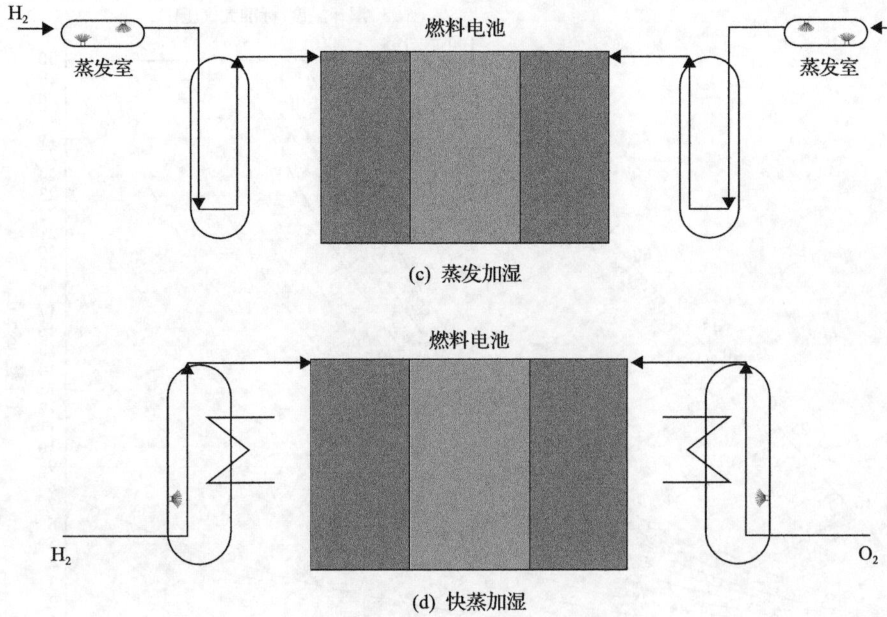

图 4.21　常见加湿方法

在实验室燃料电池测试系统中，最常用的方法是起泡或露点加湿。通过加热器控制水的温度，可以获得要求的潮湿程度。设备在设计时应使燃料不带小水滴。也可以使用许多商用的加湿装置，但许多燃料电池开发商为其特定的燃料电池系统设计了专门的加湿装置[13]。

下面是对加湿系统设计的一些建议：

(1) 最小化系统中的热损失。

(2) 水应该在或接近燃料电池要求的入口气体温度下以水蒸气状态进行传送，这意味着从加湿单元到燃料电池后的管道系统都需要进行加热。

(3) 潮湿程度需根据燃料电池系统的设计方案来控制。

湿度图(温湿图)可以用来确定气体-水蒸气混合物的特性。图 4.22 显示了空气和水混合物温湿图的一个例子。图 4.22 上的任何点都可表示一种特定的空气和水混合物。饱和线以上或以下的点表示一种饱和空气混合物，是空气温度的一个函数。饱和线和温度轴之间的曲线表示特定湿度百分比下的空气和水混合物。

商用加湿器通常使用加热管和温水喷洒器来使气体获得要求的温度和湿度。图 4.23 显示了加湿装置中的加湿过程。点 A 表示带有干球温度 T_1 和湿度 H_1 的进气点，B 表示要求达到的干球温度 T_2 和湿度 H_2。达到点 B 的方法是由点 A 进入，通过喷洒水到点 C，然后加热到点 B。

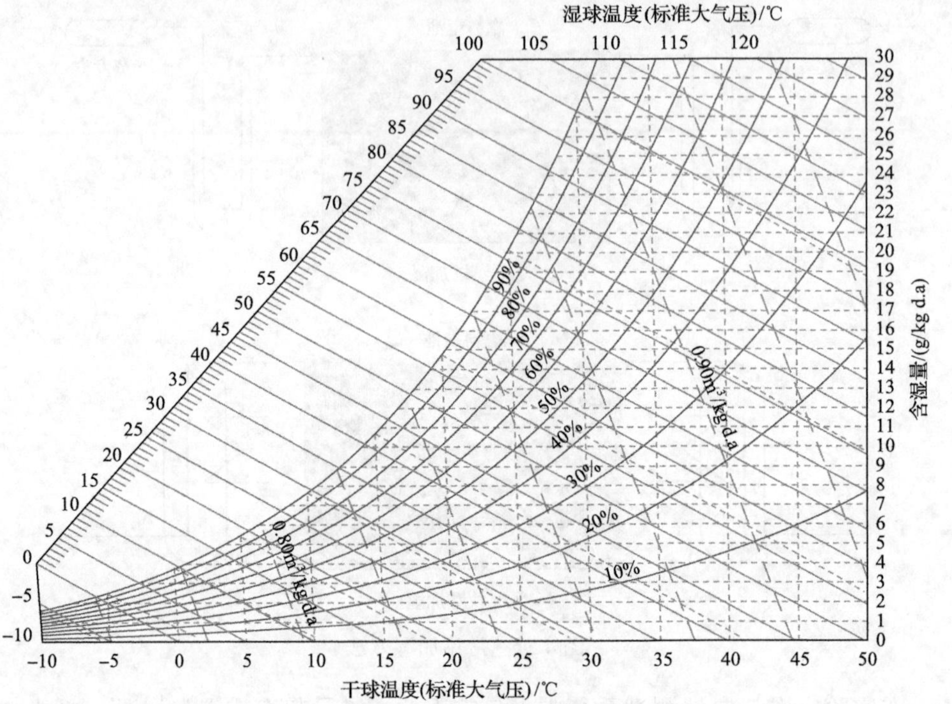

图 4.22 温湿图举例

d.a 表示干空气(dry air)

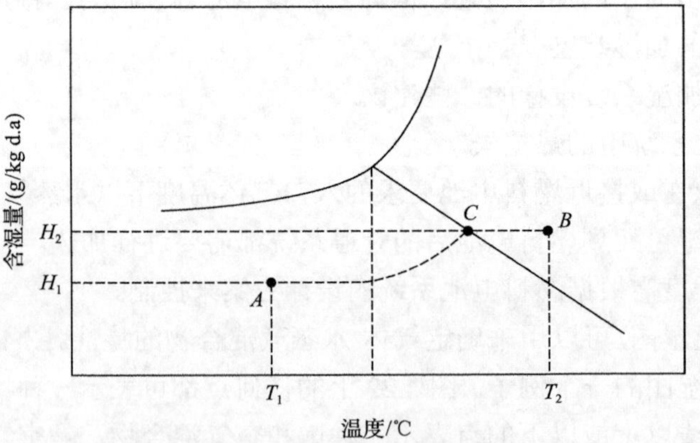

图 4.23 加湿过程举例

4.4 水热管理子系统

水管理和热管理是燃料电池动力系统研究与开发中关注的核心技术之一，它们对整车动力系统的性能、安全和寿命起到了决定性的影响。当水热管理系统设计不合理时，极有可能造成燃料电池性能降低、寿命缩短，甚至出现安全隐患。对整车进行有效的水热管理，能够有效地保证燃料电池汽车的正常运行[16-18]。水热管理系统主要由冷却水泵、散热器及风扇、加湿水泵、水箱及其他辅助设备构成。此外，加湿器、冷凝器、气液分离器的部分功能也属于水热管理系统。

PEMFC 的正常工作温度范围较窄，过低的温度会影响燃料电池催化剂的活性，导致性能下降；温度过高则又容易导致质子交换膜脱水，造成欧姆阻抗增大和膜损坏等情况，因此目前PEMFC的正常工作温度范围控制在60～80℃。对于PEMFC电池而言，最理想的情况是整个电堆内部的温度达到一致，这样有利于提高电堆内部各单片电池状态的一致性，有利于改善整个电堆的工作特性和寿命。但由于燃料电池在电化学反应过程中产生的热量需要由冷却系统带走，因此允许电堆内部有一定温度差以便于冷却系统带走多余的热量，但温差一般控制在 5～10℃以内，以免温差过大对电堆性能产生较大不利影响。

由于受各种极化现象的影响，目前 PEMFC 实际使用时其效率一般为 50%～60%，由于其工作温度较低，因此从电堆表面以热辐射、对流等形式散发的热量较少，大部分热量需要利用冷却系统带出，利用散热系统来维持温度在适宜范围[19,20]。在相同功率下，相比于传统车用内燃机，PEMFC 系统需要由散热系统散发的热量更大，一般为传统内燃机的两倍左右，这就对燃料电池的水热管理系统提出了更高的要求，这也是目前燃料电池系统开发过程中的难点之一。

燃料电池汽车的水热管理系统的要求包括：①保证进气加湿和排气排水、在阴极催化层反应中产物水的去除和循环利用、水的电渗透和反向扩散之间的平衡。②保证足够大的换热量、低温冷启动时快速热机、高温时冷却、冷却液的电气安全(去离子)、电堆余热利用。

4.4.1　燃料电池水管理系统

车用燃料电池中质子交换膜是一种固态电解质膜，其作用是隔离燃料与氧化剂，同时在阳极和阴极之间传递质子[21]。质子的传导需要质子交换膜在水润湿状态下进行，含水量过低，其电导率将会下降，导致电池的欧姆电压损失增大，膜失水后催化层界面的活性也会下降。含水量过高，会导致电极水淹，阻碍氧气的传递，降低催化剂的利用率，阻碍电化学反应的正常进行，使电池性能下降。功率密度越大，这种潜在的影响也就越大。因此，为了实现高输出功率密度的设计，确保质子交换膜中适当的含水量至关重要。

燃料电池发动机是在一定温度、湿度与压力的环境下，将空气中的氧气与燃料在催化剂的催化作用下，通过电化学反应产生电能的系统。其核心电堆是由一片片的单电池组成，而每一片单电池是由双极板与膜电极组成。空气系统需要一定的增压与加湿装置，在电堆双极板的阴极侧参加反应；氢气一般存储在高压气瓶中，氢气系统需要一定的减压与加湿系统，在电堆双极板的阳极侧参与反应，保证系统可靠平稳运行[21]。

在设计燃料电池水管理系统时，主要考虑以下各项之间的平衡：①进气加湿和排气排水；②反应在阴极催化层中产生的水；③水的电渗透和反向扩散。

PEMFC 反应气体加湿方式主要包括外部加湿和内部自增湿。丰田公司开发的自增湿燃料电池电堆，其实现方式主要是通过在阴极采用新开发的三维细网格流场，提高水和气体扩散的去除率。并且在阳极采用精密冲压工艺，在阳极正面形成氢气流动和在阳极背面形成冷却液流动相结合的精细通道流场。这种结构仅利用反应生成的水实现自增湿，改善了各个单电池内的水平衡，其三维细网格结构如图 4.24 所示。这种肋下湍流增强结构和表面亲疏水性设计的三维细网格，有助于防止由溢流造成的传递损失，使每个单电池表面产生的电流均匀，并减少单电池之间的电压变化。此外，可以优化单电池表面的三维精细网格流场结构，以减小进气湍流，防止质子交换膜干燥[22]，丰田 Mirai 自增湿原理见图 4.25。

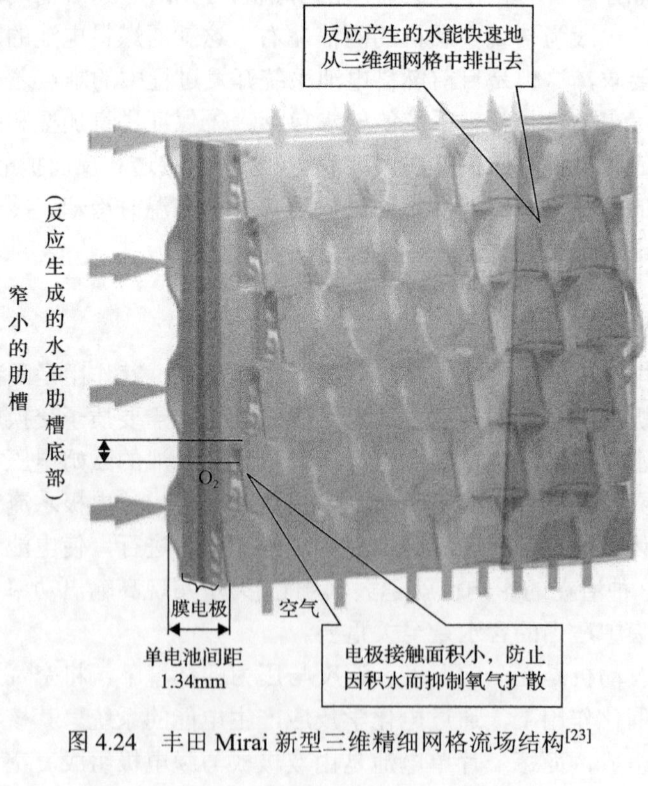

图 4.24　丰田 Mirai 新型三维精细网格流场结构[23]

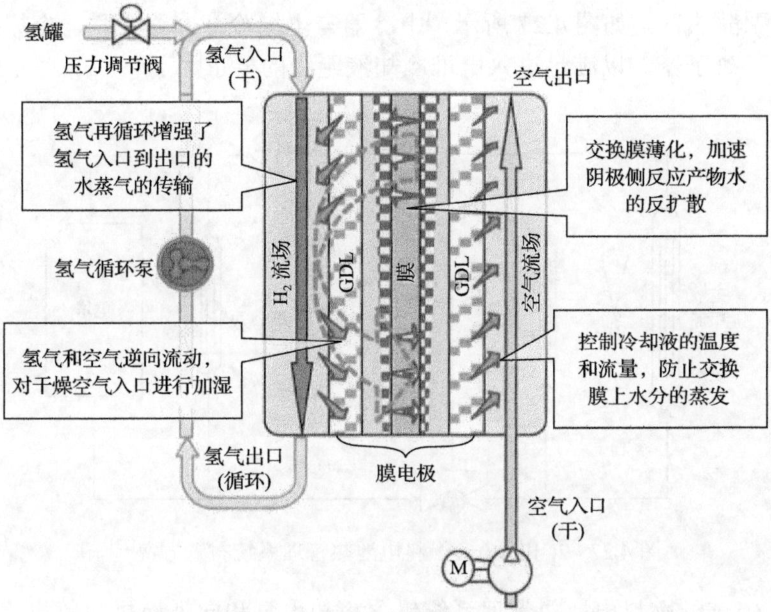

图 4.25　丰田 Mirai 自增湿原理图[23]

本田 Clarity 燃料电池汽车采用的加湿方法是外部加湿方法。首先，采用减少气体流动通道深度的方式来减小电池厚度，使质子交换膜中的湿度均匀，并减少加湿量。其次，在单电池内部，将空气和氢气平行流动方式改为气体反向流动[22]。如图 4.26 所示，加湿空气向入口侧的质子交换膜提供水，生成的水向出口侧移动并供给质子交换膜。之后通过质子交换膜渗透的水被反扩散到阳极侧，水被供应到氢入口，这使得反应界面上的水循环加强，并使质子交换膜内的水分布均匀。

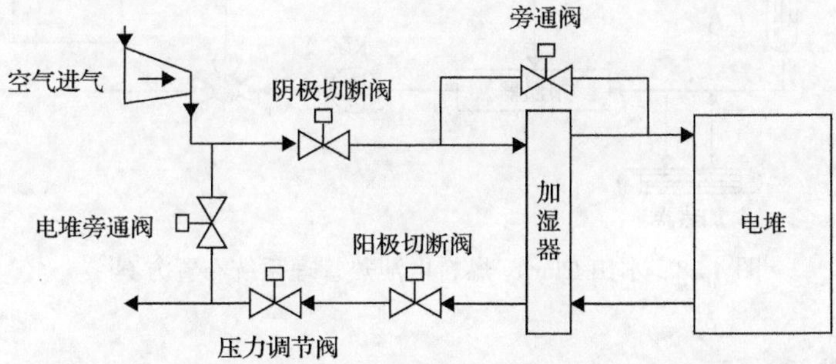

图 4.26　本田 Clarity 燃料电池汽车外部加湿系统原理图[22]

4.4.2　燃料电池热管理系统

以丰田和本田燃料电池热管理系统为例。由于丰田 Mirai 燃料电池具有较高的功率，因此其电堆的散热需求较大。为了满足电堆的散热需求，电堆的散热器分为主、副散热器。如图 4.27 所示，中冷器与电堆冷却回路并联，冷却系统回路中安装有去离子器，以满足进入电堆冷却液绝缘的要求[22]。

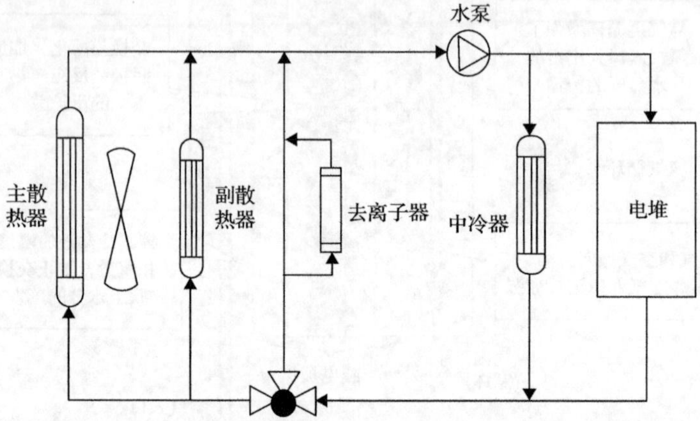

图 4.27　丰田 Mirai 燃料电池热管理系统布置方案[23]

本田 Clarity 燃料电池热管理系统包含冷却水泵和向外换热的散热器、用于切换散热器大小循环的节温器(低温时快速热机、高温时冷却)、去除冷却液中的离子来确保车辆的电气安全和防止燃料电池组腐蚀的去离子器、回收冷却液热量的加热器，如图 4.28 所示[22]。

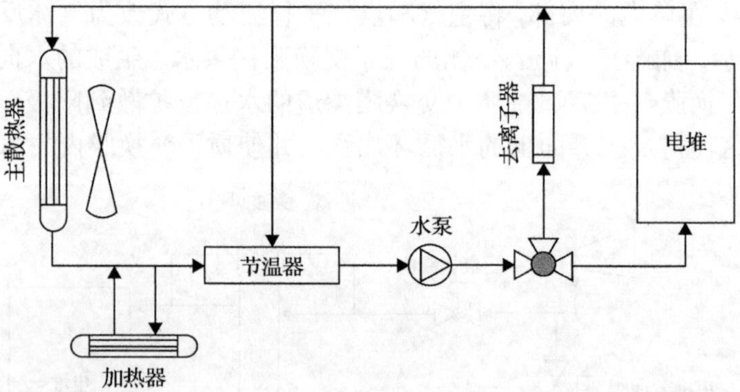

图 4.28　本田 Clarity 燃料电池热管理系统布置方案[22]

4.4.3　水冷装置

冷却液循环系统中，冷却液由水箱通过冷却水泵进入电堆，流出电堆后进入节温器自动调节进入大循环和小循环的水流量。小循环，即温度不高时，冷却水由节温器出口直接进入电堆，将电堆中氢气和氧气化学反应的废热带出，再次回到冷却水泵入口，形成小循环；大循环，即温度较高时，冷却水由节温器出口进入前段散热器，将较高的热量由整车散热器通过进气格栅进风和散热风扇抽风带走，温度降低的冷却液再由散热器出口进入电堆，将电堆内部反应余热排出后重新回到冷却水泵入口，形成大循环。由于燃料电池运行温度与环境温度温差较小，电流密度变化对电堆内热传递影响显著，燃料电池发动机的热管理是一项极具挑战的难题。如图 4.29 所示，燃料电池发动机热管理系统结构设计主要包括散热器、冷却水泵、水箱、温度传感器、节温器、去离子器、压力传感器等部件的设计[24]。

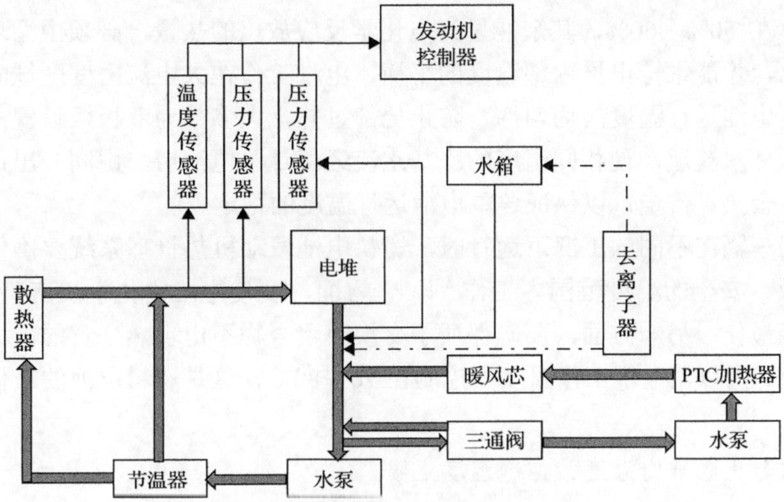

图 4.29　典型热管理系统结构

在冷却水循环部分中，冷却水由水箱通过冷却水泵进入电堆再回到冷却水泵入口，此循环回路中，在电堆的循环冷却液进出口处设置一个温度传感器，以监测进出电堆的循环水温度；同时在电堆进口处设置一个压力传感器，以监测冷却液入堆的压力。由于进入电堆的循环冷却液要求有较小的电导率，循环水必须使用去离子水，所以要在电堆出口处设置一个去离子器，去离子装置的压损太大，影响整个系统的工作，故设计与主冷却水路并联。此外，该系统采用电堆水热管理系统与暖风系统集成设计方案，在电堆冷却水出口管路设计分支水路，连接暖风芯、PTC 加热器、电动水泵，并由电磁三通阀控制进入分支水路的水量，有效利用电堆系统余热，降低采暖能耗，提高燃料电池发动机效率。暖风系统具有电堆余热采暖及电加热器制热双模式，兼顾节能与乘员舒适性，使整车综合性能最优。同时电堆在冷启动时，可与暖风系统共用加热器，空间及成本更优。电堆工作时，发动机控制器(ECU)根据温度传感器、压力传感器的上传信号控制冷却水泵的转速和冷却风扇的转速，将循环水的进出口水温控制在 70～80℃范围内，维持电堆内部的热平衡，使电堆稳定运行。

燃料电池在实际的工程应用中，冷却方式主要是水冷。尤其燃料电池发动机大功率输出时，电堆工作温度与周围环境温度相差不大，通过热辐射方式散去的热量很小，必须采用水冷方式排出大量的热量，而且燃料电池发动机维持热平衡要满足以下要求[24]：

1）确定电堆最佳运行温度范围

在电堆正常运行时，通常将单电池的工作电压控制在 0.60～0.75V，其能量转化效率在 50%～60%，其余能量为电化学反应放出的热量，必须由循环冷却水将其带出，才能维持电堆内部温度的平衡。电堆工作在大电流密度区域时，为了确保各单电池运行温度的均匀性，防止局部过热，大多数为双极板设置不同形状的冷却循环水流道，使相同温度的冷却水流经每片单电池后，由同一出口流出，将反应多余热量带走，以保证各单电池运行温度的稳定。

不同车辆在不同的工况下运行时，燃料电池发动机热管理系统要确保电堆在一个高效、安全的温度范围内工作[25]。一方面，要使电堆内化学反应高效进行，电堆性能最佳；另一方面，要确保质子交换膜聚合物不出现热分解的破坏，影响电堆安全。所以，电堆工作温度须控制在 70～80℃，这是燃料电池的最佳工作温度范围。

2）均匀化电堆内温度，控制温度上限

为了保证电堆工作性能，提高电堆各电池反应温度一致性，从而使电堆内不同位置的温度分布均匀，一般要保证电堆冷却水入口和出口温差维持在 10℃以内。

燃料电池发动机各个零部件，都必须在某个温度限制以下才可以正常工作，尤其燃料电池电堆更需要控制温度上限，如果电堆内反应温度不平衡，当局部温度过高时，对应处的质子交换膜将会出现微孔，氢气流道内的氢气将由微孔进入空气路与空气混合，这将引起严重的安全事故。所以，热管理系统一定要实现自动调节和控制燃料电池发动机的冷却水温度。合理地选择水泵、节温器、传感器、控制器等零部件搭建热管理系统尤其重要。

4.4.4　辅助加热装置

在燃料电池低温启动过程中，燃料电池内的结冰水不仅影响反应速率，阻碍反应进行，还会在燃料电池中产生不平衡的应力。随着冰的相变，燃料电池中不平衡应力的重复产生和消失将在一定程度上损害组件的结构和性能，进而造成燃料电池性能的衰减和寿命的降低。通过加热进行燃料电池辅助冷启动的方法主要包括电加热、气体加热、冷却液加热等。

电加热通过添加负载产生的热量加热电堆，加快电堆的启动。可以通过在集流板外侧布置加热电丝的方法来实现。有研究者提出了一种以电加热器为热源的新型变热负荷控制辅助冷启动的方法。将100W电加热源沿20个单体电池组成的电堆分布，通常位于中间的电池先成功启动，然后利用余热加热相邻电池，从而实现电堆在–20℃下成功启动。但是这种方案需要外加电源，使得整个系统更加复杂。

气体加热是通过压缩机向电池阴极通入热空气，达到融冰的效果。本田公司已经申请了相关专利，认为90℃以上的空气对电堆加热速度较快，但是压缩机获得热空气需要能量，这就导致了额外的功耗，同时对电堆材料的热应变要求比较高。

在冷启动之前可通过加热冷却液来对电堆进行预热，改善电堆启动条件。由于冷却液通道在电堆内均匀分布，加热过程均匀且高效。同时不需要安装额外的附件，克服了直接电加热法的一个缺陷。冷却液加热法的主要问题在于冷却液的热容量相对较高，这可能导致较高的能耗。

4.5　电控子系统

4.5.1　功率二极管

在本征半导体中掺入P型和N型杂质，其交界处就形成了PN结，在PN结的两端引出两个电极，并在外面装上管壳，就成为半导体二极管。

如图4.30所示，当PN结处于正偏，即P区接电源正端，N区接电源负端时，外加电场与PN结内电场方向相反，内电场被削弱，耗尽层变窄，打破了PN结的平衡状态，使扩散占优势。多子形成的扩散电流通过回路形成很大的正向电流，此时PN结呈现的正向电阻很小，称为“正向导通”。

当PN结处于反偏，即P区接电源负端，N区接电源正端时，外加电场与PN结内电场方向相同，内电场被加强，耗尽层变宽，打破了PN结的平衡状态，使漂移占优势。如图4.30所示，两区的少子在内电场作用下漂移过PN结形成反向电流。因为少子浓度很低，所以反向电流很小，而且在温度一定时，少子的浓度基本保持恒定，故又称反向电流为反向饱和电流，用I_s表示。反偏的PN结所呈现的反向电阻很大，称为“反向截止”[26]。

功率二极管也是由半导体PN结构成的，具有单向导电性，在电路中起正方向导通电流、反方向阻断电流的作用。功率二极管的电气符号与普通二极管也一样，与普通二极管不同的是功率二极管的PN结面积较大，因此过流能力增强了，可以通过较大的电流。

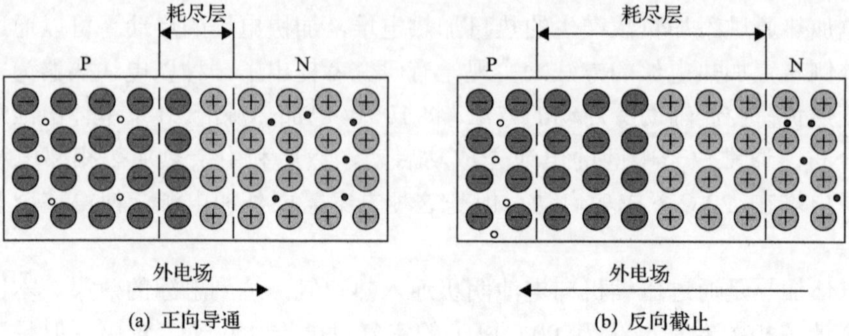

图 4.30　PN 结

4.5.2　开关器件

作为电力驱动的开关器件应有较高的开关频率、较小的功率损耗、良好的基极/门极可驱动性、足够好的动态特性、足够大的抗过载能力、技术成熟、成本经济，并与蓄电池额定电压相称。基于这些要求，适合电动汽车驱动用的开关器件有门极可关断晶闸管(gate-turn-off thyristor，GTO)、双极晶体管(bipolar junction transistor，BJT)、功率 MOS 场效应晶体管(power metal oxide semiconductor FET，power MOSFET)、绝缘栅双极晶体管(insulated gate bipolar transistor，IGBT)和 MOS 控晶闸管(MOS-controlled thyristor，MCT)。

在这些开关器件中，以 IGBT 的性能最优，图 4.31 为 IGBT 和 MOSFET。IGBT 是 MOSFET 与双极晶体管的复合器件[27]。它既有 MOSFET 易驱动的特点，又具有功率晶体管电压、电流容量大的优点，其频率特性介于 MOSFET 与功率晶体管间，可正常工作于几十千赫兹频率范围内，故在较高频率、输出功率为几千瓦到几十千瓦的各类电力变换装置中占据了主要地位。目前正日益广泛地应用于高性能、低噪声、小体积的电源、逆变器、不间断电源(uninterruptible power supply, UPS)、电机转速控制装置中。

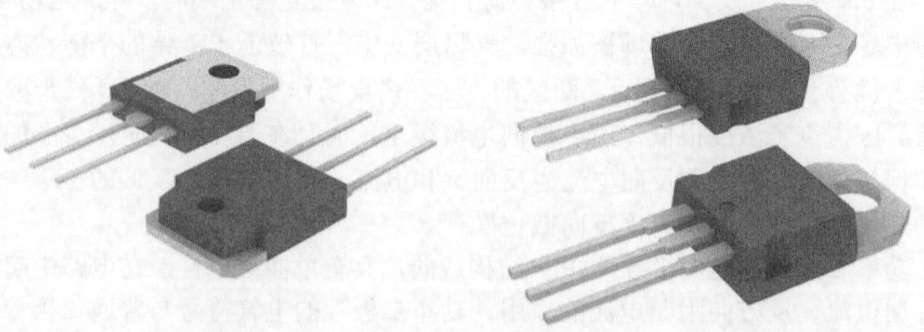

(a)　　(b)

图 4.31　IGBT(a)和 MOSFET(b)

4.5.3　逆变器

逆变器又称逆变电源，是一种电源转换装置，可将直流电转换成交流电。它输出的交流电可用于各类设备，最大限度地满足移动供电场所或无电地区用户对交流电源的需要[28]。有了逆变器，就可利用直流电(蓄电池、燃料电池等)转换成交流电，为电器提供稳定可靠的用电保障；在风能、太阳能领域，逆变器更是必不可少。小型逆变器还可利用汽车、轮船、便携供电设备，在野外提供交流电源。

1. 逆变器的结构

逆变器由逆变电路、逻辑控制电路、滤波电路三大部分组成，主要包括输入接口、电压启动回路、MOS 开关管、脉冲宽度调制(PWM)控制器、直流变换回路、反馈回路、LC 振荡及输出回路、负载等部分。控制电路控制整个系统的运行，逆变电路完成由直流电转换为交流电的功能，滤波电路用于滤除不需要的信号[29]。如图 4.32 所示，其中逆变电路的工作还可以细化：首先，振荡电路将直流电转换为交流电；其次，线圈升压，将不规则交流电变为方波交流电；最后，整流使得交流电经由方波变为正弦波交流电。

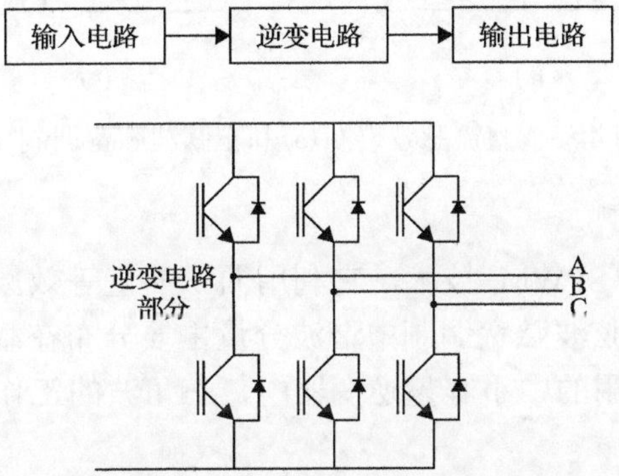

图 4.32　逆变器电路示意图

2. 逆变器控制方法

由于逆变器容量不同，结构形式和控制策略必然会有所差异，不同的脉宽调制方法下逆变器的输出特性也不同。目前逆变器广泛采用 PWM 技术实现对输出电压的控制[30]。PWM 技术通过调整 PWM 的周期、PWM 的占空比而达到控制的目的，调制方式主要有直流脉宽调制和正弦波脉宽调制两种，如图 4.33 所示。

1) 直流脉宽调制

直流脉宽调制是利用直流调制信号和三角载波比较，可以得到单脉波控制信号，只要改变直流调制信号，就可改变单脉波的脉冲宽度，调节输出电压基波分量的有效值，实现电压控制的目的。图 4.33(a)为实现直流脉宽调制的一种简单方法，给定电压和反馈电压通过电压调节器得到一个控制电压，控制电压和锯齿波电压 U 比较得到脉冲波形。

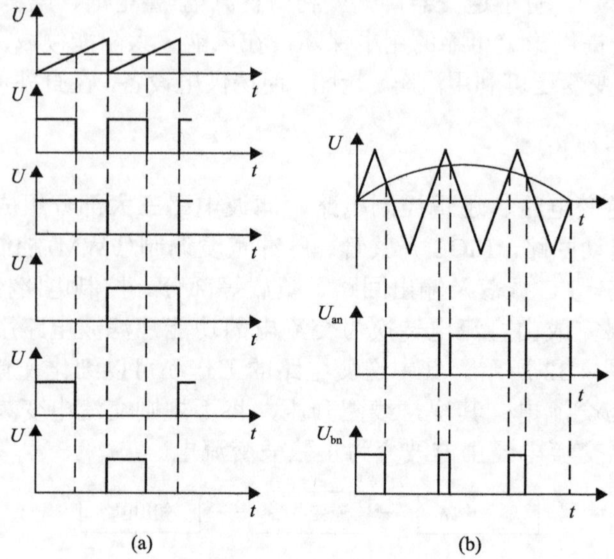

图 4.33　直流脉宽调制(a)和正弦波脉宽调制(b)

2) 正弦波脉宽调制

正弦波脉宽调制(SPWM)技术，它利用面积冲量等效原理获得谐波含量很小的正弦电压输出。正弦波脉宽调制中谐波分量主要分布在载波频率及载波频率整数倍附近。在目前使用的中小容量逆变器中，三角波的工作频率在 8～40kHz。

4.5.4　辅助电源

燃料电池混合动力系统为了减小燃料电池功率波动和进行制动回收，会和辅助电源结合使用。车用动力电池可分为两类：能量型和功率型。能量型为大容量、低放电倍率，一般纯电动汽车(如特斯拉)用该类；功率型为低容量、高放电倍率，如丰田 Mirai 采用的就是容量 6.8A·h、能量 1.65kW·h 的镍氢电池，仅起到提供峰值功率、回收制动能量的作用。

燃料电池的负载动态响应较慢，车辆在瞬态大功率的情况下，需要依靠额外的蓄电池组去提供这个瞬态功率；蓄电池也可以吸收再生制动时的能量；此外，有些拓扑结构中蓄电池起到稳压的作用，需要蓄电池能提供较大的功率和能量，保证动力电池能够驱动车辆一段时间。

在众多动力电池类型中，锂离子电池成为车用动力电池的主流，纯电动汽车和插电式电动汽车均采用锂离子电池，混合动力汽车的动力电池也在从镍氢电池向锂离子电池过渡。

锂离子电池是一种充电电池，它主要依靠锂离子在正极和负极之间移动来工作。锂离子电池使用一个嵌入的锂化合物作为电极材料[31]。目前用作锂离子电池的正极材料主要有：钴酸锂($LiCoO_2$)、锰酸锂($LiMn_2O_4$)、镍酸锂($LiNiO_2$)及磷酸锂铁($LiFePO_4$)，锂离子电池由正极、负极、隔膜、电解质构成。

(1) 正极。活性物质一般为锰酸锂或者钴酸锂、镍钴锰酸锂材料，电动自行车则普遍用镍钴锰酸锂(俗称三元)或者三元+少量锰酸锂，纯的锰酸锂和磷酸锂铁则由于体积大、性能不好或成本高而逐渐淡出。导电集流体使用厚度 10～20μm 的电解铝箔。

(2) 隔膜。采用经特殊成型的高分子薄膜，薄膜有微孔结构，可以让锂离子自由通过，而电子不能通过。

(3) 负极。活性物质为石墨，或近似石墨结构的碳，导电集流体使用厚度 7～15μm 的电解铜箔。

(4) 有机电解液。溶解有六氟磷酸锂的碳酸酯类溶剂，聚合物电解液则使用凝胶状的。

4.5.5　升压变换器

升压变换器的电源可以用直流电源，将直流电源转换为不同电压的直流电。升压变换器是会提高输入电压的 DC-DC 转换器，其输出电压较输入电压要高。但因为功率守恒，其输出电流都会小于输入电流[32]，基本结构如图 4.34 所示。

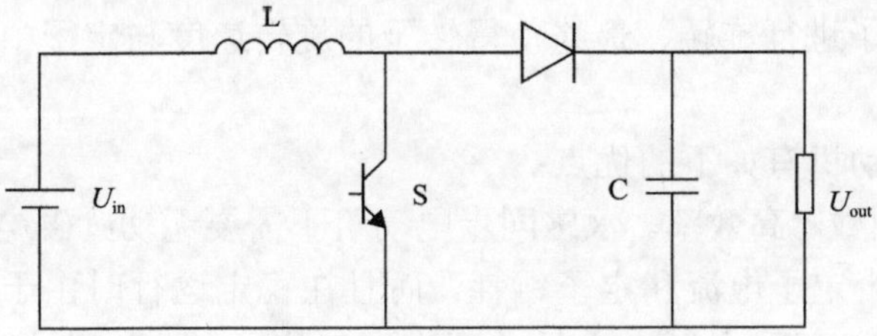

图 4.34　基本升压电路

当开关导通(S-ON)时，电流以顺时针的方向经过电感器，电感器开始产生磁场来储存能量，电感器的左侧为正极。当开关开路(S-OFF)时，因为其阻抗较大，电流会下降，之前产生的磁场会慢慢减少，设法提供负载的电流。电感器的极性会倒转(左侧变为负极)。因此两个电压源会叠加，经过二极管来为电容器充电。

若开关切换得够快，电感器在二次充电之间，不会完全放电到零电压，若开关开路时，负载会持续接收到比输入电压要大的电压。此时和负载并联的电容器也同时充电，若开关导通时，二极管逆向偏压无法导通，此时就由电容器来提供负载电源，达到升压的目的。

4.5.6 电动机

电动机是将电能转化为机械能的装置。按结构和工作原理可划分为：直流电动机、异步电动机、同步电动机。同步电动机可划分为：永磁同步电动机、磁阻同步电动机和磁滞同步电动机。异步电动机可划分为：感应电动机和交流换向器电动机。感应电动机可划分为：三相异步电动机、单相异步电动机和罩极异步电动机等。车用电动机大部分都为永磁同步电动机(permanent magnet synchronous motor，PMSM)(图 4.35)。

图 4.35 永磁同步电动机

永磁同步电动机的原理为在电动机的定子绕组中通入三相电流，在通入电流后就会在电动机的定子绕组中形成旋转磁场，由于在转子上安装了永磁体，永磁体的磁极是固定的，根据磁极的同性相吸、异性相斥的原理，在定子中产生的旋转磁场会带动转子进行旋转，最终使得转子的旋转速度与定子中产生的旋转磁极的转速相等[33]。

永磁同步电动机有如下的优点：

(1)高功率因数、高效率。永磁同步电动机不需要无功励磁电流，可以显著提高功率因数，减少定子电流和定子铜耗，而且在稳定运行时由于没有铜耗，进而可以因总损耗降低而减小风扇容量甚至去掉风扇，从而减小甚至省去了相应的风磨损耗，效率高。所以，相较于同规格的异步电动机，它的效率能够提高 2%～8%。尤其在轻载时效率值比异步电动机高很多，运行时节能效果更为显著，长期使用能够大幅度地节省电能。

(2)转矩纹波小，转速平稳，动态响应快速准确，过载能力强。同步电动机比异步电动机对转矩的扰动具有更强的承受能力，能做到快速响应。同步电动机的负载转矩变化时，只要电动机的功角做适当变化，而转速始终维持在原来同步转速不变，转动部分的惯性不会影响电动机对转矩的快速响应。永磁同步电动机的最大转矩可以达到额定转矩的 3 倍以上，故电动机系统在负载转矩变化较大的工况下有利于稳定运行。

(3) 体积小、质量轻。近些年来随着高性能永磁材料的出现和应用，永磁同步电动机的功率密度已经得到很大提高，比起同容量的异步电动机，体积和质量都有较大减少，从而使其在许多特殊场合得到应用。

(4) 结构多样，应用范围广，可靠性高。

4.6　本 章 小 结

本章讨论了车用燃料电池系统的组成及实例应用，主要介绍了车用燃料电池动力系统分类及组成，并从车载质子交换膜燃料电池电堆、氢气供应子系统、空气供应子系统、水热管理子系统、电控子系统五部分详细介绍了各系统的作用、组成和现有技术及产品。对于车用燃料电池系统而言，由于燃料电池电堆较大，应用条件和涉及工况较多，整个系统的设计会更加困难，以满足布置空间与效率的要求。对于车用燃料电池系统的设计与优化是无止境的。希望通过本章的介绍，大家能基本掌握燃料电池车载应用的相关知识。

思　考　题

4-1　请举例 3 种量产燃料电池汽车车型，需包含其主要参数。

4-2　请分类介绍常用的燃料电池动力系统结构。

4-3　分类介绍现有的车载储氢罐的类型、优缺点及关键参数。

4-4　举例介绍 3 种先进的车用燃料电池相关技术。

4-5　质子交换膜燃料电池水热管理的主要作用是什么？

4-6　为了保证燃料电池的性能，其水热管理应满足哪些要求？

4-7　辅助加热装置的作用及其分类包括哪些？

4-8　燃料电池汽车有哪些拓扑结构？各自优缺点有哪些？

4-9　燃料电池汽车最常使用的电动机类型是什么？它的优点是什么？

4-10　说明逆变器、升压变换器的工作原理，它们在燃料电池汽车中起什么作用？

参 考 文 献

[1] 衣宝廉. 燃料电池和燃料电池车发展历程及技术现状. 北京: 科学出版社, 2018: 75.

[2] Jang S E, Cho I H, Jeon Y S, et al. System for Fuel Cell Vehicle: 14/542617. 2016-02-04.

[3] Kim M J, Sohn Y J, Park G G, et al. Apparatus and method for managing fuel cell vehicle system: 14/883226. 2017-10-14.

[4] Zhang J L. Pem fuel cell testing and diagnosis: design and fabrication of PEM fuel cell MEA, single cell, and stack. Pem Fuel Cell Testing & Diagnosis, 2013: 43-80.

[5] Wen H, Su B. Hybrid-mode interleaved boost converter design for fuel cell electric vehicles. Energy Conversion & Management, 2016, 122: 477-487.

[6] 曹楠. 车用燃料电池混合动力系统设计与能量管理. 成都: 西南交通大学, 2017.

[7] Kakeno Y, Nada M, Umayahara K, et al. Fuel cell system, fuel cell vehicle, and method of controlling fuel cell system: 14/926254. 2015-10-19.

[8] 冯旭翀. 燃料电池汽车关键技术介绍及其应用. 电子测试, 2018, (21): 119-120, 140.

[9] Lee Y H, Kim J, Yoo S. On-line and real-time diagnosis method for proton membrane fuel cell (PEMFC) stack by the superposition principle. Journal of Power Sources, 2016, 326: 264-269.

[10] Lee H J, Noh Y G. Hydrogen recirculation apparatus for fuel cell vehicle and method thereof: 11/985876. 2008-12-25.

[11] Li M, Bai Y, Zhang C, et al. Review on the research of hydrogen storage system fast refueling in fuel cell vehicle. International Journal of Hydrogen Energy, 2019, 44(21): 10677-10693.

[12] 近藤政彰, 山下顕, 後藤荘吾. The high-pressure hydrogen storage system for the Mirai FCV. トヨタ・テクニカル・レビュー, 2015, 61: 26-31.

[13] Choi J. Design and experimental study on a turbo air compressor for fuel cell applications. Transactions of the Korean Hydrogen and New Energy Society, 2008, 19(1): 26-34.

[14] 马建新, 周伟, 马晓伟, 等. 发动机空气净化器: CN101079489 A. 2007-11-28.

[15] Liang X, Ouyang Q, Sun Y, et al. A study on the torsional vibration of fuel cell vehicle sensor powertrain. Sensor Letters, 2015, 13: 180-184.

[16] 夏全刚. 车用燃料电池发动机水热管理系统探讨. 汽车实用技术, 2018, (23): 17-19.

[17] Choi E J, Park J, Kim M S. A comparison of temperature distribution in PEMFC with single-phase water cooling and two-phase HFE-7100 cooling methods by numerical study. International Journal of Hydrogen Energy, 2018, 43(29): 13406-13419.

[18] Zhu D, Ait-Amirat Y, N'Diaye A, et al. Active thermal management between proton exchange membrane fuel cell and metal hydride hydrogen storage tank considering long-term operation. Energy Conversion and Management, 2019, 202: 112187.

[19] 郭爱, 陈维荣, 刘志祥, 等. 车用燃料电池热管理系统模型研究. 电源技术, 2014, 38(12): 2278-2282.

[20] 常国峰, 曾辉杰, 许思传. 燃料电池汽车热管理系统的研究. 汽车工程, 2015, 37(8): 959-963.

[21] Zhong D, Lin R, Jiang Z H, et al. Low temperature durability and consistency analysis of proton exchange membrane fuel cell stack based on comprehensive characterizations. Applied Energy, 2020, 264: 114626.

[22] 王远, 牟连嵩, 刘双喜. 国外典型燃料电池汽车水、热管理系统解析. 内燃机与配件, 2019, (24): 198-200.

[23] Konno N, Mizuno S, Nakaji H, et al. Development of compact and high-performance fuel cell stack. SAE International Journal of Alternative Powertrains, 2015, 4(1): 2015-01-1175.

[24] 浦及, 秦晓津, 芦岩, 等. 燃料电池热管理系统设计及研究. 汽车文摘, 2019, (4): 24-27.

[25] 曾辉杰, 常国峰, 倪淮生, 等. 燃料电池汽车散热器的换热效率研究. 电源技术, 2014, 38(2): 255-258.

[26] 王兆安, 刘进军. 电力电子技术. 5版. 北京: 机械工业出版社, 2009.

[27] Chen Z, Yu Z, Zhang X, et al. Analysis and experiments for IGBT, IEGT, and IGCT in hybrid DC circuit breaker. IEEE Transactions on Industrial Electronics, 2017, 65(4): 2883-2892.

[28] Shen M, Joseph A, Wang J, et al. Comparison of traditional inverters and Z-source inverter for fuel cell vehicles. IEEE Transactions on Power Electronics, 2007, 22(4): 1453-1463.

[29] 张立广, 刘正中. SPWM 逆变电源 LC 滤波器的研究与设计. 电子设计工程, 2014, 22(6): 172-174.

[30] Reznikov B, Srndovic M, Familiant Y L, et al. Simple time averaging current quality evaluation of a single-phase multilevel PWM inverter. IEEE Transactions on Industrial Electronics, 2016, 63(6): 3605-3615.

[31] 安富强, 赵洪量, 程志, 等. 纯电动车用锂离子电池发展现状与研究进展. 工程科学学报, 2019, (1): 22-42.

[32] Forouzesh M, Siwakoti Y P, Gorji S A, et al. Step-up DC-DC converters: A comprehensive review of voltage-boosting techniques, topologies, and applications. Transactions on Power Electronics, 2017, 32(12): 9143-9178.

[33] 王向超. 永磁同步电机无位置传感器控制及自适应转速控制. 天津: 天津大学, 2007.

第5章 燃料电池测试与表征

5.0 引 言

燃料电池的测试与表征技术对评估新材料、验证新的设计、检验新的实验方案，以及优化燃料电池的运行工况非常重要。其中燃料电池的测试方法，必须满足测试机构及国际社会的通用标准。目前涉及燃料电池测试的专业机构包括：美国机械工程师协会(American Society of Mechanical Engineers，ASME)、日本汽车研究所(Japan Automobile Research Institute，JARI)、欧盟委员会联合研究中心(Joint Research Council，JRC)、新能源和工业技术开发组织(New Energy and Industrial Technology Development Organization，NEDO)、美国汽车工程师学会(Society of Automotive Engineers，SAE)和美国燃料电池理事会(US Fuel Cell Council，USFCC)[1]。根据美国燃料电池理事会氢气质量联合工作组(Joint Hydrogen Quality Task Force，JHQTF)的观点，推动国际通用测试协议的构建是十分必要的。这将规范燃料电池测试所采取的压力、温度、污染物浓度、污染物暴露程度、测试持续时间等关键参数。

5.1 燃料电池测试准备步骤

5.1.1 检查组件连接

由于燃料电池测试中可能涉及许多潜在的危险，如电压、电流、水流、易燃气体、有毒气体和易导致窒息的气体等。因此在开始任何测试之前，必须验证燃料电池的正确组装，其步骤包括目视检查、压力和泄漏试验、电气隔离试验、轴载验证和仪表校验，从而最大限度地减少潜在的危险，并提高测试结果的可靠性。

1. 目视检查

目视检查是一种简单有效的方法，目的是发现明显的装配错误。目视检查可以作为装配过程的一部分，应包括确认所有接线和测试单元连接是否安全且紧固，以及确认所有必要的部件是否都已按正确的顺序装配好。

2. 压力和泄漏试验

压力和泄漏试验是为了验证组件的密封性，检测反应气体的交叉泄漏率。具体步骤包括关闭排气阀、用惰性气体对管道加压、监测管道内的气体压力变化，以及使用肥皂水来确定泄漏的来源并进行修复。对于燃料电池电堆，也可以将整个加压堆淹没在水下，以诊断和定位泄漏。如果使用冷却剂，则还应通过循环液体来测试冷却剂回路的泄漏情况。

3. 电气隔离试验

为了安全方面的考虑，需要对燃料电池进行电气隔离。操作人员必须保证用于紧固的螺栓不能导通阴阳两极，且端板到地面必须保持电气隔离。

4. 轴载验证

轴载验证是为了避免不正确的电池组装，对测试结果造成影响。用于轴载验证的方案取决于单电池或者燃料电池电堆的压力加载方式。对于气缸夹紧的电池系统，可以通过监测压缩力实现轴载验证。对于扭矩收紧系统，可使用专门的扭矩扳手实现压力控制。上述两个系统均可通过使用压力敏感纸，来验证载荷的大小及分布是否均匀。

5. 仪表校验

仪表校验是为了验证仪器安装是否正确，是否被正确地连接到数据采集系统，并生成准确的期望值。如果性能不符合所要求的标准，则需要对某些仪表进行返工，同时必须对所有设备和仪器都进行定期的校准。

5.1.2　燃料电池活化

为了使燃料电池充分发挥作用，必须对膜电极进行活化。通常活化过程包括升高温度和增加湿度两方面，进而降低燃料电池中的欧姆极化并提高催化剂的动力学活性。

美国燃料电池理事会所制定的活化方案，是将燃料电池在 0.50～0.70V 的电压区间内进行活化，并在 0.70V 和 0.50V 电位下分别维持 20min。往复 9 个循环后，在 200mA/cm^2 的电流密度下活化 12h[2]。

JRC 机构成立了两个工作组来制定标准化的燃料电池测试程序，分别是：燃料电池测试和标准化网络小组（Fuel Cells Testing & Standardisation Network，FCTestNet）和燃料电池系统测试、安全与质量保证小组（Fuel Cell Systems Testing，Safety and Quality Assurance，FCTes^{QA}）。其活化步骤是以 100mA/cm^2 的增速增加电流密度，在电池电压达到 0.5V 的工况下运行至少 24h，直到 1h 内电压变化不超过±5mV[3]。

欧盟资助的氢系统实验室（Hydrogen System Laboratory，HySyLab）制定的活化步骤，是在 0.40～0.60V 的电压区间内进行活化循环，并在 0.60V 和 0.40V 电位下各自维持 30min，该过程至少重复 10 个循环。每个循环结束后，电池在开路电压下维持 1min 再测试极化曲线，直到前后两次极化曲线的偏差值小于 1.7%，才可视为活化完成[4]。

5.1.3 测试步骤

完整的燃料电池测试计划，应该包括对反应物浓度、温度、压力、电流密度及化学计量的控制。同时，应确定好测试的内容、测试的顺序和对测试结果的分析[5]。在设定测试计划时，应考虑以下几点：

(1) 当负荷增加时，应首先提高反应气体的流量比；当负荷减少时，应先减少负荷后降流量比。

(2) 选择合适的稳定时间，一般来说燃料电池平台需要 5～10min 才能稳定下来，燃料电池需要在测试平台稳定之后才能达到平衡。且燃料电池达到平衡所需的时间，很大程度取决于燃料电池的大小和装配方式。

(3) 选择较为合适的数据采集间隔长度，使最终采集的数据能够准确地反映电池性能的变化趋势。

5.2 极化曲线

燃料电池的电流密度-电压响应，即极化曲线能直接反映燃料电池的性能。极化曲线显示了燃料电池在给定电流密度情况下的输出电压。高性能的燃料电池损耗较小，因此在给定电流密度情况下会输出一个较高的电压。燃料电池极化曲线通常由恒电势仪与恒电流仪测量，具体的是通过逐渐提高电流密度来测定燃料电池的整个电化学响应。

可靠的极化曲线，需要在系统处于稳定状态时进行测量。稳态意味着电压和电流读数不会随着时间变化发生改变。通常当我们提高燃料电池的电流时，电池的电压会下降以反映输出电流时的损耗。但是，这种压降不是瞬时的，通常需要几秒钟、几分钟甚至几小时使电压达到稳定的数值。这种延迟是由于一些微弱的变化产生的，如温度的变化和反应物浓度的变化，这些都需要时间传至整个燃料电池。通常燃料电池越大，达到稳态的过程越慢。对于车用燃料电池或者居住用的大型燃料电池电堆，遇到突发的电流或电压变化后常常需要 30min 以上来达到稳态[6]。

5.2.1 开路电压

开路电压(open circuit voltage，OCV)是指单个燃料电池在无负载条件下提供的电压。当放电电流接近零时，燃料电池处于真实的电化学平衡，即热力学电压

(1.23V)。在实际中，测量的 OCV 总是比理论值低。如图 5.1 所示，燃料电池的工作电压始终低于 OCV，并随着电流密度的增加而减小[7]。极化曲线是记录工作电压随电流密度变化的函数，极化曲线能够提供有关极化损耗的信息，包括动力学相关的活化极化、电池的欧姆极化及质量传输损耗。通过对极化曲线的模拟和分析，可以优化电池的结构和工作条件，从而提高电池的性能。

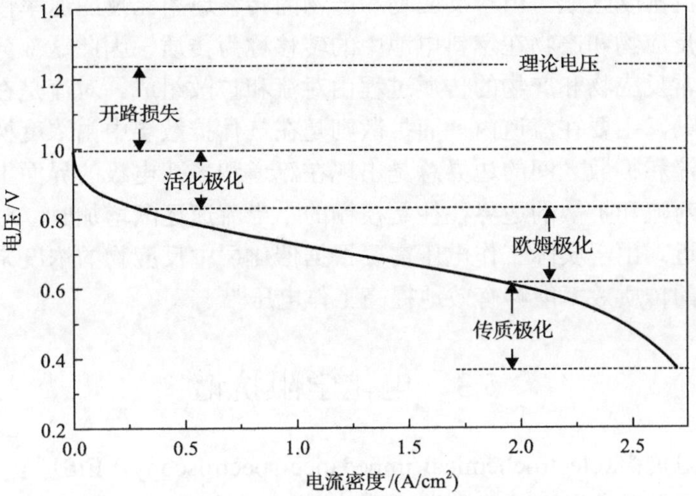

图 5.1　典型的燃料电池极化曲线

5.2.2　活化极化

在极化曲线的低电流密度区域，工作电压的下降主要受限于电极表面氢氧化和氧还原的速率，根据 Butler-Volmer 方程：

$$j = j_0\left(\exp\left(\frac{\alpha nF\eta_{\text{act}}}{RT}\right)-\exp\left(-\frac{\beta nF\eta_{\text{act}}}{RT}\right)\right) \tag{5-1}$$

式中，η_{act} 表示活化极化；α 与 β 是转移系数，且 $\alpha+\beta=1$；n 是控速步骤中电子反应数；j 是净电流密度；j_0 是平衡状态下的交换电流密度。当 η_{act} 数值较大，其他因素可忽略时，方程可以简化如下：

$$\eta_{\text{act}} = a + b\lg i \tag{5-2}$$

式中，$a = -[2.303RT/(\alpha nF)]\lg j_0$，斜率 $b = 2.303RT/(\alpha nF)$。如式(5-2)所示，活化极化与电流密度 i 的对数呈线性关系，即 Tafel 方程。

5.2.3　欧姆极化

在欧姆极化范围内时，工作电压的下降主要是由电池的内阻造成的，内阻包括燃料电池组件彼此之间的接触电阻和质子交换膜的质子电阻[8]。在质子交换膜燃料电池中，聚合物电解质膜的质子电阻对总的欧姆电阻占比最大。在欧姆极化区域，工作电压的变化与电流密度呈线性关系。

5.2.4 传质极化

在高电流密度区域，由于反应物和产物的转移速率比反应速率慢，工作电压迅速降低。反应物和产物在燃料电池中的转移称为传质，因此这部分损失称为传质极化。通常反应物和产物的传质过程由对流和扩散组成。对流是在机械力作用下的流体运动，主要在流道内；而扩散则是在气体扩散层中由浓度梯度引起的质量输运。对流和扩散之间的边界总是出现在流道和多孔电极的界面上，在实际运行过程中，对流和扩散的边界往往是模糊的。当流速逐渐增加时，对流过程会逐渐向电极靠近。由于实际工作电压需要根据催化层中反应物的浓度来计算，因此提高反应物的传质效率能够有效地提高工作电压[9]。

5.3 电化学阻抗谱

电化学阻抗谱(electrochemical impedance spectroscopy，EIS)是一种有效的无损测量技术，它提供了广泛的电化学反应信息，包括界面电极/电解液的电荷传递速率、反应机制、电池的充电状态、电极材料性能和燃料电池的运行状况等[10,11]。电化学阻抗谱有助于了解电池反应动力学、欧姆电阻、电解质、扩散层电阻，以及系统的传输限制。该方法是在一个或多个频率上对燃料电池电堆施加一个很小的正弦扰动电压，作为响应，就会产生一个同样频率但振幅和相位可能都会有变动的反馈信号。利用记录的响应值，通过一定的数学方法来计算阻抗。在多个不同的频率下重复该过程，就可以得到电化学阻抗谱[12,13]。常用的电化学阻抗谱有两种：奈奎斯特图(Nyquist plot)和伯德图(Bode plot)。

5.3.1 Nyquist 图

目前电化学阻抗法是用于区分和了解燃料电池损失的最常用技术，阻抗是对系统阻碍电流流动的一种度量结果，它是与时间相关的电压和电流之比：

$$Z = \frac{U(t)}{i(t)} \tag{5-3}$$

阻抗测量通常是通过施加一个小的正弦电压微扰，$U(t) = U_0\cos(\omega t)$，然后监控系统的电流响应，$i(t) = i_0\cos(\omega t - \Delta\varphi)$。在以上的表达式中，$U(t)$ 和 $i(t)$ 表示在时间 t 时的电压和电流，U_0 和 i_0 是电压信号和电流信号的振幅，ω 是角频率。

一般系统的电流响应相对于电压微扰会产生相位变化，这种相移效应由 $\Delta\varphi$ 来描述。正弦电压扰动和有相移的电流响应之间的关系如图 5.2 所示。

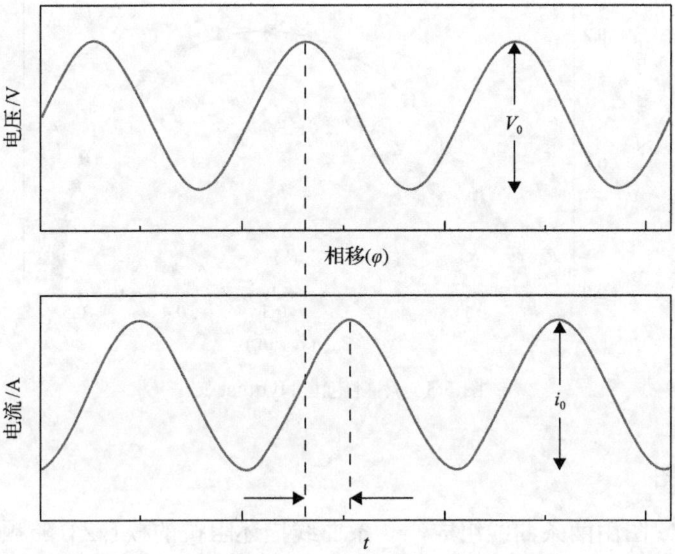

图 5.2 正弦电压微扰和产生的正弦电流响应

因此，系统的正弦阻抗响应：

$$Z = \frac{U_0 \cos(\omega t)}{i_0 \cos(\omega t - \Delta\varphi)} = Z_0 \frac{\cos(\omega t)}{\cos(\omega t - \Delta\varphi)} \tag{5-4}$$

用复数形式把系统的阻抗响应表述为实部和虚部：

$$Z = \frac{U_0 \mathrm{e}^{\mathrm{j}\omega t}}{i_0 \mathrm{e}^{\mathrm{j}\omega t - \mathrm{j}\Delta\varphi}} = Z_0 \mathrm{e}^{\mathrm{j}\Delta\varphi} = Z_0(\cos\Delta\varphi + \mathrm{j}\sin\Delta\varphi) \tag{5-5}$$

一个系统的阻抗可以用阻抗数 Z_0 和相移 $\Delta\varphi$ 来表示，或者用一个实部($Z_{real}=Z_0\cos\Delta\varphi$)和一个虚部($Z_{imag}=\mathrm{j}Z_0\sin\Delta\varphi$)来表示。表达式中的 j 代表一个虚数，阻抗数据作图时一般都表达成阻抗的实部和虚部(Z_{real} 在横轴上，$-Z_{imag}$ 在纵轴上)，这样的阻抗数据图被称为 Nyquist 图。因为阻抗测量是在数十个甚至数百个不同的频率下完成的，所以 Nyquist 图涵盖了一个系统几个数量级频率的阻抗特性。

通常燃料电池电化学阻抗谱的测试区间为 0.1Hz～10kHz，图 5.3 显示了典型的燃料电池 Nyquist 图。其中高频区域与横轴的截距为欧姆阻抗(R_Ω)，高频区域的半圆显示的是电荷转移阻抗(R_{ct})，低频区域的半圆显示的是传质阻抗(R_{mt})，此外等效电路中还会存在伴生的电容元件(CPE)。在实际测试过程中，电流密度、加湿条件、电压扰动均会对测试所得曲线造成影响。

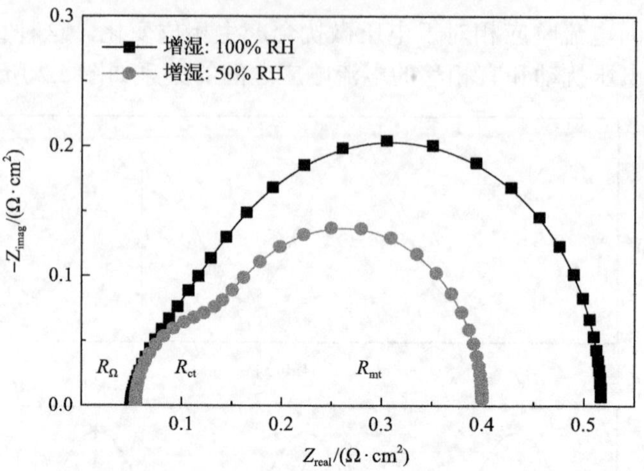

图 5.3　燃料电池 Nyquist 图

5.3.2　Bode 图

阻抗 Bode 图由两条曲线组成，一条曲线描述阻抗的模($|Z|$)随频率(f)的变化关系，称为 Bode 模图；另一条曲线描述阻抗的相位角(ϕ)随频率的变化关系，称为 Bode 相图。通常，Bode 模图和 Bode 相图要同时给出，才能完整描述阻抗特征。

电极/电解质界面可以用等效电路来表示，等效电路包含各种阻抗元件。这些元件一般表示为电阻、电容或感应元件，它们的复阻抗对交流信号的频率有特殊的依赖性。对于更复杂的电化学过程，测试所得的数据将需要借助电化学工作站进行分析。燃料电池反应过程可以是扩散和吸附过程，因此这些标准扩散过程可以用不同的阻抗单元来描述，如 Warburg 阻抗、能斯特阻抗、球形扩散阻抗等。

图 5.4 显示了典型的燃料电池 Bode 图，在图中的高频区域能够直观地获得欧姆电阻(R_Ω)的值。此外 Bode 相图出现的两个峰，分别对应着 Bode 模图中新增的两个电路元件(电阻值为 R_{ct} 与 R_{mt})。

5.3.3　其他电阻测试方法

1. 电流中断法

电流中断法的工作原理是将一个负载接触器的继电器开关与负载和燃料电池并行放置，当燃料电池在一定电流下工作时，继电器打开，并测量其电压，在一段时间内对电压进行定量测量后即可测得膜阻抗。计算该电压响应的斜率即可得到燃料电池组成部件的欧姆电阻。继电器的转换速度只有几毫秒，因此需要一个示波器来记录继电器打开时的波形。这种简单方法的难点在于记录准确的电压值，这种电压变化可以通过示波器来实时监测，或者可以在几次不同的中断中读取若

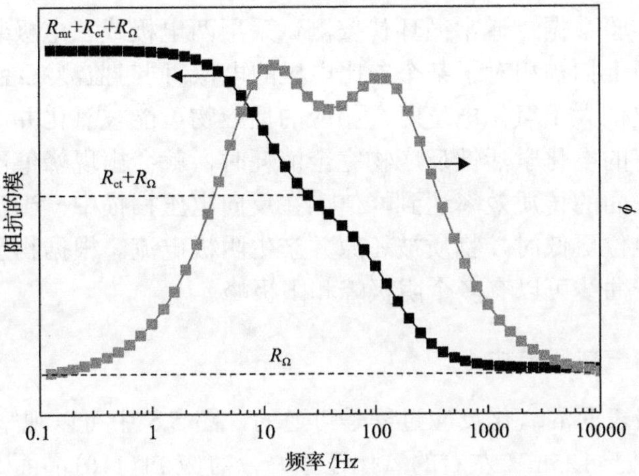

图 5.4　燃料电池 Bode 图

干个电压值。这种方法可以使用简单的测量设备来实施，并且可以用来测量大功率的燃料电池系统。

2. 交流阻抗法

交流阻抗法对所要测试的燃料电池施加一个固定、单一的高频正弦波，以并行测量电池和负载在该频率下总的阻抗水平。负载与燃料电池并联，因此可在修正负载阻抗后再计算电解质的欧姆电阻。同电流中断法一样，该方法仅给出了单一的数据点。该方法的一个优点是在测试进行过程中很少会扰乱燃料电池的正常工作。为得到准确的燃料电池的阻抗信息，使用已知的阻抗负载，并结合毫欧级的幅值和相位数据，以计算燃料电池的阻抗。

3. 高频阻抗法

高频阻抗法对燃料电池的扰乱很小，因此可在燃料电池运行中实施常规测试。理想的测量频率因燃料电池类型不同而有所差异，为选择合适的频率，需要考虑所加电流与测量电压之间的相位差。如果相位差为零，那么燃料电池的工作状态是稳定的。阻抗的虚轴为零的频率就是应选择的频率。在 Nyquist 图中，该点就是高频下阻抗数据与实轴的交点。如果高频下该图不与实轴相交，那么可以使用图上偏离半圆前的最高频率。高频阻抗法中所用的频率范围为 500～3000Hz。在进行阻抗数据比较时，必须使用相同的测试频率。

5.4　循环伏安图

循环伏安图(cyclic voltammogram，CV)能够为燃料电池的动力学和热力学特征提供丰富的实验数据，通常循环伏安测试采用两电极或三电极装置进行。其原理是在工作电极上扫描相对于某个参比电极的电位，同时监测流经对电极的电流。当工作电极的电位大于氧化电位时，相应的反应物可能被氧化并产生阳极电流。当电极表面所有的电化学活性反应物完全消耗时，就会出现峰值电流。在其对应的电位，电极表面的传质效率达到峰值。在反向电压扫描中，当工作电极的电位比反应物还原电位更低时，物质被还原并产生阴极电流。根据物质本身所具备的性质，循环伏安曲线可以有多个阴极峰和阳极峰。

5.4.1 氢氧化与氧还原反应

氢气在阳极表面的氧化反应过程是可逆的，图 5.5 中可以观察到明显的氢吸/脱附峰。其中位于 125mV 左右的氧化还原峰，对应 Pt(110) 晶面[14,15]。氧还原反应发生在阴极，即使是使用活性贵金属催化剂，氧还原反应仍是一个缓慢的过程。当一些电解质吸附在催化剂表面，或者催化剂被强吸附杂质污染时，氧还原反应会进一步减慢。

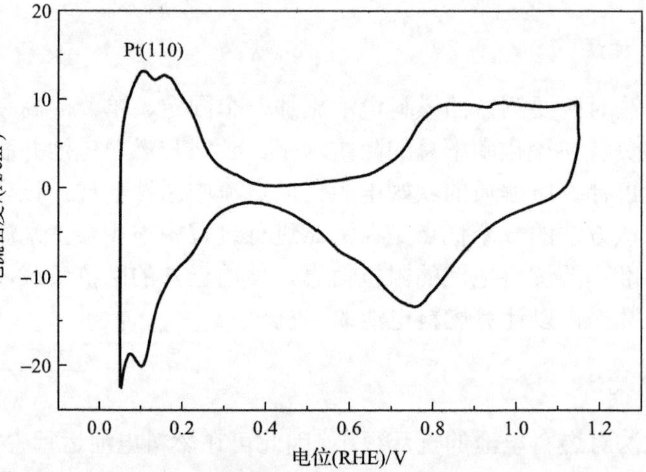

图 5.5 燃料电池循环伏安测试

5.4.2 具体应用

1. 研究 Pt 及其合金的氧化程度

目前 Pt 及其合金材料是 PEMFC 最有效、最适用、最成功的催化剂。然而在氧还原反应所处的高电位下，Pt 及其合金材料容易被氧化。由于氧气无法在 Pt 的氧化物表面发生有效反应，因此 Pt 及其合金材料的氧化将减缓电极表面的氧还原动力学效率，并降低催化剂表面的静息电位。此外，通过计算还原峰的面积，能够定性地反映 Pt 氧化的程度。

2. 催化剂活性评价

目前以 Pt 或 Ru 为基础的贵金属催化剂成本较高，是燃料电池规模化应用的主要障碍之一。在过去的几十年中，大量的研究集中于降低 Pt 催化剂的用量，以及开发低成本非贵金属的催化材料作为替代物。循环伏安法已被广泛应用于催化剂的氢氧化反应或氧还原反应活性研究中，催化剂的活性可以用起始电位和峰值电流来评价[16,17]。具有较高活性的催化剂，将产生较低的氧化还原起始电位和较高的峰值电流。

3. 电化学活性面积计算

循环伏安法对气体扩散电极电化学活性面积(electrochemical active surface area，ECSA)的测定具有很大的实用价值[18,19]。在电极制造过程中，由于与固体电解质的接触不足或催化剂颗粒的电隔离，电极中并不是所有催化剂都能参与反应。因此，ECSA 是评价催化剂活性的重要参数之一。电极的 ECSA 是根据循环伏安法，测定去除一层吸附氢所需的电荷来估算的，所需的电荷量是通过对循环伏安曲线的氢吸附区域进行积分所得。对于一个平整的铂表面，氢吸附电荷是 210μC/cm^2。

$$\mathrm{ECSA}=\frac{S_{\mathrm{H}}/V_{\mathrm{cycle}}}{210\mu\mathrm{C}/\mathrm{cm}^2\times M_{\mathrm{Pt}}} \tag{5-6}$$

式中，S_{H} 为氢吸附峰积分面积；V_{cycle} 为循环伏安测试扫描速率；M_{Pt} 为催化剂载量。

5.5　线性扫描伏安法

线性扫描伏安法(linear sweep voltammetry，LSV)是一种用于估算燃料电池反应气体跨膜渗透率的常用技术，可直接用于不同的燃料电池工况。在测试过程中，对燃料电池电极进行线性电位扫描以获得极限电流，从而反映燃料电池质子交换膜的状态[20]。

5.5.1　极限电流密度

线性扫描伏安法与循环伏安法的测试装置相似，分别在燃料电池的阳极和阴极通入氢气和氮气。阳极作为参比电极和对电极，阴极作为工作电极。氢气和氮气通常采用完全或过饱和的加湿条件，以保证质子交换膜处于较好的水化条件。

使用恒电位仪或其他可控电源，以较低的扫描速率将工作电极从初始电位扫描到最终电位，从而获得慢速扫描的线性扫描伏安图。工作电极需避免超过 0.8V 的电位，以防止出现不可逆的铂或碳氧化。

控制燃料电池阴极侧的外加电位，同时监测以电流形式呈现的电化学活性。在高电位下，气体渗透速率受限，阳极透过质子交换膜传递至阴极的氢气完全被氧化，同时产生相应的极限电流密度。由于氮气并不参与氧化还原反应，在给定的电位范围内产生的任何电流，都只能归因于氢的电化学氧化。

5.5.2 具体应用

1. 检测氢渗透量

通过在不同的条件下，对不同类型的质子交换膜进行大量的线性扫描伏安实验研究，发现氢气的渗透率是由膜的性质(组成、厚度)和操作工况(气体的压力、温度、加湿条件)等因素共同决定的，如图 5.6 所示。

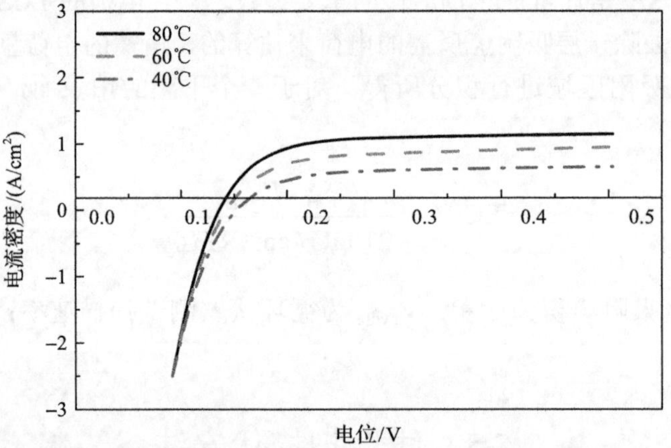

图 5.6　燃料电池在不同温度下的线性扫描伏安测试

2. 检验组件之间是否短路

线性扫描伏安测试不仅可以用来研究氢渗透，还可以用来检验阴阳极之间是否出现短路，以及提供短路程度的信息。由于质子交换膜是离子导体，而不是电子导体，故只有质子交换膜变薄或者出现穿孔的情况下，阴阳极之间才会出现短路现象。电池正常运行过程中，短路电流密度比氢渗透导致的电流密度小得多。然而随着短路越来越严重，高电位下线性扫描伏安测试的曲线出现上扬，如图 5.7 所示。

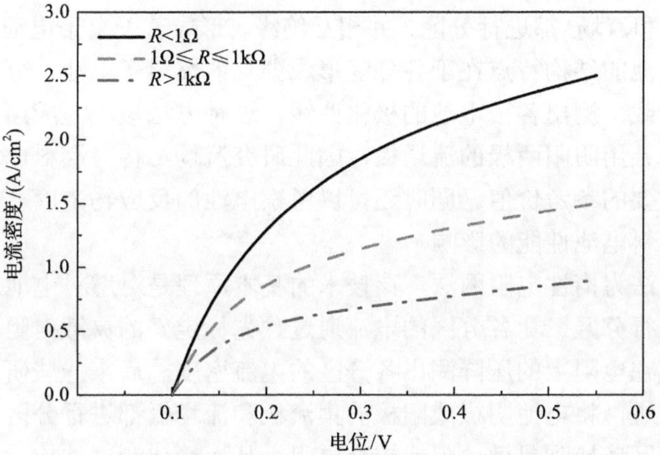

图 5.7　利用线性扫描伏安测试检验电池短路

5.6　燃料电池分区测试技术

燃料电池的性能受到电池内部诸多参数的影响。根据各影响因素的特性，可以将其分为装配和操作参数、结构参数和材料参数。装配和操作参数主要包括反应气体的流量、湿度及电池的温度、压力等因素；结构参数包括流场的结构参数、膜电极的活性面积等；材料参数包括双极板的材料、扩散层的材料以及膜的材料等。为深入了解各参数对燃料电池内部电化学反应的影响，可利用在线分区测试技术，将电池内部的活性面积分割成若干个区域，考察电池各区域内的电化学反应性能[21]。

电流密度是 PEMFC 中反应物、温度和水分布等因素作用下的电化学反应的综合体现，如果电流密度分布不均匀，可能产生局部电压的差异及面内电流，造成电势损失。在线分区测试技术可实时、准确地测试燃料电池局部的电流密度分布，从而反映电池内部电化学反应的差异。目前，在线分区测试技术按照测试机制进行分类，主要有三种：电阻网络技术、印刷电路板测试技术和电磁感应技术（霍尔传感）。

5.6.1　电阻网络技术

电阻网络技术首先由 Stumper 课题组应用于测量燃料电池电流密度分布，采用两种不同的方法对燃料电池进行测试，这两种方法的主要区别在于分区部件和负载的不同。

第一种方法为子电池法，该技术的主要原理是对燃料电池阴阳两极的组件

(GDL、MEA 和流场)都进行分区，并相互绝缘，形成若干个子电池，且性能无相互影响。子电池的结构特点在于各分区形成独立的燃料子电池，分别对各子电池添加相应的负载，测出各子电池的极化曲线。这种方法被广泛应用，结构也比较简单。该方法共用阴阳两极的流场板，因此研究流场结构对燃料电池水管理及性能的影响有重要的参考价值。同时还可以考察电池的反应物浓度、加湿条件及膜电极结构对燃料电池性能的影响。

第二种方法为惰性电阻网法，该技术的基本原理是对燃料电池阴阳两极一侧的部分组件进行分区，让各分区的电流通过预先标定好的灵敏电阻或校准电阻，通过测量电流在电阻上的压降测出各分区的电流密度。后来一些研究者将该技术的结构进行改进，将电池阴极或阳极的集流板和流场板都进行分区，利用导线将集流板的各分区连接到灵敏电阻或校准电阻，从而简化测试结构。该技术又称改进的子电池方法。

5.6.2　印刷电路板测试技术

印刷电路板(printed circuit board，PCB)测试技术最早由 Cleghorn 等提出，并应用于燃料电池测试中。该技术的基本原理是利用印刷电路板代替燃料电池的电流收集板，可研究燃料电池局部电流密度的分布情况。为减少印刷电路板和结构变化对电池性能的影响，印刷电路板一般放置在阳极流场板。但也会为满足研究的特殊要求，将阴极的流场或极板进行分区，或同时进行阴阳极的分区测试。

燃料电池涉及多部件和多物理场耦合，其故障诊断和耐久性评估难度较大，常规研究方法难以探测其局部反应特性并提出科学的改善措施。同济大学汽车学院林瑞团队在分区测试技术方面有深厚的积累，并处于国际领先位置。依托国家自然科学基金、科技部项目等多项国家级课题，林瑞团队经过十几年的产学研联合攻关，开发了具有自主知识产权的在线分区诊断测试技术系统，实现了内部高精度、高密度的局部现场全电池测试功能[22-25]。针对燃料电池系统的故障诊断，以及内部机-电-液-流-热多场耦合等场景，建立了完整的故障模式、故障特征库和在线故障诊断体系，形成燃料电池运行故障监测、预防与消除的理论指导方案[26-28]，实现燃料电池性能及耐久性的提升，研究了燃料电池内部多相耦合反应的电流密度分布情况(图 5.8)，发现了车用工况下膜电极性能的衰减特征，揭示了燃料电池内部多物理场分布环境下多相耦合反应的变化规律，找到了内部“气水热电”的物理场耦合机制与影响因素，其研究成果可归纳为如下几点：

(1)发现燃料电池运行过程中局部故障的成因，并形成了局部反向对流与氢空界面移动相对应的理论。

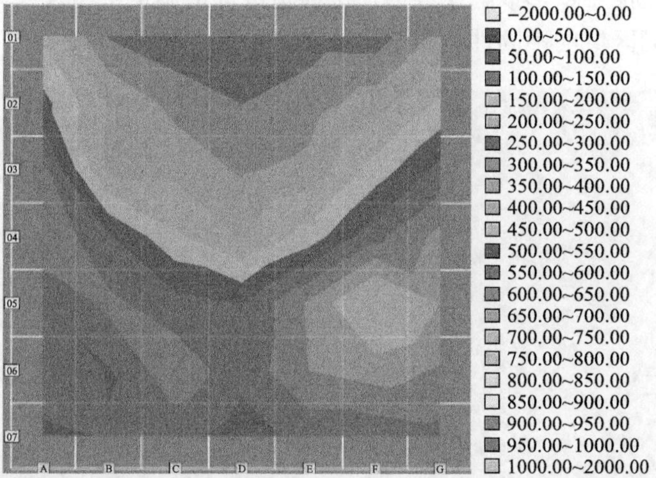

扫码见彩图

图 5.8　燃料电池分区电流密度分布图[29,30](单位：mA/cm^2)

针对燃料电池运行过程中因局部故障引起性能快速衰退的问题，林瑞团队引入利用电流密度方向的创新性判据。通过对局部电流密度的实时监控，发现局部反向电流出现与位置迁移现象。在燃料电池运行过程中，由于局部反应的不均匀性，可能出现氢渗透或者局部水淹等问题，发生副反应，进而形成氢空界面(hydrogen-air boundary，HAB)。同时，若燃料电池气密性出现问题，或在停机过程中外部空气进入燃料电池内部，也可能出现氢空界面。氢空界面会导致局部高电势或反向电流，对燃料电池性能造成不可逆的损伤。然而，氢空界面在何处出现，其如何变化，在业内鲜有人研究。课题组创造性地引入了电流密度方向的判据。通过实时监测燃料电池电流密度分布变化，观察到局部反向电流的出现与移动。通过透射电子显微镜等离线分析手段的验证，确定了局部反向电流与“氢空界面”对燃料电池造成损害的一致性，如图 5.9 所示。

(2)解析了燃料电池启停工况下不同区域的性能衰减特征，燃料电池启停工况的衰退机制。

针对燃料电池启停工况下性能衰减机制不明的问题，林瑞团队利用分区测试技术和所开发的燃料电池实验室启停测试研究方法(图 5.10)，对启停过程中燃料电池性能衰减进行分区测试研究，找到燃料电池启停工况下衰减的区域特征与衰减机制，突破了传统启停研究衰减机制中只能对燃料电池整体衰减特性进行阐述的局限性，能够更好地解决燃料电池使用寿命与制造成本之间的平衡问题。在启停过程中，燃料电池不同区域的性能衰减有着巨大的差异。靠近阳极出口的区域性能衰减速度要明显高于其他区域。在停机过程中，燃料电池外部的空气从阳极出口进入燃料电池中，形成氢空界面，进而造成局部高电势与反向电流，因此导致燃料电池不同区域的不同性能衰退特征[31]。

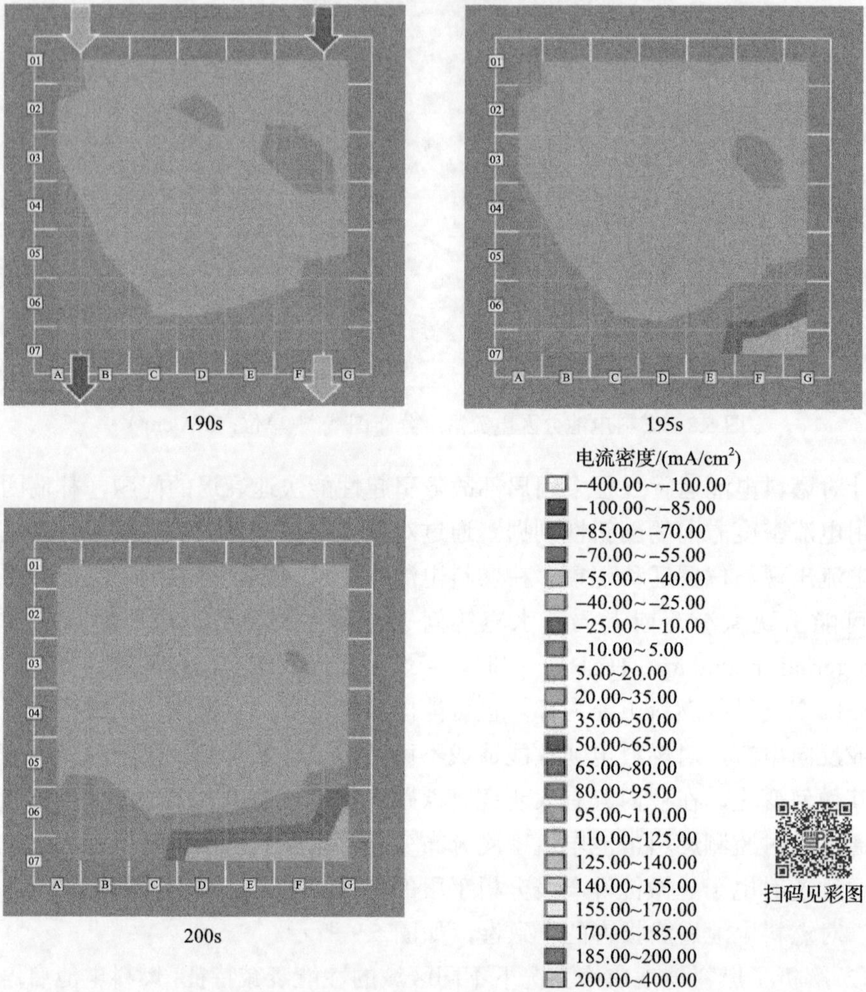

扫码见彩图

图 5.9　反向电流的出现与移动(右下角浅色区域)

(3)针对冷启动过程的复杂性，进行在线分区测试，找到了冷启动成功的关键因素与冻融循环衰减规律。

通过在线实时监测燃料电池冷启动过程的电流密度变化与温度分布变化，揭示了燃料电池冷启动成功的关键影响因素。同时使用在线监测与离线表征相结合的方法，并引入同步辐射 X 射线成像三维重构技术，揭示了冻融循环性能衰减的

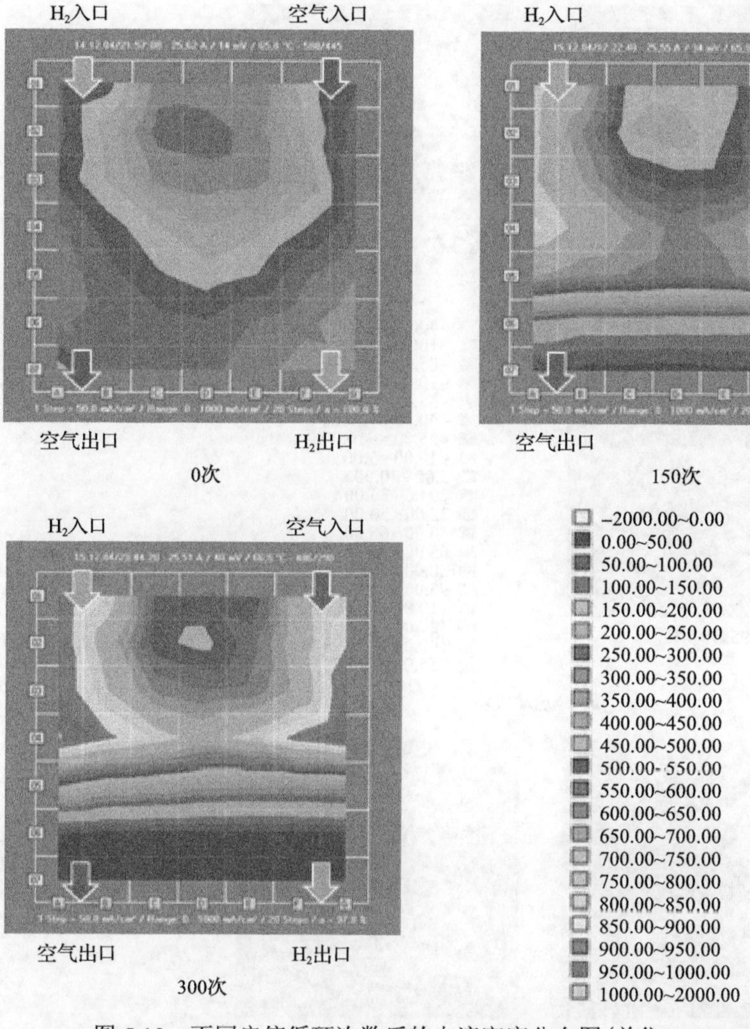

扫码见彩图

图 5.10 不同启停循环次数后的电流密度分布图(单位：mA/cm^2)

规律。如图 5.11 所示为电堆冷启动成功与失败测试组中分区电流密度分布及动态演变。从图中可以看出，入口区域附近最先有电流响应，随后向中间及出口区域扩散，成功的冷启动过程中，中部区域始终维持正常的反应物供应与温度。而在失败的冷启动过程中，随着反应的进行，入口及中间区域产物水累积并在催化层冻结[32,33]，由于水热难以实现动态平衡，在冷启动约 500s 后各单电池中间区域电流密度开始出现明显衰减。由此可见，燃料电池冷启动过程中活性区域正中位置能否获得足够的反应物、维持电化学反应是冷启动成功的关键因素之一[34]。研究成果对车用燃料电池冷启动控制策略有着重要作用，可称为燃料电池冷启动策略制定的指导理论。

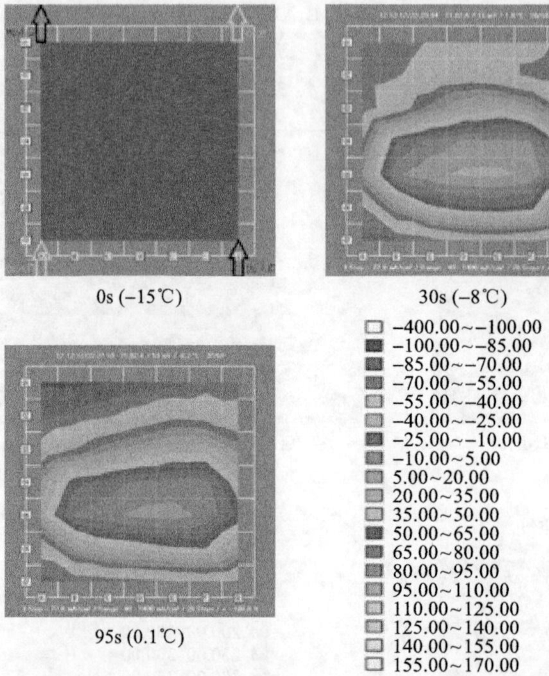

(a) 冷启动成功

扫码见彩图

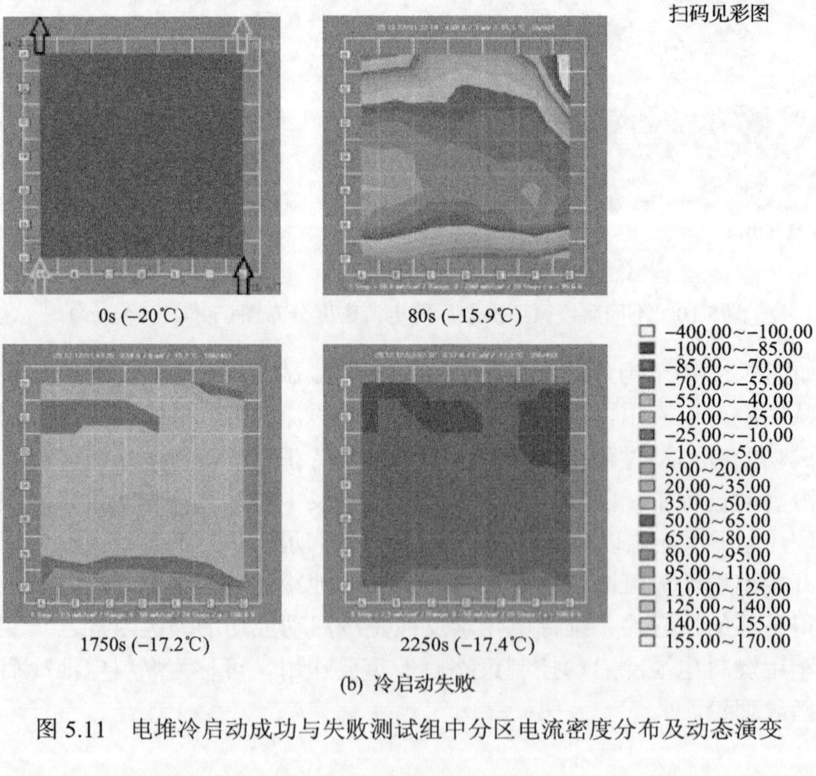

(b) 冷启动失败

图 5.11　电堆冷启动成功与失败测试组中分区电流密度分布及动态演变

5.6.3　电磁感应技术

电磁感应技术首先由 Wieser 课题组用于测试燃料电池电流密度分布。该技术将多个霍尔传感器连接到各分区，利用霍尔效应原理测量各分区的电流。霍尔效应是指当电流经过磁场区域时，由于磁感应力的作用，导体内的电子发生移动，从而产生与电流方向和磁场方向都垂直的电压。因而电流的大小决定了电压的大小。霍尔传感器有开环和闭环之分，这两种传感器都已经应用于燃料电池研究中[35]。

5.7　燃料电池组件表征

5.7.1　形貌表征

1. 扫描电子显微镜(scanning electron microscope，SEM)

扫描电子显微镜是由电子枪发出的电子束在加速电压(通常 200V～30kV)的作用下，经过两三个电磁透镜组成的电子光学系统，电子束被聚成纳米尺度的束斑聚焦到样品表面。与显示器扫描同步的电子光学镜筒中的扫描线圈控制电子束，在样品表面一定微小区域内进行逐点逐行扫描。由于高能电子束与试样相互作用，从样品中发射出各种信号(如二次电子、背散射电子、X 射线、俄歇电子、阴极荧光、吸收电子等)。这些信号被相应的探测器接收，经过放大器、调制解调器处理后，在显示器相应位置显示不同的亮度，形成符合我们观察习惯的二维形貌图像或者其他可以理解的反差机制图像。

由于图像显示器的像素尺寸远大于电子束斑尺寸，而且显示器的像素尺寸小于等于人类肉眼通常的分辨率，这样显示器上的图像相当于把试样上相应的微小区域进行了放大。通过调节扫描线圈偏转磁场，可以控制电子束在试样表面扫描区域的大小，理论上扫描区域可以无限小，但可以显示的图像有效放大倍数的限度取决于扫描电子显微镜分辨率的水平。如图 5.12 所示，通过使用扫描电子显微镜，能够观察燃料电池组件及其界面的形貌特征[36]。

2. 透射电子显微镜(transmission electron microscope，TEM)

透射电子显微镜是以波长极短的电子束作为照明源，用电磁透镜聚焦成像的一种高分辨率、高放大倍数的电子光学仪器。透射电子显微镜是把经加速和聚集的电子束投射到非常薄的样品上，电子与样品中的原子碰撞而改变方向，从而产生立体角散射。图片的明暗(黑白灰)与样品的原子序数、电子密度、厚度等相关。

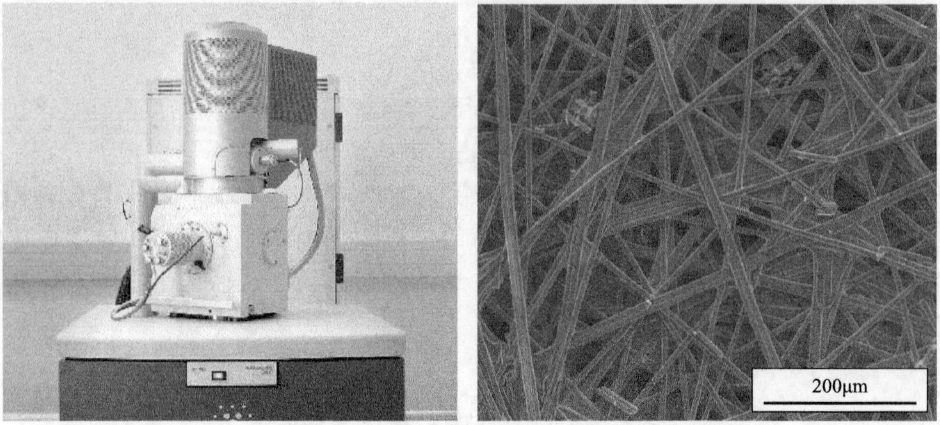

(a)　　(b)

图 5.12　扫描电子显微镜(a)及气体扩散层形貌(b)

透射电子显微镜和光学显微镜的凸透镜及光路基本一致，都是光源经过聚光镜会聚之后照到样品，光束透过样品后进入物镜，由物镜会聚成像，之后物镜所成的一次放大像在光镜中再由物镜二次放大后进入观察者的眼睛，而在电镜中则是由中间镜和投影镜再进行两次接力放大后最终在荧光屏上形成投影，供观察者观察。透射电子显微镜按加速电压分类，通常可分为常规电镜(100kV)、高压电镜(300kV)和超高压电镜(500kV 以上)。提高加速电压，可提高入射电子的能量，有利于提高电镜的分辨率，又可以提高对试样的穿透能力。如图 5.13 所示，在燃料电池的研究中，透射电子显微镜主要用于观察催化剂及其载体的形貌特征[37]。

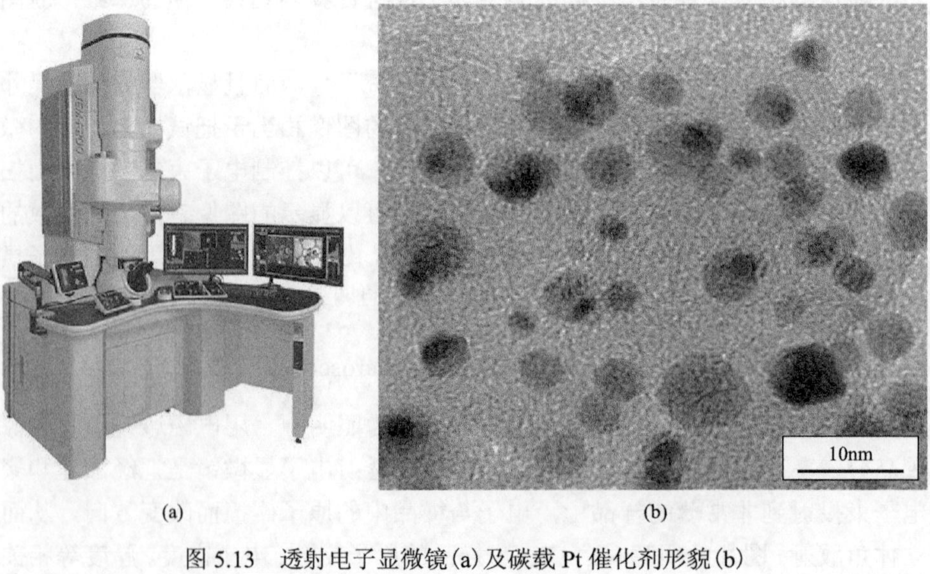

(a)　　(b)

图 5.13　透射电子显微镜(a)及碳载 Pt 催化剂形貌(b)

3. 原子力显微镜(atomic force microscope，AFM)

原子力显微镜是利用检测样品表面与细微的探针尖端之间的相互作用力(原子力)测出表面的形貌。探针尖端在具有韧性的小悬臂上，当探针接触到样品表面时，产生力的相互作用。通常样品表面与探针之间的距离小于 5nm，它们之间检测到的作用力小于 10^{-8}N。激光二极管的光线聚焦在悬臂的背面上，当悬臂在力的作用下弯曲时，反射光发生偏转，使用光电检测器测偏转角，然后通过计算机对采集到的数据进行处理，从而得到样品表面的三维图像。原子力显微镜有三种工作模式：接触模式、轻敲模式和非接触模式。

(1)接触模式包括恒力模式和恒高模式。在恒力模式中，通过反馈线圈调节微悬臂的偏转程度不变，从而保证样品与针尖之间的作用力恒定。当沿 X、Y 方向扫描时，记录 Z 方向上扫描器的移动情况来得到样品的表面轮廓形貌图像。

(2)在轻敲模式中，通过调制压电陶瓷驱动器，使带针尖的微悬臂以某一高频的共振频率和 0.01～1nm 的振幅在 Z 方向上共振。同时，反馈系统通过调整样品与针尖间距来控制微悬臂振幅与相位，使作用在样品上的力保持恒定，则可记录样品的上下移动情况，即在 Z 方向上扫描器的移动情况来获得图像。

(3)非接触模式是探针针尖始终不与样品表面接触，在样品表面上方 5～20nm 内扫描。针尖与样品间距是通过保持微悬臂共振频率或振幅恒定来控制的。在这种模式中，样品与针尖之间的相互作用力是范德瓦耳斯力。振幅的变化量对应作用在微悬臂上的力梯度，因此对应于针尖与样品间距，反馈系统通过调整针尖与样品间距使得微悬臂的振动幅度在扫描过程中保持不变，就可以得到样品的表面形貌图像。

5.7.2　光谱分析

1. X 射线衍射(X-ray diffraction，XRD)

X 射线衍射仪主要由 X 射线发生器、测角仪、记录仪和水冷却系统组成[38]。X 射线发生器的实质是一个真空二极管，其阴极是钨丝，阳极为金属片。在阴极两端加上电流之后，钨丝发热，产生热辐射电子。这些电子在高压电场作用下被加速，轰击阳极(又称靶)，产生 X 射线。常见的阳极靶材有 Cr、Fe、Co、Ni、Cu、Mo、Ag、W，最常用的是 Cu 靶，其工作电压为 35～40kV。

X 射线源焦点与计数管窗口分别位于测角仪圆周上，样品位于测角仪圆的正中心。在入射光路上有固定式梭拉狭缝和可调式发射狭缝，在反射光路上也有固定式梭拉狭缝、可调式防散射狭缝与接收狭缝。有的衍射仪还在计数管前装有单色器。当给 X 射线管加以高压，产生的 X 射线经由发射狭缝射到样品上时，晶体中与样品表面平行的面网，在符合布拉格条件时即可产生衍射而被计数管接收。

当计数管在测角仪圆所在的平面内扫射时，样品与计数管以 1∶2 速度连动。因此，在某些角位置能满足布拉格条件的面网所产生的衍射线，将被计数管依次记录并转换成电脉冲信号。图 5.14 为经放大处理后通过记录仪得到的 X 射线衍射图。

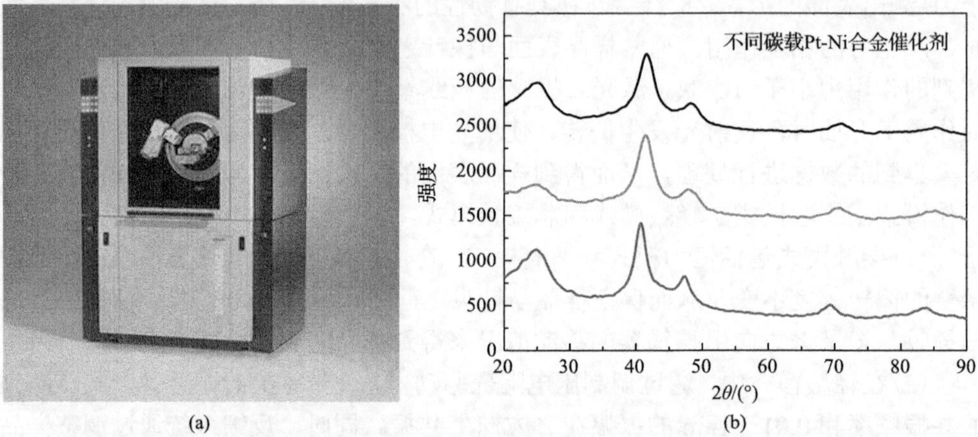

图 5.14　粉末 X 射线衍射仪(a)及合金催化剂的 XRD 图(b)

图 5.14(b)中衍射峰的位置对应晶面参数，衍射峰的半高宽度能够反映晶体的粒度大小。晶粒越小，衍射线就越宽。衍射峰的形态是粒度大小和晶格位错的综合反映，衍射峰的强度是物相对 X 射线吸收强弱和在混合物中含量多少的反映，不对称性是样品、仪器几何条件和衍射角度综合作用的结果。当微晶尺寸在 0～1000nm 时，可以用 Scherrer 公式计算晶粒大小：

$$b_{\text{ave}} = \frac{K \cdot \lambda_{\text{X-ray}}}{B \cdot \cos\theta} \tag{5-7}$$

式中，b_{ave} 为晶粒垂直于晶面方向的平均厚度(nm)；K 为 Scherrer 常数，若 B 为衍射峰的半高宽，则 K=0.89，若 B 为衍射峰的积分高宽，则 K=1；$\lambda_{\text{X-ray}}$ 为 X 射线波长，为 0.154056nm；θ 为布拉格衍射角。

2. X 射线光电子能谱(X-ray photoelectron spectroscopy，XPS)

一定能量的 X 射线照射到样品表面，和待测物质发生作用，可以使待测物质原子中的电子脱离原子成为自由电子。该过程可用下式表示：

$$h_{\text{n}} = E_{\text{k}} + E_{\text{b}} + E_{\text{r}} \tag{5-8}$$

式中，h_{n} 是 X 光子的能量；E_{k} 是光电子的能量；E_{b} 是电子的结合能；E_{r} 是原子的反冲能量。其中 E_{r} 很小，可以忽略。对于固体样品，计算结合能的参考点不是选真空中的静止电子，而是选用费米能级，由内层电子跃迁到费米能级消耗的能量

为结合能 E_b，由费米能级进入真空成为自由电子所需的能量为功函数 φ_w，剩余的能量成为自由电子的动能 E_k，式(5-9)又可表示为

$$h_n = E_k + E_b + \varphi_w \tag{5-9}$$

$$E_b = h_n - E_k - \varphi_w \tag{5-10}$$

仪器材料的功函数 φ_w 是一个定值，如果测出电子的动能 E_k，便可得到固体样品电子的结合能。各种原子、分子的轨道电子结合能是一定的。因此，通过对样品产生的光子能量的测定，就可以了解样品中元素的组成。元素所处的化学环境不同，其结合能会有微小的差别，这种由化学环境不同引起的结合能的微小差别称为化学位移，由化学位移的大小可以确定元素所处的状态。例如，某元素失去电子成为离子后，其结合能会增加，如果得到电子成为负离子，则结合能会降低。如图 5.15 所示，利用化学位移可以分析元素的化合价和存在形式。

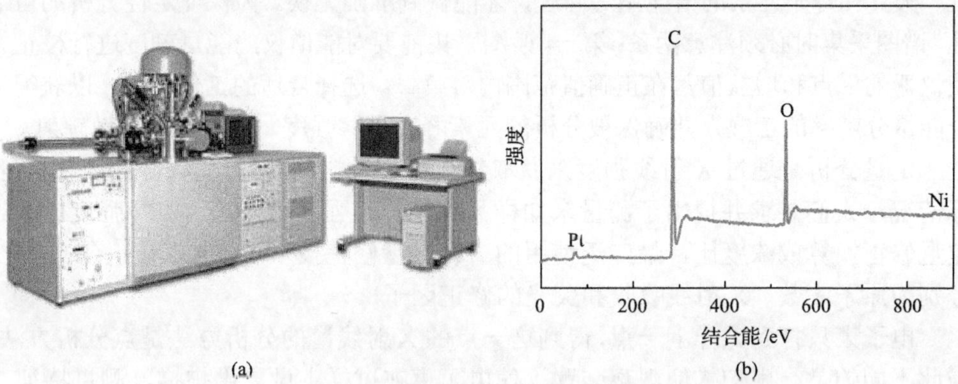

图 5.15　X 射线光电子能谱仪(a)及 Pt 合金体系的 XPS 图(b)

对于 X 射线光电子能谱的分析包括：元素定性分析、元素定量分析、固体表面分析及化合物结构鉴定。

元素定性分析：各种元素都有其特征的电子结合能，因此在能谱图中就出现特征谱线，可以根据这些谱线在能谱图中的位置来鉴定周期表中除 H 和 He 以外的所有元素。通过对样品进行全扫描，在一次测定中就可以检出全部或大部分元素。

元素定量分析：X 射线光电子能谱定量分析的依据是光电子谱线的强度(光电子峰的面积)反映了原子的含量或相对浓度。在实际分析中，采用与标准样品相比较的方法来对元素进行定量分析，其分析精度达 1%～2%。

固体表面分析：固体表面是指最外层的 1～10 个原子层，其厚度大概是 0.1～1nm。人们早已认识到，在固体表面存在一个与固体内部组成和性质不同的相。表面研究包括分析表面的原子价态、能态分布、元素组成和化学组成。X 射线光电子能谱作为测定表面原子的电子云分布和能级结构等最常用的工具，在表面吸附、催

化、金属的氧化和腐蚀、半导体、电极钝化、薄膜材料等方面都有应用。

化合物结构鉴定：X 射线光电子能谱法对于内壳层电子结合能化学位移的精确测量，能提供化学键和电荷分布方面的信息。

3. 能量色散 X 射线谱(X-ray energy-dispersive spectrum，EDS)

元素内壳层电子被入射电子轰击后跳到比费米能级高的能级上，电子轨道内出现的空位被外壳层轨道的电子填入时，作为多余的能量放出的就是特征 X 射线。特征 X 射线具有元素固有的能量，所以将它们展开成能谱后，就是 EDS 图。根据它的能量值就可以确定元素的种类，而且根据谱的强度分析就可以确定其含量。常见的分析方法包括：定性分析、定量分析及元素的面分布分析[39,40]。

定性分析是分析未知样品的第一步，即鉴别所含的元素。EDS 通常能够可靠地鉴别出一个样品的主要成分，但对于确定次要或微量元素，只有认真地处理谱线干扰、失真和每个元素的谱线系等问题，才能做到准确无误。为保证定性分析的可靠性，谱图采集时必须注意两条：第一，谱图采集前要对能谱仪的能量刻度进行校正，使仪器的零点和增益值落在正确值范围内；第二，选择合适的工作条件，以获得一个能量分辨率的工况，并确保被分析的元素峰有足够强度，无杂峰和杂散辐射。

定量分析是通过 X 射线强度来获取组成样品材料的各种元素的浓度。根据实际情况，人们寻求并提出了测量未知样品和标样的强度比方法，再把强度比经过定量修正换算成浓度比，最广泛使用的一种定量修正技术是 *ZAF* 修正(*Z*、*A*、*F* 分别为原子序数、X 射线吸收和荧光的修正因子)。

电子束只打到试样上一点，得到这一点的 X 射线谱的分析方法是点分析方法。与此不同的是，用扫描像观察装置，使电子束在试样上做二维扫描，测量特征 X 射线的强度，使与这个强度对应的亮度变化与扫描信号同步在阴极射线管(CRT)上显示出来，就得到特征 X 射线强度的二维分布图像。这种观察方法称为元素的面分布分析方法，它是一种测量元素二维分布非常方便的方法。图 5.16 为疏水处理之后气体扩散层的碳、氟元素的分布。

(a) (b) (c)

图 5.16 疏水处理之后气体扩散层(a)及其表面碳、氟元素的分布(b, c)

4. X 射线吸收精细结构(X-ray absorption fine structure，XAFS)

XAFS 方法是随着同步辐射发展起来的独特技术，是研究材料局域原子结构和电子结构的一种重要方法。相比于 X 射线衍射，XAFS 仅对吸收原子周围局域结构敏感，样品可以是固体、液体甚至是气体。X 射线穿过厚度为 d 的样品后，其强度 I_0 会由于样品的吸收而衰减为 I，由此可以定义样品的 X 射线吸收系数：

$$\mu(E) = -\frac{\ln(I/I_0)}{d} \tag{5-11}$$

X 射线吸收谱就是测量 X 射线吸收系数随 X 射线能量的变化曲线。XAFS 谱主要包括两部分：X 射线吸收近边结构(X-ray absorption near edge structure，XANES)和扩展 X 射线吸收精细结构(extended X-ray absorption fine structure，EXAFS)，如图 5.17 所示。

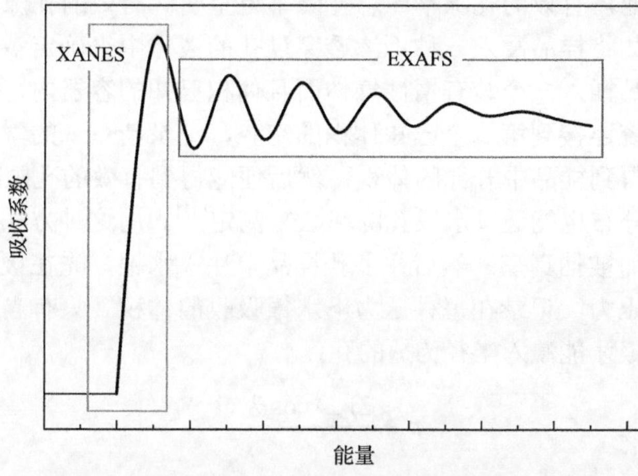

图 5.17　X 射线吸收精细结构谱

XANES 包含吸收边前约 10eV 至吸收边后约 50eV 的范围，其主要来源于 X 射线激发出的内壳层光电子在周围原子与吸收原子之间的单电子多重散射效应。EXAFS 的能量范围大概在吸收边后 50～1000eV，来源于 X 射线激发出来的内层光电子在周围原子与吸收原子之间的单电子单次散射效应的结果。

XAFS 实验主要使用透射法、荧光法和全电子产额法，其中透射法是最早使用也是应用最多的实验方法。透射法的原理是直接通过对入射 X 射线和透过样品后剩余 X 射线强度进行测量，计算出样品对入射 X 射线的吸收。荧光法的原理是芯态电子吸收 X 射线光子能量被激发为光电子后，因为芯态空穴的产生导致荧光 X 射线的出现，其强度与吸收成正比，因此对荧光 X 射线的测量，也能够正确地反映出样品对入射 X 射线的吸收情况。全电子产额法与荧光法类似，是通过测量样品目标元素被激发后产生的二次电子和俄歇电子形成的电流来获得 XAFS 信号。

5.7.3 结构分析

1. 孔隙率表征技术

材料的孔隙率被定义为材料孔的体积和总体积的比值。为了保证有效性，燃料电池电极和催化层必须呈现足够高的孔隙率。孔隙率的测定可通过多种方法实现，例如多孔样品的密度(ρ_s)能通过测量它的质量和体积确定，而且用来制备样品的这种材料体密度(ρ_b)也知道，那么孔隙率可以计算为

$$\Phi_{\text{pose}} = 1 - \frac{\rho_s}{\rho_b} \tag{5-12}$$

对于燃料电池，有效的孔隙率比总孔隙率更重要。有效的孔隙率能用体积渗透技术来确定，如将样品浸入一种不渗透穿过孔的液体中来确定多孔样品的总体积。然后，将样品插入一个装有惰性气体而且体积已知的容器内，记录容器内的气压，然后将系统连接到第二个已知体积的空腔，记录新系统的气压。运用理想气体定律，就能得到样品中开孔的体积，然后便能得到有效的孔隙率。

孔径大小的分布也能通过水银孔隙率法来测定[41]。用这种方法，多孔样品被放在一个空腔里而被抽真空。然后往多孔样品中注入水银，先在极低的压力下，然后稳定地升高压力，记录在每种压力下水银吸收的体积。只有当腔中的压力 p 满足下式时，水银才能浸入半径为 r 的孔：

$$p \geqslant \frac{2\gamma_{\text{st}} \cdot \cos\theta}{r} \tag{5-13}$$

式中，γ_{st} 是水银的表面张力；θ 是水银的接触角度。用这个等式拟合实验中水银的体积-压力的数据就能近似地计算出孔径大小分布曲线。图 5.18 为两种不同厚度气体扩散层的孔径分布曲线。

2. 中子成像技术

中子成像技术的装置包括旋转和平移台阶、荧光屏、偏转镜、摄像头和电荷耦合等装置。入射光束的优劣是成像好坏的限制因素，因此入射光束必须经过适当的准直，使光束散射降到最低。对于中子，在通量减少和光束准直之间存在一种平衡，用 L/d 比例(L 为孔径到探测器的距离，d 为孔径直径)来表示，比例控制在 500 以下。荧光屏将入射的中子转换成可见光，由于每个撞击的中子都产生光，对空间分辨率有不利影响，故中子成像的分辨率极限在 20μm 左右。在标准的成像实

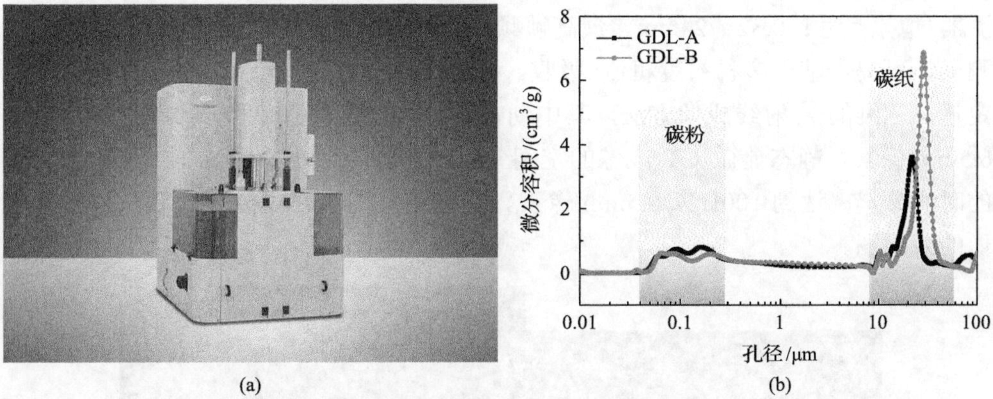

图 5.18　压汞仪(a)及气体扩散层孔径分布曲线(b)

验中，曝光时间从几毫秒到几秒不等。在动态成像的情况下，余辉可能会限制测量速度和质量。因而采用高速互补金属氧化物半导体探测器，曝光时间非常短。当采用白光同步辐射条件时，系统能够完成实时成像。

对燃料电池及其组件材料的研究是中子成像技术在科学发展中的主要应用之一。在质子交换膜燃料电池中，液态水起着至关重要的作用。一方面，一定数量的液态水是必要的，因为只有水化膜才具有质子导电性；另一方面，过多的液态水将阻碍反应物和产物的运输。中子成像是研究燃料电池中液态水分布的有效方法，同时也适用于多种燃料电池工况。这是因为中子不同于 X 射线，与材料的相互作用会随着电子数密度的增加而增加，中子与材料的相互作用对整个元素周期表而言是随机变化的。例如，中子与氢的相互作用比其与铝的相互作用大 100 倍。中子成像技术正是利用中子对氢的这种敏感性，来研究燃料电池工作时水的传输情况。

3. X 射线断层扫描技术

X 射线束对样品某部一定厚度的层面进行扫描，由探测器接收透过该层面的 X 射线，转变为可见光后，由光电转换变为电信号，再经模拟数字(A/D)转换器转为数字，输入计算机处理。图像形成的处理会将选定层面分成若干个体积相同的长方体，称之为体素。扫描所得信息经计算而获得每个体素的 X 射线衰减系数或吸收系数，再排列成矩阵，即数字矩阵，数字矩阵可存储于磁盘或光盘中。经数字模拟转换器把数字矩阵中的每个数字转为由黑到白不等灰度的小方块即像素，并按矩阵排列，即构成电子计算机断层扫描图像[42]。

用于燃料电池表征的 X 射线成像光子能量范围为 8～72.5keV，最大光斑尺寸 45mm×5mm，光子通量密度为 3×10^{10}phs/(s·mm^2)@20keV。配备 X 射线成像探测器(像素尺寸：0.32～24mm，最高帧频：100Hz@6.5mm/像素)和 X 射线荧光探测器，可提供基于多种衬度机制(吸收、相位、荧光等)的无损、高分辨、动态、定量、三维的 X 射线成像方法，其中动态显微 CT 成像的时间分辨率达到 2Hz@6.5mm/像素，静态显微 CT 成像的空间分辨率达到 0.32mm/像素，二维动态成像的时间分辨率达到 100Hz@6.5mm/像素。图 5.19 为气体扩散层 X 射线断层扫描成像的效果图。

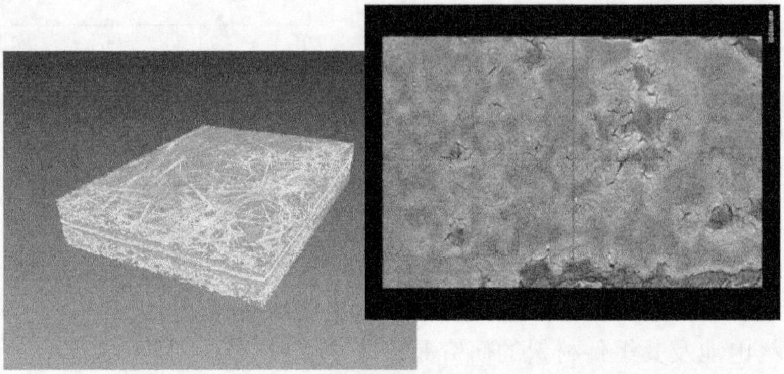

图 5.19　燃料电池膜电极气体扩散层的 X 射线断层扫描成像及内部结构剖析

5.8　本 章 小 结

与传统电化学储能器件相比，质子交换膜燃料电池要复杂得多。其复杂性主要来源于以下几个方面：①大部分构件为复合材料。②气体和水的输送必须使用多孔材料。③纳米材料具有较高的电化学活性。④燃料电池内部除了电子、质子、反应气体、产物水蒸气、热等电化学反应外，还存在复杂的反应过程。⑤电极反应发生在多相边界处，迁移可能发生在多个边界上。⑥多相流发生在流道和多孔介质中。⑦研究的尺度范围从纳米到米不等。⑧由于质子交换膜燃料电池电堆体积大，三维结构对性能和耐久性至关重要。⑨局部性能严重影响系统的性能和耐久性。⑩操作条件复杂，如负荷、温度、压力、气流、加湿等。

为了研究复杂的燃料电池系统，需要不同类型的仪器进行测试。常用的电化学方法，如极化曲线、电化学阻抗法、循环伏安法、线性扫描伏安法等，已经成为燃料电池实验室的常规技术。根据不同的研究目标，这些技术可以为研究各种电极过程提供测量手段。材料表征工具，特别是能够揭示材料的微观或纳米结构的工具，如 SEM、TEM、XRD、XPS、EDS、XAFS 等，是燃料电池研究中非常重要的测试工具。分区燃料电池技术，能够考察温度、电流、电压、气体压力、氧气浓度和液态水剖面等特征对燃料电池局部的性能影响。而中子成像和 X 射线断层扫描技术，将为燃料电池的研究提供立体的空间结构信息。合理搭配测试与表征技术，将有助于理解燃料电池运行过程中的诸多内部特性。

思　考　题

5-1　针对已经组装完毕的燃料电池，请提出检查电池是否漏气的方案。

5-2　针对某未知燃料电池，请提出电池的活化方案，并解释该方案的设计思路。

5-3　分析燃料电池出现活化极化、欧姆极化和传质极化的原因，并提出解决方案。

5-4　简要阐述极化曲线测试、电化学阻抗谱、循环伏安测试和极限电流密度的测试原理。

5-5　分析燃料电池分区测试的目的和意义，并比较不同分区技术的优缺点。

5-6　简要阐述扫描电子显微镜和透射电子显微镜的区别。

5-7　针对某一未知催化剂，请提出测试元素的种类、含量和化合价的方案。

5-8　针对某一未知气体扩散层，请提出测试样品形貌和孔结构的方案。

5-9　某燃料电池在不同工况下的极化曲线如图 5.20 所示，试分析造成极化曲线差异的原因，并阐述优化方案。

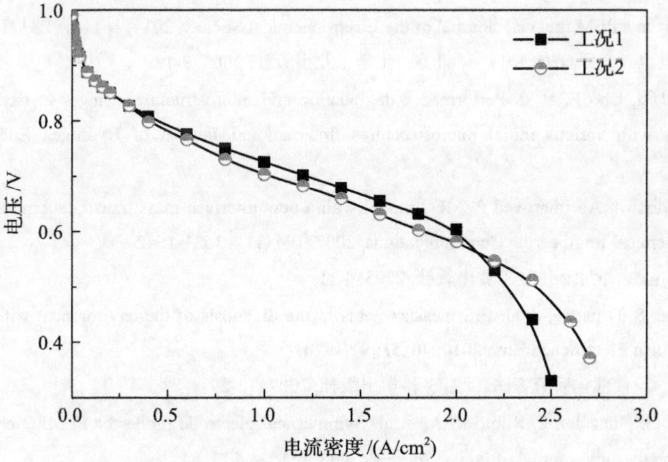

图 5.20　不同工况下的极化曲线

5-10　现有四种燃料电池(A、B、C、D)在工况 1 与工况 2 下测试获得 EIS 曲线，试从图 5.21 中 EIS 曲线的变化分析工况的变化。

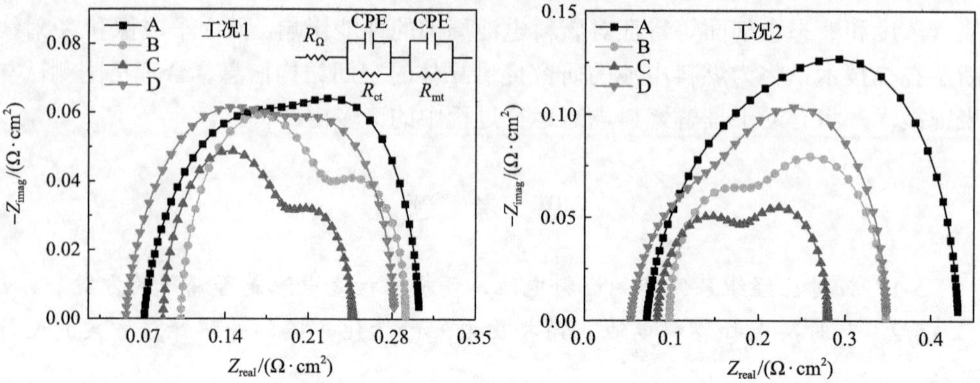

图 5.21　不同工况下的 EIS 曲线

参 考 文 献

[1] Wang H J, Yuan X Z, Li H. PEM Fuel Cell Diagnostic Tools. New York: CRC Press, 2011: 3-12.

[2] USFCC Single Cell Testing Task Force. Single cell test protocol. USFCC05-014B.2. 2006.

[3] FCTestNet/FCTes^{QA}. Testing the voltage and the power as a function of the current density（Polarization curve for a PEFC single cell）. Test Module PEFC SC 5-2. 2010.

[4] Cuccaro R, Lucariello M, Battaglia A, et al. Research of a HySyLab internal standard procedure for single PEMFC. International Journal of Hydrogen Energy, 2008, 33(12): 3159-3166.

[5] Ahn S Y, Shin S J, Ha H Y, et al. Performance and lifetime analysis of the kW-class PEMFC stack. Journal of Power Sources, 2002, 106(1): 295-303.

[6] Kulikovsky A A. Analytical solutions for polarization curve and impedance of the cathode catalyst layer with fast oxygen transport in a PEM fuel cell. Journal of the Electrochemical Society, 2014, 161(8): E3171-E3179.

[7] 衣宝廉. 燃料电池——原理·技术·应用. 北京：化学工业出版社, 2003: 9-18.

[8] Lee S Y, Kim H J, Cho E, et al. Performance degradation and microstructure changes in freeze-thaw cycling for PEMFC MEAs with various initial microstructures. International Journal of Hydrogen Energy, 2010, 35(23): 12888-12896.

[9] Danilov V A, Moon I. An improved PEMFC model with a new interface mass transfer submodel without empirical coefficients. Chemical Engineering Communications, 2007, 194(11): 1531-1542.

[10] 毛宗强. 燃料电池. 北京：化学工业出版社, 2005: 4-11.

[11] Rodat S, Sailler S, Druart F, et al. EIS measurements in the diagnosis of the environment within a PEMFC stack. Journal of Applied Electrochemistry, 2010, 40(5): 911-920.

[12] 辛勤, 罗孟飞. 现代催化研究方法. 北京：科学出版社, 2009: 12-29.

[13] Hombrados A G, González L, Rubio M A, et al. Symmetrical electrode mode for PEMFC characterisation using impedance spectroscopy. Journal of Power Sources, 2005, 151: 25-31.

[14] Paik C H, Jarvi T D, O'Grady W E. Extent of PEMFC cathode surface oxidation by oxygen and water measured by CV. Electrochemical and Solid-State Letters, 2004, 7(4): A82-87.

[15] 王志成. 燃料电池与燃料电池汽车. 北京：科学出版社, 2016: 7-14.

[16] Taniguchi A, Akita T, Yasuda K, et al. Analysis of electrocatalyst degradation in PEMFC caused by cell reversal during fuel starvation. Journal of Power Sources, 2004, 130(1): 42-49.

[17] Mittal V O, Kunz H R, Fenton J M. Effect of catalyst properties on membrane degradation rate and the underlying degradation mechanism in PEMFCs. Journal of The Electrochemical Society, 2006, 153(9): A1755-1761.

[18] Liu Z, Yu C, Rusakova I A, et al. Synthesis of Pt_3Co alloy nanocatalyst via reverse micelle for oxygen reduction reaction in PEMFCs. Topics in Catalysis, 2008, 49(3): 241-250.

[19] 辛勤, 徐杰. 现代催化化学. 北京: 科学出版社, 2016: 35-41.

[20] Lai C M, Lin J C, Ting F P, et al. Contribution of Nafion loading to the activity of catalysts and the performance of PEMFC. International Journal of Hydrogen Energy, 2008, 33(15): 4132-4137.

[21] Lin R, Xiong F, Tang W C, et al. Investigation of dynamic driving cycle effect on the degradation of proton exchange membrane fuel cell by segmented cell technology. Journal of Power Sources, 2014, 260: 150-158.

[22] Zhang Q, Lin R, Técher L, et al. Experimental study of variable operating parameters effects on overall PEMFC performance and spatial performance distribution. Energy, 2016, 115: 550-560.

[23] Xia S, Lin R, Cui X, et al. The application of orthogonal test method in the parameters optimization of PEMFC under steady working condition. International Journal of Hydrogen Energy, 2016, 41(26): 11380-11390.

[24] Lin R, Cao C, Ma J, et al. Optimizing the relative humidity to improve the stability of a proton exchange membrane by segmented fuel cell technology. International Journal of Hydrogen Energy, 2012, 37(4): 3373-3381.

[25] Zhang Q, Lin R, Cui X, et al. Study of the two-phase dummy load shut-down strategy for proton exchange membrane fuel cells. Journal of Power Sources, 2017, 341: 230-239.

[26] Shan J, Gazdzicki P, Lin R, et al. Local resolved investigation of hydrogen crossover in polymer electrolyte fuel cell. Energy, 2017, 128: 357-365.

[27] Lin R, Ren Y S, Lin X W, et al. Investigation of the internal behavior in segmented PEMFCs of different flow fields during cold start process. Energy, 2017, 123: 367-377.

[28] Lin R, Lin X, Weng Y, et al. Evolution of thermal drifting during and after cold start of proton exchange membrane fuel cell by segmented cell technology. International Journal of Hydrogen Energy, 2015, 40(23): 7370-7381.

[29] Lin R, Xiong F, Tang W C, et al. Investigation of dynamic driving cycle effect on the degradation of proton exchange membrane fuel cell by segmented cell technology. Journal of Power Sources, 2014, 260: 150-158.

[30] Lin R, Gülzow E, Schulze M, et al. Investigation of membrane pinhole effects in polymer electrolyte fuel cells by locally resolved current density. Journal of the Electrochemical Society, 2011, 158: B11-B7.

[31] Shan J, Lin R, Xia S, et al. Local resolved investigation of PEMFC performance degradation mechanism during dynamic driving cycle. International Journal of Hydrogen Energy, 2016, 41(7): 4239-4250.

[32] Lin R, Cui X, Shan J, et al. Investigating the effect of start-up and shut-down cycles on the performance of the proton exchange membrane fuel cell by segmented cell technology. International Journal of Hydrogen Energy, 2015, 40(43): 14952-14962.

[33] Lin R, Weng Y, Lin X, et al. Rapid cold start of proton exchange membrane fuel cells by the printed circuit board technology. International Journal of Hydrogen Energy, 2014, 39(32): 18369-18378.

[34] Lin R, Weng Y, Li Y, et al. Internal behavior of segmented fuel cell during cold start. International Journal of Hydrogen Energy, 2014, 39(28): 16025-16035.

[35] 程振彪. 燃料电池汽车: 新能源汽车最具战略意义的突破口. 北京: 机械工业出版社, 2016: 35-41.

[36] Abdul Rasheed R K, Chan S H. Experimental investigation of open circuit voltage during start-up process of HT-PEMFC. Electrochimica Acta, 2015, 186: 353-358.

[37] Zhiani M, Majidi S. Effect of MEA conditioning on PEMFC performance and EIS response under steady state condition. International Journal of Hydrogen Energy, 2013, 38(23): 9819-9825.

[38] 衣宝廉. 燃料电池和燃料电池车发展历程及技术现状. 北京：科学出版社, 2018: 21-34.

[39] Zhiani M, Majidi S, Silva V B, et al. Comparison of the performance and EIS(electrochemical impedance spectroscopy) response of an activated PEMFC(proton exchange membrane fuel cell) under low and high thermal and pressure stresses. Energy, 2016, 97: 560-567.

[40] Yu P, Pemberton M, Plasse P. PtCo/C cathode catalyst for improved durability in PEMFCs. Journal of Power Sources, 2005, 144(1): 11-20.

[41] Soboleva T, Malek K, Xie Z, et al. PEMFC catalyst layers: the role of micropores and mesopores on water sorption and fuel cell activity. ACS Applied Materials & Interfaces, 2011, 3(6): 1827-1837.

[42] 辛勤, 罗孟飞, 徐杰. 现代催化研究方法新编. 北京：科学出版社, 2018: 21-34.

第 6 章 车用燃料电池工况

6.1 车载 PEMFC 电堆的开发目标

为使燃料电池汽车(FCV)具有与传统汽车相当或更佳的竞争力，美国能源部(Department of Energy，DOE)对 FCV 提出了一系列性能指标[1]，具体技术指标要求见表 6.1。需要从材料、制造、装配、操作等多方面进行优化，才能使 FCV 的成本、性能、寿命等方面具有与传统汽车相当甚至更好。

表 6.1 美国能源部针对运输应用的燃料电池电堆系统和电堆的技术目标

范围	参数	单位	2015 年状态	2020 年目标	最终目标
电堆系统	峰值能量效率	%	60	65	70
	功率密度	W/L	640	650	850
	比功率	W/kg	659	650	650
	成本	美元/kW	53	40	30
	冷启动时间(达到 50%峰值功率)				
	@–20℃	s	20	30	30
	@+20℃	s	<10	5	5
	冷启动能耗				
	从–20℃	MJ	7.5	5	5
	车载工况耐久度	h	3900	5000	8000
	启停工况耐久度	次	—	5000	5000
	辅助冷启动	℃	—	–40	–40
	无辅助冷启动	℃	–30	–30	–30
电堆	电堆功率密度	W/L	3000	2250	2500
	电堆比功率	W/kg	2000	2000	2000
	电流密度@0.8V	mA/cm^2	—	300	300
	成本	美元/kW	26	20	15
	车载工况耐久度	h	3900	5000	8000
	启停耐久度	次	—	5000	5000
	$\rho^*/\Delta T_i$	kW/℃	1.9	1.45	1.45
	鲁棒性(低温)	—	—	0.7	0.7
	鲁棒性(高温)	—	—	0.7	0.7
	鲁棒性(低温瞬态)	—	—	0.7	0.7

从表 6.1 可以发现，除了直接与性能相关的如能量效率、功率密度、比功率及成本之外，DOE 对燃料电池的电堆及电堆系统的耐久性有极高的要求，不但提出了车载工况耐久度，还提出了启停工况耐久度。由此可见，燃料电池耐久度在燃料电池的商业化进程中扮演着重要的角色，且目前燃料电池的技术水平尚未达到商业化推广的水平。

下面列出的表 6.2、表 6.3 和表 6.4 为 DOE 对燃料电池测试给出的建议测试标准，P6、P7、P8 协议来自 DOE 燃料电池技术办公室多年研究、开发和示范计划[2]，涵盖了燃料电池单电池到电堆的测试标准与工况循环标准。

如表 6.2 所示，P6 技术协议规定了对燃料电池输出性能直接相关的极化曲线测试的电流密度、进气方式等参数。

表 6.2　DOE 对燃料电池极化曲线的测试建议(P6)[2]

测试点	电流密度/(A/cm^2)	氢气计量比	阴极氧含量(干空气)/%	阴极氮含量(干空气)/%	阴极计量比	测试时间/min
准备						
1	0.6	1.5	21	79	1.8	20
停机						
1	0	1.5	21	79	1.8	1
2	0	1.5	0	100	1.8	直到电压＜0.1V
极化曲线测试						
1	0.2					
2	0.4					
3	0.6					
4	0.8					
5	1					
6	1.2					
7	1.4					
8	1.6					
9	1.8					
10	2	1.5	21	79	1.8	3
11	1.8					
12	1.6					
13	1.4					
14	1.2					
15	1					
16	0.8					
17	0.6					
18	0.4					
19	0.2					

续表

测试点	电流密度/(A/cm^2)	氢气计量比	阴极氧含量(干空气)/%	阴极氮含量(干空气)/%	阴极计量比	测试时间/min
20	0.1	1.5	21	79	1.8	3
21	0.05					
22	0.02					
23	0.05					
24	0.1					
25	0.2					

在极化曲线测试过程中，需要经历“准备—停机—极化曲线测试”三个阶段，电流经历 25 次变化，且在每次变化后，均有一个较长时间的稳定过程。整个测试过程历时约 100min。

如表 6.3 所示，DOE 也对车载工况的循环进行了建议，该循环工况主要出发点是对电池在高电流密度与低电流密度之间进行循环操作，同时改变电池的进气湿度。

表 6.3　DOE 对燃料电池驾驶工况耐久度的测试建议(P7)[2]

测试点	电流密度/(A/cm^2)	阳极计量比	阳极加湿温度/℃	阳极进口温度/℃	阴极计量比	阴极加湿温度/℃	阴极进口温度/℃	运行时间/min	最坏情况响应过渡时间/s
湿循环									
RH1	0.02	96	83	85	108	83	85	0.5	2
RH2	1.2	1.6	83	85	1.8	83	85	0.5	2
RH3	0.02	96	83	85	108	83	85	0.5	2
RH4	1.2	1.6	83	85	1.8	83	85	0.5	2
RH5	0.02	96	83	85	108	83	85	0.5	2
RH6	1.2	1.6	83	85	1.8	83	85	0.5	2
RH7	0.02	96	83	85	108	83	85	0.5	2
RH8	1.2	1.6	83	85	1.8	83	85	0.5	2
RH9	0.02	96	83	85	108	83	85	0.5	2
RH10	1.2	1.6	83	85	1.8	83	85	0.5	2
Trans1	0.6	2	70	80	2	70	80	2	30
干循环									
RH11	0.1	5	53	80	5	53	80	0.5	30
RH12	0.02	25	53	80	25	53	80	0.5	2
RH13	0.1	5	53	80	5	53	80	0.5	2
RH14	0.02	25	53	80	25	53	80	0.5	2
RH15	0.1	5	53	80	5	53	80	0.5	2
RH16	0.02	25	53	80	25	53	80	0.5	2
RH17	0.1	5	53	80	5	53	80	0.5	2
RH18	0.02	25	53	80	25	53	80	0.5	2
RH19	0.1	5	53	80	5	53	80	0.5	2
RH20	0.02	25	53	80	25	53	80	5^{15}	2

注：上标 15 表示用于模拟系统空闲状态。

在燃料电池启停过程中，可能伴随着空气与氢气在阳极的互相代替过程，由此形成的氢空界面可能通过产生大的电位波动、局部燃烧和形成自由基的形式导致催化剂载体和其他电池组件快速降解[3]。因此，DOE 也对燃料电池启停工况进行了测试建议，如表 6.4 所示。

表 6.4　DOE 对燃料电池启停工况耐久度的测试建议[2] (P8)

步骤	名称	持续时间/s	电压/V	电流密度/(A/cm^2)	负载	阳极气体	阳极计量比	相对湿度/%
1	电池运行	60		0.4	接通	氢气	1.2	100
2	准备停机	10	1		接通	氢气	0	100
3	停机	5			断开	空气	多种	0
4	待机	55			断开	空气	1@0.1A/cm^2	0
5	启动	10	1		接通	氢气	1.2@1A/cm^2	100

根据 DOE 要求，在循环结束后，电堆的各项性能下降应当满足：燃料电池在 1.2A/cm^2 电流密度下的电压变化，0.02A/cm^2 和 1.2A/cm^2 电流密度下的高频阻抗 (high frequency resistance，HFR) 变化以及低频阻抗 (low frequency resistance，LFR) 变化均不得超过一定的百分比。

燃料电池运行过程中，电化学反应产生的水若不能及时地排出会造成水淹等问题，从而影响电池性能。为排除在耐久循环测试过程中因为水淹引起的性能下降对评测结果造成影响，通常需要在若干次耐久循环之后，对燃料电池进行吹扫，以排出燃料电池内聚集的液态水，恢复燃料电池的性能。DOE 同样给出了建议，如表 6.5 所示。

表 6.5　燃料电池可逆衰减性能恢复步骤[2]

步骤	名称	阳极气体组分	阳极流量/SLPM	阴极气体组分	阴极流量/SLPM	持续时间/s
1	氮气吹扫	100%氮气	2	100%氮气	4	120
2	空气吹扫	N/A	0	空气	4	900
3	氮气吹扫	100%氮气	2	100%氮气	4	120
4	氢气吹扫	100%氢气	2	N/A	0	600
5	氢空进入	100%氢气	2	空气	4	5

注：N/A 表示无气体通过；SLPM 表示标准公升每分钟流量值 (standard litre per minute)。

从上述 DOE 的测试评价建议来看，燃料电池在车载应用中，需要考虑一些特别的车载工况。除了简单的不同工作电流变化 (极化曲线 P6) 外，还有干湿循环 (P7) 及启停循环 (P8)。而在燃料电池工作过程中，还可能出现水淹等恶劣工况，为此，需要在运行一段时间后，对燃料电池进行性能恢复操作 (表 6.5)。除了 DOE 所规定的测试过程外，FCV 在运行过程中，还将面临其他复杂的运行工况。研究表明，在燃料电池运行过程中，变载工况与启停工况对燃料电池性能衰减影响最大，而在寒冷的地区，燃料电池从冷冻状态中恢复工作，冻融循环过程也可能对燃料电池性能造成严重损伤。

6.2 燃料电池动态工况

从表6.3建议标准可以看出，DOE对燃料电池在驾驶工况主要集中在干湿循环上，对于动态负载变化没有明确的要求。为了探究动态工况下燃料电池的性能衰减，特别是为了找出车载工况下的特殊应用场景中，延长燃料电池使用寿命的方法，众多研究人员从不同角度，设计了适用于燃料电池的车载工况测试方案。

6.2.1 美国能源部动态测试协议[4]

表6.3建议标准给燃料电池测试平台带来了重大挑战：在该测试工况中，要求平台进行燃料电池的干湿循环，且在干湿循环交替的过程中，所给出的时间间隔非常短。因此，众多研究人员将目光转向了用DOE与美国燃料电池理事会在此前广泛采用的由SCO3工况(Epa)改进的另一项动态测试协议(dynamic test protocol，DTP)。该动态工况如图6.1所示。

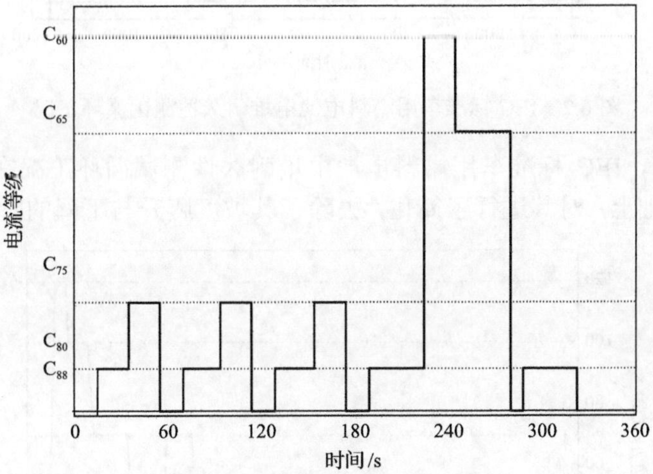

图6.1　美国能源部动态测试协议

C_{60}表示current@0.60V，其他以此类推

图中纵坐标代表的电流为利用极化曲线测定的该燃料电池在0.88V、0.80V、0.75V、0.65V、0.60V下的电流等级。单个循环的时间为360s，在一次循环结束后，燃料电池随即进行下一个循环，第360s和第0s均为开路。每隔200～250h，需要对燃料电池进行性能评测，包括阻抗分析、氢渗透分析、极化曲线分析等。

6.2.2 新欧洲驾驶循环

DTP 工况可以看作三个中等功率输出之后，进行一次高功率输出，随后进行一次低功率输出。这种工况与实际汽车运行时的状态差别很大。为了更好地与实际车用工况结合，众多研究者结合燃油车驾驶工况，制定了燃料电池的循环工况[5]，其中比较有名的工况除了上述的 DTP 工况外，还有国际电工委员会根据新欧洲驾驶循环(new european driving cycle，NEDC)[6]设计的 IEC 标准车用燃料电池电堆耐久性测试循环工况[7]，其电流-时间曲线如图 6.2 所示。

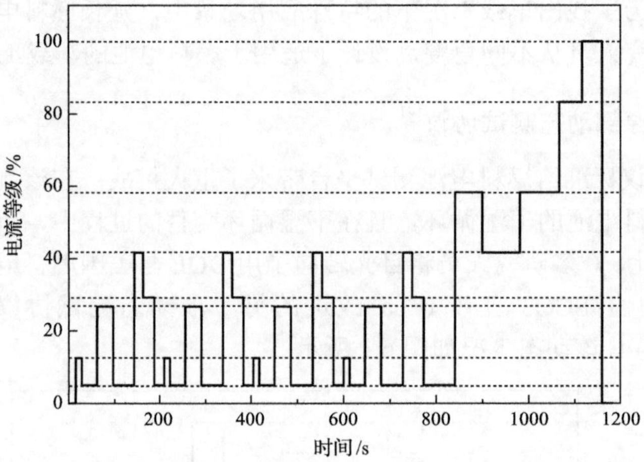

图 6.2　IEC 标准车用燃料电池电堆耐久性测试循环工况

可以看出，IEC 标准车用燃料电池电堆耐久性测试循环工况在 NEDC 工况(图 6.3)的基础上，对其进行了简化，去除了其坡度爬升与下降的阶段，即不考虑

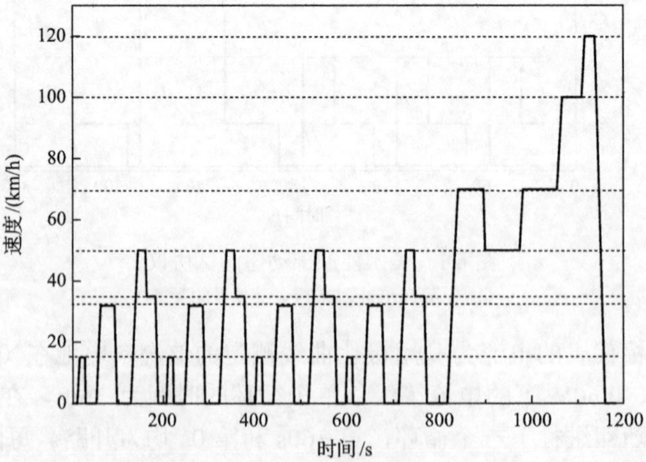

图 6.3　新欧洲驾驶循环工况

燃料电池输出特性，要求燃料电池在瞬间将电堆输出功率达到确定值。这一循环工况较为简单地将燃料电池与汽车理想化，将燃料电池简单地理想化为一个功率输出元件。

6.2.3　动态工况下 PEMFC 性能衰减机制分析

图 6.4 展示了在燃料电池运行过程中性能衰退的主要原因。其中，图 6.4(a)部分为铂颗粒的溶解，在这个过程中，铂颗粒离开碳载体，沉积于聚合物、迁移到阳极或者直接被气体带走，这一过程常出现在反极严重或者碳载体已经严重腐蚀的情况下。图 6.4(b)部分为铂颗粒的团聚，在这个过程中，尺寸较小的铂颗粒在高温下，由于表面力的作用，与其他铂颗粒团聚在一起，导致 ECSA 的下降，性能严重降低。图 6.4(c)部分为氢氧根攻击聚合物，导致其失去导通质子的能力，影响其阻抗特性。图 6.4(d)部分为碳载体的腐蚀，在局部高电压的影响下，电子离开碳载体，与氧气反应，导致碳载体的脱落。

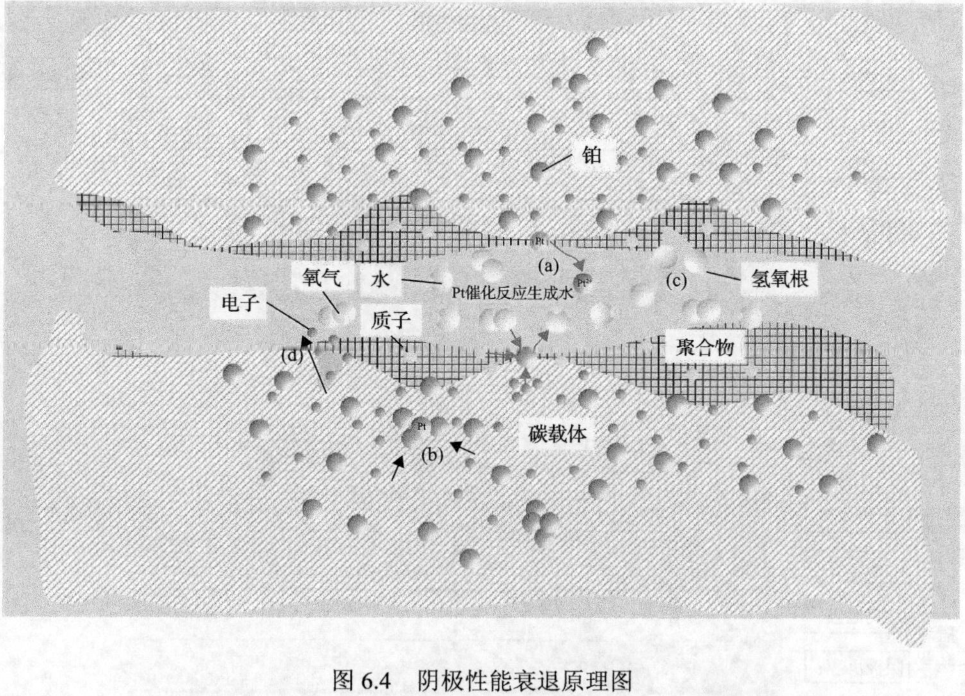

图 6.4　阴极性能衰退原理图

(a)铂颗粒溶解；(b)铂颗粒团聚；(c)聚合物被氧化；(d)碳载体腐蚀

6.3　启停工况与耐久性

与固定式燃料电池相比，车载 PEMFC 经历频繁的启动与停机过程(start-up

and shut-down，SU/SD）[8]，SU/SD 过程可能会对燃料电池的耐久性造成损害，需要对该过程的衰减机制与保护策略进行众多研究[9]。

6.3.1　启停工况衰减机制

Reiser 等提出了公认的 SU/SD 过程 PEMFC 衰退机制[3]。当 PEMFC 停机后，阴阳两极分别被未反应的空气和氢气占据，由于气体的浓差扩散和自由扩散，空气会进入 PEMFC 阳极，进而在一定时间内氢气和空气同时停留在阳极，即氢空界面形成。长时间停机后，阳极几乎完全被空气所占据，此时进行开机操作将氢气通入阳极，又会导致氢空界面在阳极的形成。如图 6.5 所示。此时，氧还原反应同时在电池的阳极和阴极发生。为维持反应的持续进行，Reiser 等认为在阴阳极的氧还原反应中需要同时补充质子和电子。因此，这一过程可造成碳层的氧化，阴极催化层中的碳载体会与水发生电化学反应，生成质子和电子，以补充

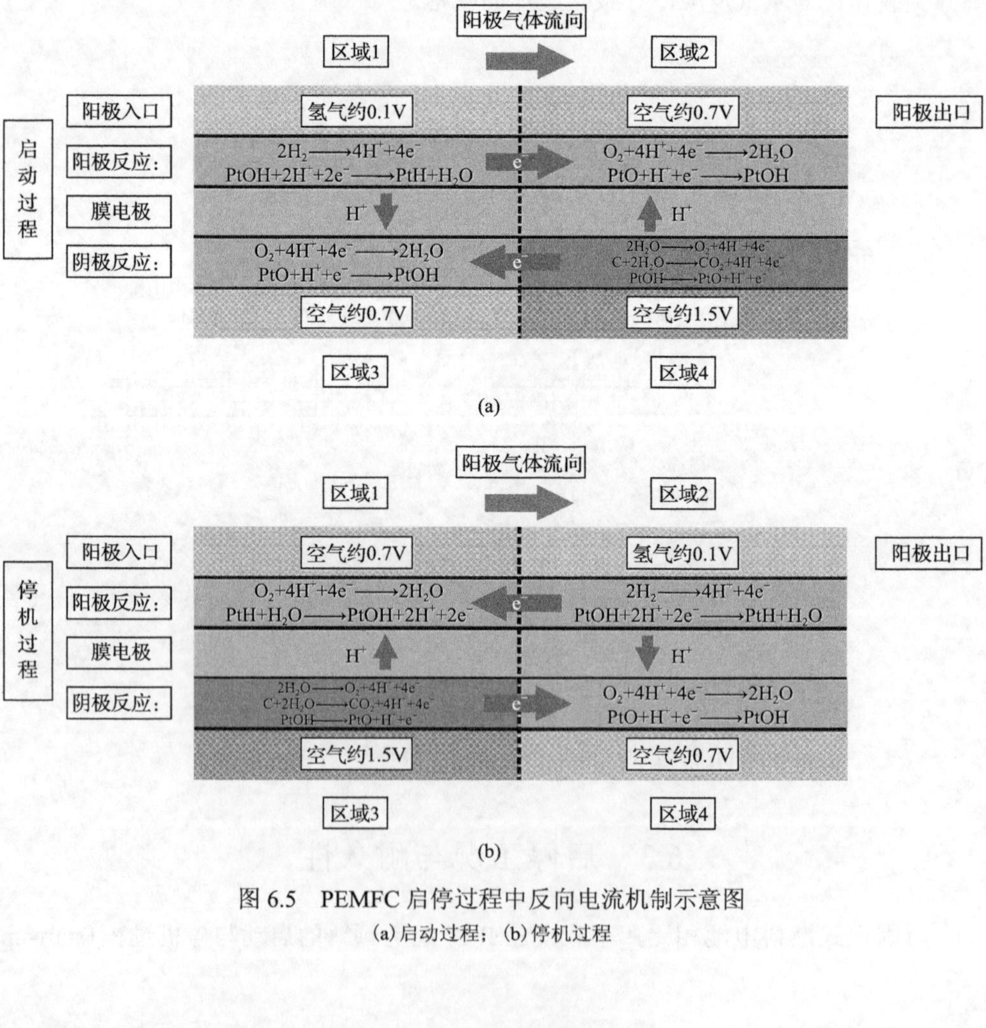

图 6.5　PEMFC 启停过程中反向电流机制示意图

(a) 启动过程；(b) 停机过程

氧还原反应所需的反应物。由碳载体反应产生的二氧化碳被排出系统外，导致催化剂失去附着位点，然后随气体附聚并排出体系外，最终严重地降低了燃料电池的性能。

6.3.2　延长燃料电池启停寿命的方法

在燃料电池 SU/SD 过程中，阴极会出现高电势，因此腐蚀碳载体，导致燃料电池耐久性下降。为延长燃料电池在 SU/SD 过程中的寿命，通常有三个方法：①提高碳载体对高腐蚀电压的耐受性；②降低 SU/SD 过程中的局部高电势；③缩短高电势存续时间。

1. 燃料电池关键材料的改性

为了提高燃料电池在 SU/SD 过程中的耐受性，方法之一就是提高相关材料对高腐蚀电位的耐受性。例如，一些研究表明，对膜电极的设计可以提高 SU/SD 过程中的抗碳腐蚀性能[10]。减少阳极催化剂的 Pt 载量及增加阴极催化剂的 Pt 载量也许不会对燃料电池的整体性能产生重大影响，但可以大大减小 SU/SD 过程中的反向电流，从而降低性能下降程度。在微孔层中添加石墨化碳也被认为是改善碳腐蚀的有效方法。

此外，也有研究通过采用更稳定的催化剂载体材料来代替炭黑[11]。碳纳米管、碳纳米纤维管[12]、非碳载体[13]等相较于传统炭黑更耐高腐蚀电位的材料均被用来改善燃料电池的耐久性。这些材料相较于炭黑有着更好的稳定性[14]，且它们的许多物理性质也能满足燃料电池使用的需要[15]。

2. 燃料电池启停吹扫策略

如上所述，为减轻 SU/SD 过程中的衰退，降低燃料电池的衰减程度，还有两个解决方案，即：①降低 SU/SD 过程中的局部高电势；②缩短高电势存续时间。由此，研究人员提出了一系列辅助启停的策略，其中最常见的就是气体吹扫[16]与辅助负载策略[17]。

气体吹扫策略的原理是在 SU/SD 过程中使用大流量的气体快速吹扫流道，从而缩短系统中氢空界面的停留时间，进而减少燃料电池在此过程中的衰减。另外，若使用的气体为惰性气体，还能消除图 6.5 的区域 2 阳极侧的电位，从而降低 SU/SD 过程中的电位。

气体吹扫策略可以缩短氢空界面的停留时间，并有效防止 PEMFC 在 SU/SD 过程中阴极高电位的产生，但是整个吹扫过程需要较长时间，这使得它们在车用燃料电池领域的普及存在一定的难度。另外，氮气吹扫策略还需要引入包括氮气瓶在内的子系统，增加了系统的复杂性，同时大幅增加了造车成本。

辅助负载策略是在燃料电池停机过程中连接一个小的辅助负载，并迅速消耗流道和催化层中的残留反应气体，从而缩短氢空界面的停留时间并及时降低电位。

与燃料电池气体吹扫策略相比，燃料电池辅助负载停机策略不但减轻了阴极碳载体的腐蚀，而且耗时少。另外，该策略还有着不需要引进额外系统的优点（相较于氮气吹扫）。

6.4 冷启动

极低温度下的冷启动问题也是制约 PEMFC 商业化的主要障碍之一。冰点以下的环境中，电池阴极氧还原反应产物水会在电池内部结冰、覆盖阴极催化层、减小电化学反应活性面积、堵塞气体流道，导致反应气体供气不足等一系列问题，同时还会对质子交换膜、膜电极等关键部件造成损伤，导致电池低温启动困难、耐久性下降等问题。成功冷启动过程是指电池在零下环境中启动时电池温度持续上升直至超过冰点。

在寒冷的天气条件下，良好的低温储存和低温启动性能是燃料电池系统满足实际车用工况的首要前提。为此，各大汽车公司及相关的科研机构对车用燃料电池冷启动问题也做了大量的研究，并取得了一些进展。加拿大巴拉德动力系统公司已实现 21kW 燃料电池电堆–40℃的低温保存，以及 30kW 电堆–30℃的冷启动；本田公司新开发的 FCX Clarity 燃料电池汽车，能够在–30℃下顺利启动；丰田公司 2014 年底发布的新一代燃料电池车 Mirai 在加拿大黄刀镇（Yellowknife）–30℃低温下停车 17h 后成功冷启动，并在 35s 内达到 60%额定输出功率，在 70s 内达到 100%额定输出功率，完全能够满足常规行车需求，代表了目前国际领先水平，同时丰田公司于 2015 年 1 月宣布公开了与燃料电池汽车相关的 5680 项专利，旨在推动燃料电池技术的发展；现代 ix35 燃料电池车能够实现–25℃冷启动，该车用燃料电池发动机在 2015 年入选北美年度十佳量产发动机，为燃料电池的首次入选；相比之下，国内车用燃料电池发动机冷启动性能与国外还有一定差距，2015 年上汽集团开发的荣威 950 燃料电池轿车，搭载动力蓄电池和氢燃料电池双动力源，通过车辆启动系统优化，新车可在–20℃环境下正常启动与行驶，其代表国内燃料电池轿车研发的最新水平；基于相同技术平台（燃料电池系统为主、动力电池为辅的双动力源）的商用车型大通 FCV80 也在 2019 年 11 月举行的广州车展上亮相，其百公里氢耗小于 1kg，常温下可在 3s 内快速启动，一次加氢续航里程长达 500km。

6.4.1　电堆冷启动机制及冷启动特性研究

由质子交换膜的质子传导特性和燃料电池工作原理可知，电池内部水的来源主要包括反应气体加湿带入的水和电化学反应生成的产物水，阳极侧的水会在质子传输过程通过电渗拖曳力传输到阴极，阴极侧的水也可能在浓差作用下向阳极侧反向扩散。电池在正常工作温度下，阴极产物水可以对质子交换膜进行润湿，确保膜良好的电导率，此工况下阴极催化层的产物水以气态或液态形式向阴极气体扩散层、阴极流道方向扩散，由流道内的气流将水排出电池，从而保证电池的连续工作。而在冰点温度以下环境中，水的饱和蒸气压降低，扩散能力下降，导致水在催化层、气体扩散层的冻结及冰在电池内的累积，如图 6.6 所示。

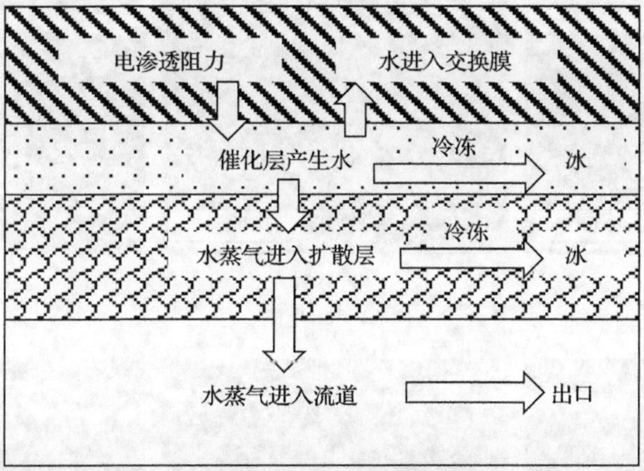

图 6.6　低温条件下电池内部的水传输

在低温环境下，电池内部的残余水及低温启动过程的产物水，会由于电池自身产热不足以保证电池温度维持在冰点以上而结冰，且结冰过程会有 9%的体积膨胀，对电池组件造成不可恢复的损伤；水在阴极催化层及流道结冰，会覆盖反应活性面积、堵塞反应气体流道，导致电池性能的下降甚至冷启动失败。

PEMFC 冷启动过程大致划分为三个主要阶段：首先 PEMFC 在冰点以下温度启动，随着反应的进行，电池阴极侧产水并在催化层上累积同时对膜进行润湿，直至催化层、膜内含水量达到饱和，该阶段没有冰生成；随后，反应继续生成的水在催化层中结冰并开始堆积，这一阶段若产热速率小于结冰速率，电池温度在催化层完全被冰覆盖之时仍低于冰点，则电池停机，冷启动失败；若产热速率大于结冰速率，电池阴极催化层未完全冰封，反应热促进冰的融化；最后，当阴极催化层所有冰融化后，电池温度持续上升至正常工作温度，电池冷启动成功并进入正常工作状态。

在无外界辅助的条件下，PEMFC 单电池两极端板直接与外环境接触，热损失严重，因此能实现单电池自启动的最低温度为–5℃，对于低于–5℃的冷启动，需要施加外界能量辅助才能实现成功启动。

6.4.2 冷启动过程衰减特征

低温启动过程中水结冰是导致 PEMFC 冷启动失败的主要原因，启动过程反复的冻结/解冻(freeze/thaw，F/T)循环会对电池质子交换膜、膜电极、催化层、气体扩散层等主要部件造成损伤，进而导致 PEMFC 性能下降、耐久性降低。

通过实验研究发现，经过多次低温启动后，膜电极出现分层现象，催化层与膜、气体扩散层分离(图 6.7)，阻碍了产物水的排出，加剧了水在催化层的结冰；

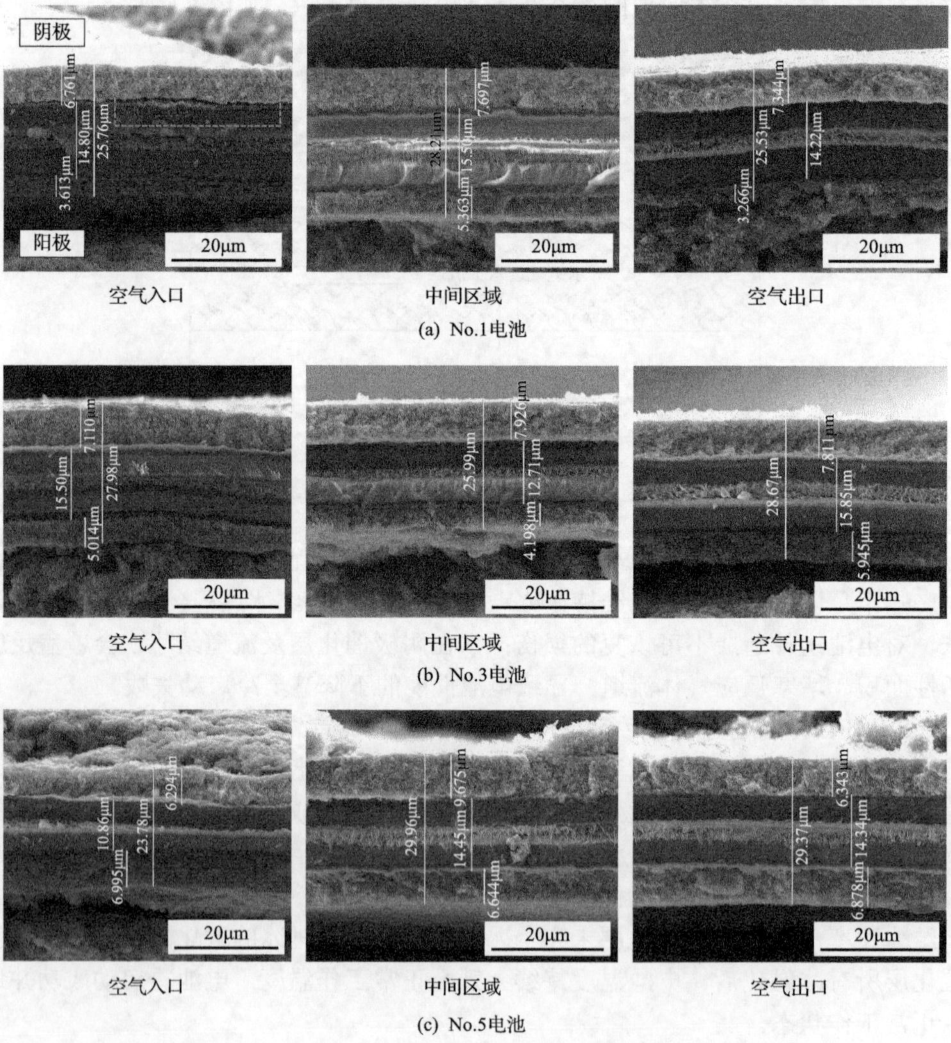

图 6.7　低温启动对膜电极的影响

当阴极催化层孔隙 100%被冰覆盖时，冰融化后体积减小，局部会出现真空，经过冷启动循环后，阴极催化层与膜分离，催化层自身孔隙坍塌导致的致密化，使催化剂在催化层表面分布严重不均匀，出现局部热点等现象，导致冷启动性能的进一步恶化。

对于气体扩散层，反复的冻结/解冻循环产生的水冰相变应力会破坏扩散层中疏水网络和亲水网络的结构，导致产物水和反应气体的传递效率降低。研究发现，经低温启动实验后，扩散层碳纸中构成空隙骨架的碳纤维变得光洁，碳纤维表面微孔层发生严重的脱离，并且在水结冰的冻涨应力作用下碳纤维被折断。通过–30～70℃的冻结/解冻循环发现，随着循环次数的增加，电池阻抗逐渐增大，且 100 次循环后极化曲线性能开始显著下降，在 1A/cm^2 电流密度下每经历一个冻结/解冻循环，电压下降 0.4mV，同时从循环伏安曲线也看到催化剂 ECSA 呈下降趋势(图 6.8)。

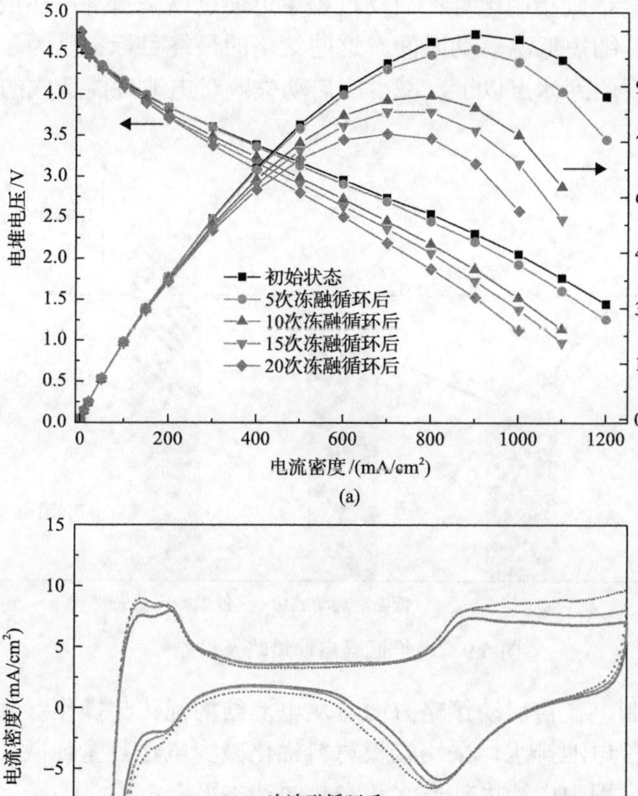

图 6.8　–30～70℃冻结/解冻循环对电池极化曲线(a)及循环伏安(b)性能的影响

6.4.3 电堆低温启动策略

低温环境下电堆内部残余水的结冰及启动过程中发生的冻结/解冻循环过程，使得电池性能大幅衰减、关键组件发生不可逆性能损伤，这些问题严重制约了车用燃料电池低温工况下的应用。

针对电堆低温存储过程中残余水结冰及启动过程产热不足等导致的启动困难问题，冷启动策略主要分为自启动策略和辅助启动策略两类。图 6.9 阐述了电堆在停机及低温启动过程中吹扫、电池预热等主要辅助策略的机制。图中 A 说明通过吹扫可有效减少电池内部含水量，使其控制在容许含水量范围内，减少低温保存过程中内部残余水的冻结；图中 B 为改善电池自身结构以增加容许含水量提供了理论指导；图中 C 则指明电堆冷启动过程中可通过增强自身产热或外加辅助热源促进电堆升温，缩短低温启动时间。这些策略的最终目标都是为了确保电池在被完全冰封前温度达到冰点以上，减少冷启动失败对电池性能造成的损伤。

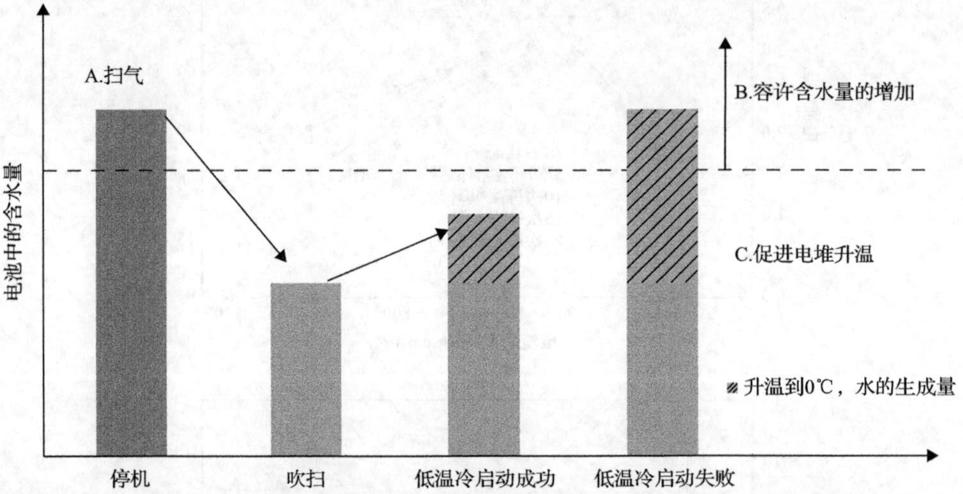

图 6.9 电堆低温启动策略及机制

基于上述机制，在自启动策略方面可从电池结构优化与操作参数调整入手，通过结构优化改善电池排水，采用端板材料优化减少电池热量耗散，优化操作参数，控制冷启动过程中电池内部产水和产热的动态平衡。

冷启动过程中，只要电池自身温升速率大于结冰速率，热量足以维持内部液态水不结冰，即可实现成功冷启动。由公式 $Q=c\cdot m\cdot\Delta T$ 可知，在电池自身产热一定的情况下，减小热质量可提高升温效果，而端板、双极板等部件承担了电堆主要的热质量，对电堆整体升温效果起决定性作用。

此外，流场结构对电堆冷启动性能也有很大的影响。研究结果表明：交指型结构的流场由于气流要从入口流向出口必须越过与气体扩散层接触的脊，压差作用下产生的强对流效应可有效除去气体扩散层脊下位置的水分，抑制低温下冰核的形成进而减少结冰量，因而在低电流密度下，较平行结构流场冷启动性能好。通过实验对照了蛇形单流道、蛇形三流道及混合流道(阴极侧为蛇形三流道，阳极侧为蛇形单流道)三种不同流道组合下单电池的冷启动特性，由于不同流道类型气体分布及电流密度不同进而导致冷启动时间有差异，实验发现蛇形单流道燃料电池冷启动性能最佳，蛇形三流道、混合流道次之，而从气体及电流密度分布的均匀程度上来看，蛇形三流道燃料电池均匀性最好，混合流道次之，蛇形单流道最差。

由质子交换膜、催化层、气体扩散层组成的膜电极作为电堆工作的核心部件，电池工作过程中氧还原反应主要发生在阴极催化层与气体扩散层接触界面上，由于低温下水的扩散能力降低，产物水不能及时通过扩散层通道向外排出，且在电池内部累积过程中电池自身热量不足以维持其处于液态，催化层、流道等开始发生冰封，严重情况下直接导致冷启动失败。而且在反复启动过程中，水的相变导致电池组件承受循环冻胀应力，电池冷启动性能衰减的同时降低电池耐久性。于是，可以改进膜电极结构，增大多孔聚合物的体积分数进而加大电池自身的储水能力，为冷启动电池升温赢得更多时间。

通过在阴极扩散层与催化剂涂层膜(catalyst coated membrane，CCM)之间加入一层添加微量催化剂的微孔层，可以改善电池的冷启动性能(图 6.10)。该微孔层多孔结构增加了储水储冰空间的同时，内部的催化剂还起到了催化阴极反应的作用，从而延长了电池低温存活时间，改善了电池冷启动性能，且该层的加入对电池正常工况下的水热管理也有促进作用，这种结构的膜电极用于车用电堆可改善其低温启动性能。

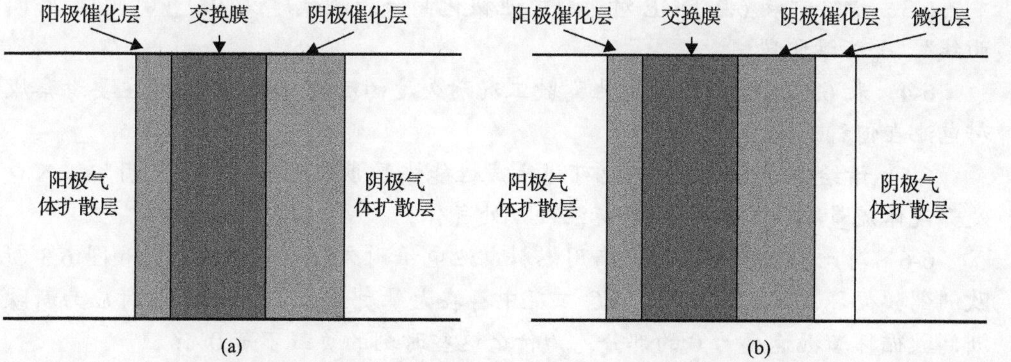

图 6.10　常规膜电极结构(a)与加微孔层的膜电极结构(b)

在丰田 FCV 中，低温快速启动的方法是：冷启动过程中，通过控制氢气或空气的供应量使电池产生一定程度的饥饿以降低电池效率、增大浓差过电压、增加电池自身产热来促进电堆升温。在FCV低温启动工况下，既要保证一定的功率输出，又要实现快速暖机，采用大负载快速启动策略能满足此要求。

在辅助启动策略方面，目前主要以电池停机、低温存储和冷态启动为切入点采取对应措施：停机后采用干燥气体吹扫，除去电池内部残余液态水，减少启动过程结冰量；低温存储过程中(对应FCV低温停车情形)，采用绝热保温措施使得电堆温度始终处于冰点以上；冷态启动时，利用外部能量对电堆进行预热、辅助电堆升温。

6.5 本章小结

燃料电池车载应用需要考虑众多的特殊工况，其中动态工况(变载工况)、启停工况及冷启动工况这三个车载环境下需要面对的特殊工况，对燃料电池性能衰减影响最大。从工况特征与燃料电池性能衰减机制分析可知，为了保护燃料电池，延长其在车载应用中的使用寿命，需要：①减少负载变化的频率与幅度；②增加辅助启停策略避免氢空界面的产生；③寻找冷启动策略，实现快速、无损冷启动。

思考题

6-1 为什么需要考虑燃料电池的使用寿命？使用寿命的目标为什么要设为5000h?

6-2 表6.2中，“准备”与“停机”阶段设立的目的是什么？

6-3 请绘制表6.2 DOE对燃料电池极化曲线的测试建议(P6)中“电流-时间曲线”，并标注阶段。

6-4 表6.3 DOE对燃料电池驾驶工况耐久度的测试建议(P7)中，主要考察燃料电池在何种工况下的耐久性？

6-5 请绘制表6.5燃料电池可逆衰减性能恢复步骤所示过程中，阴阳极入口处“气体流量-时间”曲线，并标注入口处气体。

6-6 对比图6.2 IEC标准车用燃料电池电堆耐久性测试循环工况和图6.3新欧洲驾驶循环工况可以发现，IEC工况中存在大量负载为5%的时间，对应为新欧洲驾驶循环工况速度为0的部分。为什么这些时刻的负载不是0%?

6-7 PEMFC性能衰退有哪些原因？

6-8 简述延长燃料电池启停寿命的方法。

6-9 假设汽车在冷启动过程中采用自身产热的方式来启动，100片单电池组成的电堆在 20V 电压下工作，输出电流为 100A，输出的电流完全用于给缠绕在电堆上的电热丝加热，此时电堆的产热功率有多大？

参 考 文 献

[1] Spendelow J S, Papageorgopoulos D C. Progress in PEMFC MEA component R&D at the DOE fuel cell technologies program. Fuel Cells, 2011, 11(6): 775-786.

[2] The Office of Energy Efficiency and Renewable Energy. Multiyear research, development and demonstration plan, 2012.

[3] Reiser C A, Bregoli L, Patterson T W, et al. A reverse-current decay mechanism for fuel cells. Electrochemical & Solid State Letters, 2005, 8(6): A273.

[4] Miller E L, Papageorgopoulos D, Stetson N, et al. U.S. department of energy hydrogen and fuel cells program: progress, challenges and future directions. Mrs Advances, 2016: 1-17.

[5] 黄彦维, 侯永平, 张建文, 等. 燃料电池耐久试验循环工况对比. 电池, 2017, 248(6): 40-43.

[6] Shim B J, Park K S, Koo J M, et al. Work and speed based engine operation condition analysis for new European driving cycle (NEDC). Journal of Mechanical Science & Technology, 2014, 28(2): 755-761.

[7] 衣宝廉. 燃料电池——原理·技术·应用. 北京: 化学工业出版社, 2003: 10-15

[8] Hong Z, Qi L, Ying H, et al. An energy management strategy based on dynamic power factor for fuel cell/battery hybrid locomotive. International Journal of Hydrogen Energy, 2018, 43(6): 3261-3272.

[9] Ettiihir K, Boulon L, Agbossou K. Optimization-based energy management strategy for a fuel cell/battery hybrid power system. Applied Energy, 2016, 163: 142-153.

[10] Eom K, Kim G, Cho E, et al. Effects of Pt loading in the anode on the durability of a membrane-electrode assembly for polymer electrolyte membrane fuel cells during startup/shutdown cycling. International Journal of Hydrogen Energy, 2012, 37(23): 18455-18462.

[11] Debe M K, Schmoeckel A K, Vernstrom G D, et al. High voltage stability of nanostructured thin film catalysts for PEM fuel cells. Journal of Power Sources, 2006, 161(2): 1002-1011.

[12] Chhina H, Campbell S, Kesler O. High surface area synthesis, electrochemical activity, and stability of tungsten carbide supported Pt during oxygen reduction in proton exchange membrane fuel cells. Journal of Power Sources, 2008, 179(1): 50-59.

[13] Chhina H, Campbell S, Kesler O. An oxidation-resistant indium tin oxide catalyst support for proton exchange membrane fuel cells. Journal of Power Sources, 2006, 161(2): 893-900.

[14] Yli-rantala E, Pasanen A, Kauranen P, et al. Graphitised carbon nanofibres as catalyst support for PEMFC. Fuel Cells, 2011, 11(6): 715-725.

[15] Kongkanand A, Liu Z, Dutta I, et al. Electrochemical and microstructural evaluation of aged nanostructured thin film fuel cell electrocatalyst. Journal of the Electrochemical Society, 2011, 158(11): B1286-B1291.

[16] Mu Y T, He P, Ding J, et al. Numerical study of the gas purging process of a proton exchange membrane fuel cell. Energy Procedia, 2017, 105: 1967-1973.

[17] Lin R, Cui X, Shan J, et al. Investigating the effect of start-up and shut-down cycles on the performance of the proton exchange membrane fuel cell by segmented cell technology. International Journal of Hydrogen Energy, 2015, 40(43): 14952-14962.

第7章　氢气特性及安全

7.1　氢气的性质

氢气无色、无味、无毒，在常温下基本无腐蚀性，在101kPa压强下，温度为–252.87℃时，氢气可转变成淡蓝色的液体；温度达到–259.1℃时，变成雪状固体。

常温下氢气化学性质稳定，在点燃或加热的条件下能与多种物质发生化学反应。

氢气密度比空气小(在所有气体中，氢气的密度最小。标准状况下，1L 氢气的质量是 0.0899g，较同体积空气轻得多)；氢气难溶于水，可以用排水集气法收集氢气；氢气被钯或铂等金属吸附后具有较强的活性(其中钯对氢气的吸附作用最强)；当在空气中的体积分数为4%～75%时，遇到火源可引起爆炸。

氢气在化工、航空航天和新能源领域具有广泛的用途。在气象部门可用于气象探测；航天领域可用于航天燃料推进剂；可以作为化学反应的还原剂，如石化反应中的加氢反应等；还可以用于新开发的氢能源领域，如氢能源汽车、氢能源发动机、氢能源锅炉等。

7.1.1　泄漏性

氢是自然界中最轻的元素，与液体燃料或其他气体燃料相比更易泄漏。在薄膜的扩散实验中，氢的扩散系数和泄漏率是天然气的3.8倍(表7.1)。合理的系统设计能够缓解氢气泄漏特性带来的影响。氢气开口泄漏的实际速度，是用于分析是否会发生阀门故障或压缩储罐爆炸等危险情况的一项重要指标[1,2]。

氢气从管道中泄漏有层流和湍流两种方式。层流泄漏时，两种气体理论的泄漏率之比与其动态黏度之比成反比：

$$\frac{Q_{H_2}}{Q_x}=\frac{\mu_x}{\mu_{H_2}} \tag{7-1}$$

式中，Q_{H_2} 为氢气泄漏率；Q_x 为其他气体的泄漏率；μ_{H_2} 为氢的动态黏度；μ_x 为其他气体的动态黏度。

对于湍流，理论上泄漏率之比与气体密度的平方根成反比：

$$\frac{Q_{H_2}}{Q_x}=\frac{\sqrt{\rho_x}}{\sqrt{\rho_{H_2}}} \tag{7-2}$$

式中，ρ_x 为其他气体的密度；ρ_{H_2} 为氢的密度。

表 7.1　氢气、甲烷和丙烷的预测流速，并根据天然气(主要为甲烷)的泄漏率进行了归一化

项目名称	甲烷(CH_4)	氢气(H_2)	丙烷(C_3H_8)
流动参数			
空气扩散系数/(cm^2/s)	0.16	0.61	0.10
0℃时黏度/(10^{-7} Pa·s)	110	87.5	79.5
温度和压力(70℉, 1atm[①])	0.666	0.8342	1.858
相对泄漏率			
扩散	1.0	3.8	0.63
层流	1.0	1.26	1.38
湍流	1.0	2.83	0.6

储氢罐中氢气直接泄漏时，35MPa 的储气压力会使氢气以湍流形式泄漏。当氢气离开储氢罐后，压力调节器将压力降至 6.7MPa，最终供应给燃料电池的氢气压力则控制在 200kPa 以内，此时氢气不再以湍流的形式泄漏。以湍流形式泄漏时，氢气的泄漏率是天然气的 2.83 倍，而层流形式泄漏时，泄漏率仅为天然气的 1.26 倍(表 7.1)。因此，在大多数情况下，氢气的泄漏性并没有想象得那么严重。

由于天然气每单位体积的能量密度是氢气的 3 倍，层流泄漏时，泄漏天然气的总能量较氢气高约 2.7 倍，湍流泄漏时，则比氢气高 1.2 倍。高压储罐大量泄漏时，氢气和天然气都会在刺孔中达到声速。氢的声速(1308m/s)约为天然气(449m/s)的 3 倍，因此在泄漏初期，氢气逸出的速率更快。但由于天然气的能量密度更高，天然气泄漏的总能量将会高于氢气，从而具有更大的危险性。假设氢气泄露时通过穿刺孔做等熵膨胀，则高压储罐中气体的质量公式为

$$m(t)=\left(m_0^{\frac{1-\gamma}{2}}+K_0A_\mathrm{e}C_\mathrm{r}t\frac{\gamma-1}{2}\right)^{\frac{2}{1-\gamma}} \tag{7-3}$$

$$K_0=\frac{\sqrt{RT_0}}{V_0m_0^{\frac{1-\gamma}{2}}} \tag{7-4}$$

$$C_\mathrm{r}=\sqrt{\gamma}\left(\frac{2}{\gamma+1}\right)^{\frac{\gamma+1}{2(\gamma-1)}} \tag{7-5}$$

① 1atm=101.325kPa。

式中，K_0 为储罐系数；A_e 为泄漏孔的有效面积，$A_e = C_D A$，A 为实际孔面积(m^2)，C_D 为孔因子；m_0 为罐内气体的初始质量(kg)；γ 为气体的比热比；R 为通用气体常量；T_0 为气体的初始绝对温度(K)；V_0 为储气罐的体积(m^3)；C_r 为压缩气体比热比系数。

图 7.1 显示了天然气和氢气从 34.5MPa 储罐、6.35mm 的孔中逸出的总体积和总能量。氢气逸出速率高于天然气，4s 内逸出 50%，天然气在大约 12s 内逸出 50%。

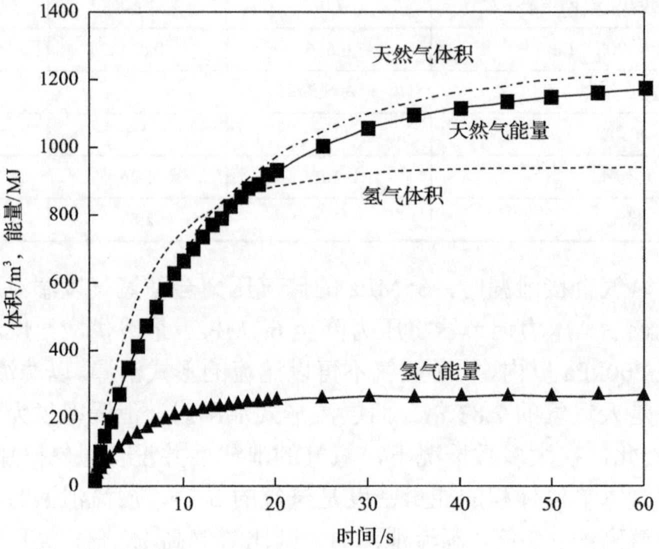

图 7.1　等尺寸储罐中 6.35mm 孔处的氢气和天然气泄漏

34.5MPa 下罐中氢气质量为 2.27kg；34.5MPa 下罐中甲烷质量为 23.7kg

泄漏初期氢气泄漏得更多(如图 7.1 中的虚线所示)，但是天然气每单位体积的能量是氢气的 4.18 倍(高热值)或 3.4 倍(低热值)。天然气泄漏总能量更高。图 7.2 显示出氢气体积泄漏率始终更高，但泄漏的总能量始终低于天然气。

7.1.2　氢脆

某些镍基钢和其他高强度钢容易发生氢脆。长时间暴露在氢气中，尤其是在高温和高压环境下，钢材强度可能会下降。因此，如果与氢气接触的材料选择不当，可能会发生氢气泄漏或燃料管线故障[3]。

7.1.3　氢扩散

氢气质轻，比汽油、丙烷和天然气具有更强的浮力(迅速上升)和扩散性(横向移动)。氢气泄漏时会迅速扩散，在密闭空间中快速达到安全阈值。

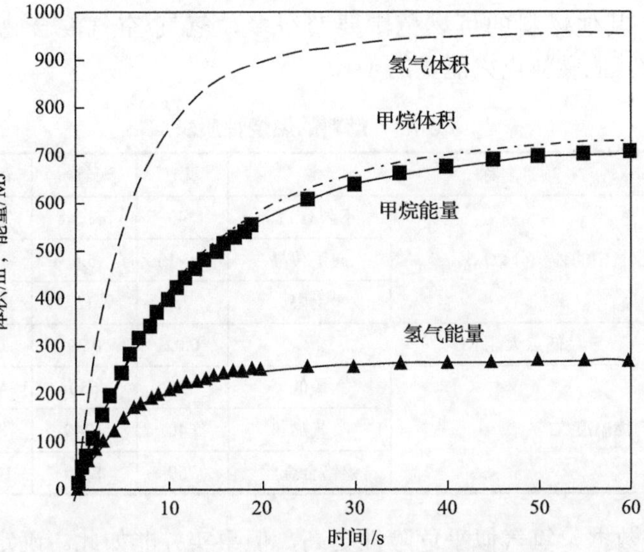

图 7.2　可能从汽车油箱中泄漏出的氢气和天然气

34.5MPa 下罐中氢气质量为 2.27kg，34.5MPa 下罐中甲烷质量为 23.7kg。由于燃料电池汽车效率是天然气汽车的 2.6 倍，甲烷总能量为 728MJ，是氢气的 2.68 倍

如表 7.2 所示，氢的密度仅为空气的 7%，天然气的密度为空气的 55%，这表明即使无风或不通风条件下，氢也会快速向上移动。丙烷和汽油蒸气均比空气重，丙烷的密度是空气的 1.52 倍，汽油蒸气的密度是空气的 3.4～4.0 倍。因此，丙烷和汽油蒸气的扩散速率较慢，它们都倾向于保持在地面上。地面上的丙烷和汽油如果发生燃烧，则将从底部引燃整个车辆，从而给乘客带来巨大的风险。

表 7.2　气体的浮力和扩散性质表

项目名称	氢气	天然气	丙烷	汽油蒸气
浮力(不透气的密度)/N	0.07	0.55	1.52	3.4～4.0
扩散系数/(cm^2/s)	0.61	0.16	0.10	0.05

氢的扩散系数是天然气的 3.8 倍，是丙烷的 6.1 倍，是汽油蒸气的 12 倍。高扩散系数使得氢气能够在空气中向各个方向迅速扩散，从而迅速降低混合气浓度。而汽油则倾向于保持在地面上，以较慢的速率向外扩散。

氢气的快速扩散特性使其在室外环境下保持较高的安全性。在室内少量泄漏的情况下，高扩散速率使可燃气体浓度保持在较低水平，而室内大量泄漏情况下，如果泄漏气体浓度达到安全阈值，高扩散速率则会带来安全隐患。

7.1.4　易燃性

氢气着火范围宽，点火能量低，长期以来被认为是危险的燃料。如表 7.3 所示，与氢气相比，其他燃料的可燃范围要窄得多，氢气/空气混合物的燃烧能量为0.02MJ，仅为其他燃料点火能量的1/10。

表 7.3　燃料的燃烧性质表

项目名称		氢气	天然气	丙烷	汽油
燃烧极限(空气中的体积分数)/%	下限(LFL)	4	5.3/3.8	2.1	1
	向下传播	9～10	5.6	—	—
	上限	75	15	10	7.8
最低点火能/MJ		0.02	0.29	0.3	0.24
自燃温度/℃	最低	520	630	450	228～470
	喷气加热	640	1040	885	—
	镍铬合金丝	750	1220	1050	—

根据这些数据，氢气似乎危险性更高，但事实并非如此。确定泄漏燃料是否会被点燃的关键参数是可燃性下限(LFL)。设计系统时，会限制最大可能的燃料流量或者增加空气流量，以确保在任何意外发生时，燃油/空气混合物的比例低于规定的LFL值，从而避免危险的发生。

与总可燃范围相比，LFL 通常能够更好地表示燃料/空气混合物的着火倾向。氢气的LFL是汽油的4倍，是丙烷的1.9倍。当氢气浓度达到4%时，火焰向上传播，不会引燃下方储氢罐中的氢气。氢气浓度达到9%时，火焰才会向下传播(向下传播时，会引燃储氢罐内的氢气，发生更加严重的事故)。

7.1.5　点火能

氢气浓度在25%～30%时，最低点火能量仅为0.02MJ，约为天然气最低点火能量的1/10。实际使用时，氢气浓度一般控制在临界LFL以下，难以达到浓度区间。如图7.3所示，在较低或较高混合气浓度下，氢气被点燃所需的点火能量急剧增加。在可燃性下限或4%～5%的燃料浓度范围内，点燃氢气所需的能量几乎等于点燃天然气所需的能量。点火特性上，氢气和天然气的安全性相当。

人体的弱静电是最常见的点火源，其产生的火花能量可以达到10MJ，比点燃任何一种燃料所需的能量高40倍。在氢气的使用场景中，人体静电都需要严格控制。

特殊场景下，氢气的高可燃性上限也会带来危害。如果氢气泄漏到车库中并且超过了可燃性下限而未被点燃，则落入可燃范围内的氢气量可能变得非常大，从而增加了到达车库中某处点火源的可能性。而天然气在密闭空间泄漏时，浓度高于20%便不再会被点燃，较低的点燃上限值使天然气在这种情况下更具优势。

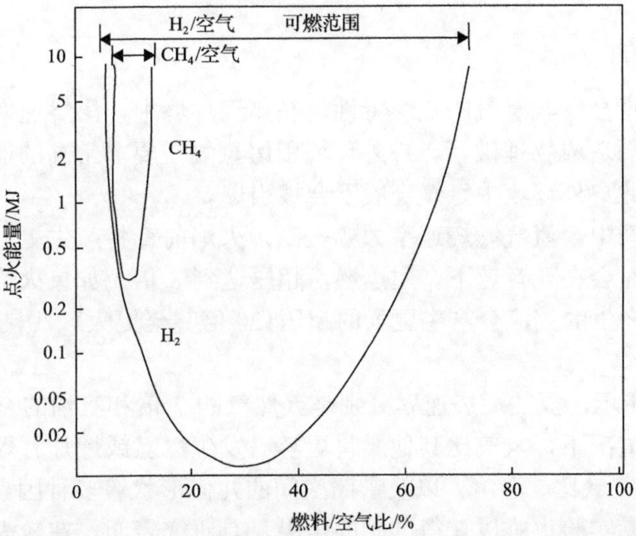

图 7.3　氢气和甲烷的点火能量与燃料/空气比的关系

如果排气管或发动机缸体的高温表面是唯一的潜在点火源，那么在某些情况下也需要考虑自燃温度对安全性的影响。如表 7.3 所示，氢气通常比汽油略有优势，因为点燃氢气需要的热源表面温度更高。而自燃温度取决于许多变量，包括热源的大小、形状和材料，因此实际意义不大。如果表 7.3 最后两行给出的热源是空气喷射器、镍铬合金丝或玻璃容器，那么燃料之间自燃温度的相对值也会发生变化。

氢气、甲烷、丙烷和汽油少量泄漏(扩散、浮力和较低的可燃性下限)时的实际可燃性特征如图 7.4 所示。靠近原点的气体可燃性更强，而氢气浮力更高，扩散性更强，是相对安全的燃料。

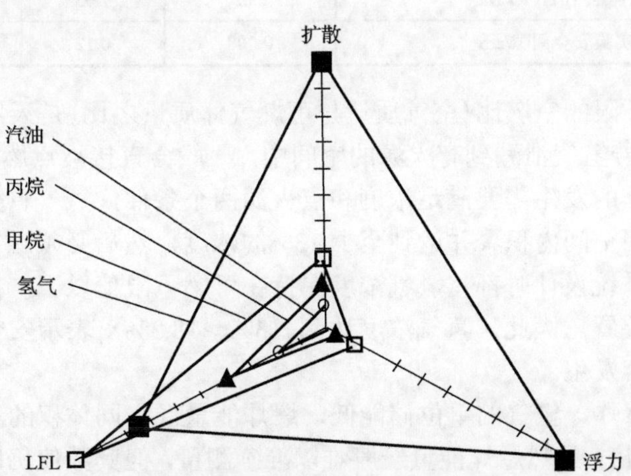

图 7.4　燃料蒸气的燃烧特性

7.1.6　爆炸性

外部环境也会影响氢气的点燃特性。在露天环境中，燃烧速率低，一般不会由于超压过大而造成物理破坏。户外环境引爆氢气需要非常高的能量，如雷击或化学炸药，因此户外环境中氢气一般不会被引爆。

在密闭空间中，氢气燃烧速率大幅提高，火焰前锋将产生更大的危害。从层流到湍流过渡时会在亚音速下产生爆燃，超压达到 8 倍。如果火焰前锋变为超音速，外壳表面产生的湍流会产生更大的超压(20 倍甚至更大)，引起爆炸，造成更大的危害。

如表 7.4 所示，氢的燃烧速率分别是天然气的 7 倍和汽油的 9 倍。在所有其他条件相同的情况下，氢气比其他燃料更容易发生爆燃或爆炸。爆炸可能性取决于具体的燃料/空气比、温度，以及密闭空间的几何形状等多种因素，即使在实验室进行氢气爆燃实验也难以获得准确的结果。有研究表明，在较大的机壳中，爆炸下限(空气中的体积分数)更低，会达到 13%。

表 7.4　燃料的爆震特性

项目名称	氢气	天然气	丙烷	汽油
爆炸极限				
下限(空气中的体积分数)/%	13～18.3	6.3	3.1	1.1
上限/%	59	13.5	7	3.3
燃烧速率/(cm/s)	270	37	47	30
爆炸能量				
单位能量/(gTNT/kJ)	0.17	0.19		0.21
单位体积/(gTNT/kJ)	2.02	7.03		44.22
最大实验安全间隙/cm	0.008	0.12		0.074

氢气爆炸下限的空燃比(空气质量与可燃气体质量之比)是天然气的 2 倍，是汽油的 12 倍。若氢气泄漏到有火源的空间中，一般会直接被点燃，发生爆炸的可能性很小。爆炸的发生需要满足浓度和点火源两个条件，氢气首先必须在不点火的情况下在封闭空间内积聚并达到至少 13%的浓度，然后必须触发点火源，才能引发爆炸。氢系统设计时都将氢气浓度保持在可燃下限值以下，接近该阈值时启动报警和排风装置。因此，氢气浓度达到 13%～18.3%，表示安全系统出现重大故障，一般不会发生。

如果发生爆炸，氢气的单位储能低，爆炸能量低，同体积的汽油蒸气爆炸能量是氢气的 22 倍。虽然爆炸能量一般难以准确测量，但其数值仍旧为氢与其他燃料的相对危险性提供一些参考。

表 7.4 的最后一行给出了“最大实验安全间隙”，它是外壳中开口的最大尺寸，可以防止火焰从壳体内部扩散到壳体外部，引燃外部的可燃混合气。

在图 7.5 中是氢气与其他燃料爆炸性的比较，这是扩散、浮力、爆炸下限和燃烧速率倒数的四维图。因为高燃烧速率对于安全性而言是不利的，为了表明离原点越近，危害性越大，采用倒数来表示。图 7.5 说明氢在扩散性、浮力和爆炸下限方面远远优于其他燃料，但是在燃烧速率方面氢气表现最差。图 7.5 说明了氢在安全性上的优势：氢气难以形成爆炸性气团，但一旦达到爆炸下限，则最有可能从爆燃过渡到爆炸。

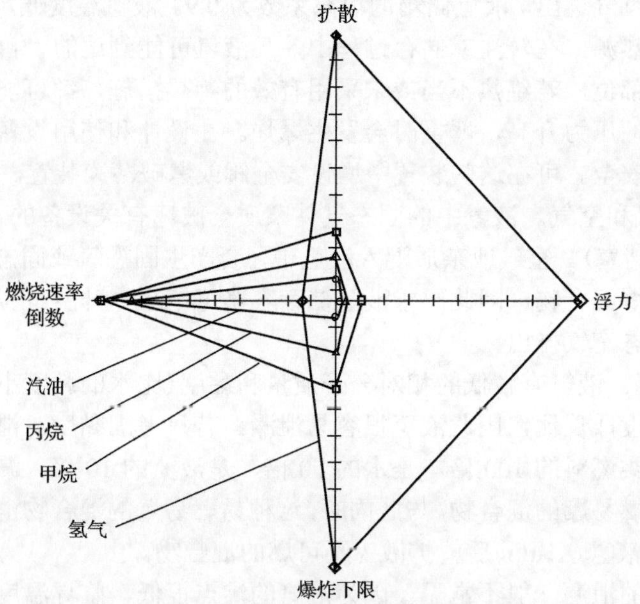

图 7.5　燃料蒸气的爆炸特性

7.1.7　液氢的特殊性质

目前氢气的制备、储存和运输仍旧以气态为主，但氢气可能会在大型天然气水蒸气重整厂中进行液化，以最大限度地减少长途运输的成本。液氢对安全性提出了新的要求，在氢能基础设施中需加以考虑。

液氢会有特殊的风险，包括发生冻伤，以及在发生碰撞时低温持续时间长的风险。液氢的泄漏与汽油类似，但泄漏速率更快，会吸收热量并冷凝周围空气，变为气态，进而快速扩散。液氢也会产生“BLEVE(液态沸腾，使蒸气爆炸膨胀)”现象，如果泄压阀发生故障，则会发生剧烈爆炸。液氢还有如下一些特殊的安全特性。

(1) 冻伤。裸露皮肤或身穿较薄的衣服与装有液氢的输送管道、阀门接触时，都会发生严重的冻伤。因此，凡操作液氢设备的人员，必须穿戴棉质的防护衣物，尽可能减少皮肤的裸露部分。一旦被液氢冻伤，可用 40℃左右的温水浸泡，然后就医，切勿揉擦。

(2)低温对于材料的影响。材料在低温下会产生脆性，导致零件操作困难。在液氢温度下，各种软钢会或多或少地失去原有的延性，有的甚至变脆。温度的突然改变也会使得各种金属材料产生应力集中的现象。液氢的低温也会使得管道系统中某些接头丧失其原有的灵活性，增加接头泄漏的风险。

(3)大量气化危害。液氢沸点低，气化后体积膨胀 780 余倍，会引起超压危险。需要防范大量氢气气化产生的冲击波、人员冻伤和窒息危害。为了避免氢气的气化压力引起的氢气逸出，液氢储箱的填充系数为 0.9。液氢温度低，外界物质对于液氢而言都是热源，在转注或储存过程中，凡液氢可能到达的“盲区”，如管道、夹层、阀腔等部位，若绝热不当或未采用有效的绝热措施，都可能使液氢气化，从而造成系统的压力升高，严重时会发生爆炸。在设计和使用设备时，应严格注意“盲区”的安全。可在这些装置中增设安全阀或爆破薄膜装置。

(4)固态氧和空气。液氢中的固态气体杂质会破坏有关设备的正常工作(如阀门卡住、管道堵塞)。空气或杂质混入液氢中，会产生固态氧或固态空气，形成类似于炸药的易爆混合物，因此要求液氢储存容器每年至少升温(正常温度)一次，把固态氧或固态空气排出。

(5)易泄漏。液氢有较低的相对分子质量和黏度(比水的黏度小两个数量级)，泄漏速率与黏度成反比，因此液氢很容易泄漏。若只考虑黏度对泄漏的影响，其泄漏速率是烃类燃料的 100 倍，是水的 50 倍，是液氮的 10 倍。漏出的液氢很容易气化形成易燃易爆的混合物。与此同时，这种易燃易爆的混合物消散得也很快，如溢出 2000L 液氢，1min 后就扩散为不可燃的混合物。

少量液氢的泄漏一般不常见，因为液氢的沸点很低，临界温度与沸点温度区间也很窄。少量液氢在系统中溢出之前就发生了液-气两相转化，溢出时，可能已经气化了。当设备破裂或加、排液管的阀件等部位损坏时，会发生大量液氢泄漏。这种情况下，流出的液体一部分会快速蒸发，而另一部分则会在地面上形成一个“液氢塘”，吸收周围空气中的热量，逐步蒸发。

当液氢发生泄漏并着火时，燃烧释放出来的热量会破坏设备。如果液氢储槽或管道破裂，则整个装置都有可能毁坏。氢气的检漏、检测是亟待解决的问题，它关系到氢气的生产、使用及人身、设备的安全，所以往往会安装多路氢气浓度检测与自动报警系统[4,5]。

7.2　氢气的制备

制氢的方法有很多种，常见的包括天然气制氢、煤气化制氢、电解水制氢、太阳能制氢、生物质制氢和热分解法制氢。目前，全球氢气生产 92%采用煤和天然气，约 7%来自工业副产物，只有 1%来自电解水，煤和天然气的石化能源仍旧是制氢的主要原料。由于近年来煤气化制氢、天然气制氢技术的大规模应用，基于经济性方面的原因，重油(常、减压渣油及燃料油等)部分氧化制氢技术在工业上已经很少采用。各种制氢工艺采用原料、技术成熟度、工业应用情况详见表 7.5。

表 7.5　制氢工艺对比

序号	制氢工艺	主要原料	技术成熟度	工业应用情况
1	煤气化法	煤、石油焦	成熟	大规模应用
2	甲烷水蒸气转化	天然气	成熟	大规模应用
3	甲醇水蒸气转化	甲醇	成熟	已工业化应用
4	水电解法	水	接近成熟	已工业化应用
5	工业副产氢	合成气、炼厂重整副产物、低碳烷烃	成熟	已工业化应用
6	生物质气化	各类生物质	接近成熟	已小规模应用

7.2.1　化石燃料制氢

1. 天然气制氢

天然气制氢是北美、中东等地区普遍采用的制氢路线。工业上由天然气制氢的技术主要包括水蒸气转化法、部分氧化法以及天然气催化裂解制氢。

水蒸气转化法采用催化剂和高温环境，使甲烷等烃类与水蒸气发生重整反应，生成 H_2、CO 等混合气体。该反应是强吸热反应，需要外界供热(天然气燃烧)。

$$CH_4 + H_2O \longrightarrow CO + 3H_2, \quad \Delta H = 206\text{kJ/mol} \tag{7-6}$$

$$CO + H_2O \longrightarrow CO_2 + H_2, \quad \Delta H = -41.19\text{kJ/mol} \tag{7-7}$$

从热力学角度分析，化学反应存在可逆平衡，温度、压力和水碳摩尔比(简称水碳比)都会对反应平衡产生影响。由于反应(7-6)是吸热反应，升高温度有利于提高转化率，但是考虑到反应装置能承受的温度上限，一般反应温度为 650～1000℃；反应(7-6)过程中气体分子数增多，低压有利于提高转化率，但若压力太低，则反应速率较低，一般采用 2.0～2.5MPa 的压力；水碳比指进口气体中水蒸气与含烃原料中碳分子总数的摩尔比，当原料都为甲烷时即为水蒸气和甲烷的摩尔比。研究表明，随着水碳比的增大，甲烷平衡含量减小，即甲烷的转化率增加。但是过高的水碳比会增加能耗，降低设备的生产能力，所以工业上通常选择 2.8～3.5 的水碳比。从热力学角度来看，高温、低压以及高水碳比有利于提高转化率。

甲烷水蒸气重整反应机制十分复杂，从宏观动力学角度分析，由于催化剂的存在，该反应是气固相催化反应，存在气固两相之间的质量和热量的传递，还有反应组分在催化剂内的扩散和催化剂颗粒的传热过程，这些因素都会对反应速率产生影响。由于实际反应器内的流速很大，所以普遍认为外扩散(包括气固两相间的质量传递和热量传递)可以忽略不计。内扩散影响更为显著。研究表明，颗粒小、比表面积大的催化剂有利于提高反应的速率。此外，催化剂中毒、催化剂寿命以及催化剂内部的传热性能也会影响反应速率。

甲烷水蒸气重整反应是吸热的可逆反应，高温有利于反应正向进行，但是即便在 1000℃下，它的反应速率也很慢，因此需要采用催化剂来加快反应。催化剂在甲烷水蒸气重整催化反应中影响了操作条件、设备尺寸等关键参数的设定。重整反应也称为转化反应。由于转化反应对操作温度要求高，工业上通常为了提高甲烷转化率而采用两段转化工艺。第一段转化的工作温度通常在 600～800℃，而第二段水蒸气转化温度一般达到 1000～1200℃。第二段水蒸气转化的高温很容易使催化剂的晶粒长大，活性降低。因此，为了得到高活性的催化剂，需要把活性组分分散在耐热的高强度载体上。此外，还需要添加催化剂助剂以提高催化剂的抗硫、抗积炭性能，进一步改善催化剂的性能。硫、卤素和砷等对还原后的活性镍催化剂是非常有害的。镍的硫中毒属于可逆的暂时性中毒，如果催化剂发生硫中毒，只要使原料中的含硫量降到规定的标准以下，催化剂的活性就可以完全恢复。硫对镍催化剂的毒性随催化剂活性、反应条件不同而有所差异。催化剂的活性越高，对硫的耐受能力越低。温度越低，硫对镍催化剂的毒性越强。目前在烃类水蒸气重整制氢研究中使用到的催化剂活性成分有 Ni、Pt、Pd、Rh、Ru、Ir、Co、Fe 等Ⅷ族元素，工业上使用的甲烷水蒸气重整制氢的载体以 Al_2O_3 和 MgO 为主。目前对于镍-氧化铝体系催化剂助剂的研究主要集中在稀土氧化物、碱金属、碱土金属、氧化物等上。

实际的工艺流程比较复杂，有不同的方法改进工艺以降低成本，提高产率。图 7.6 为甲烷水蒸气重整制氢工艺流程。

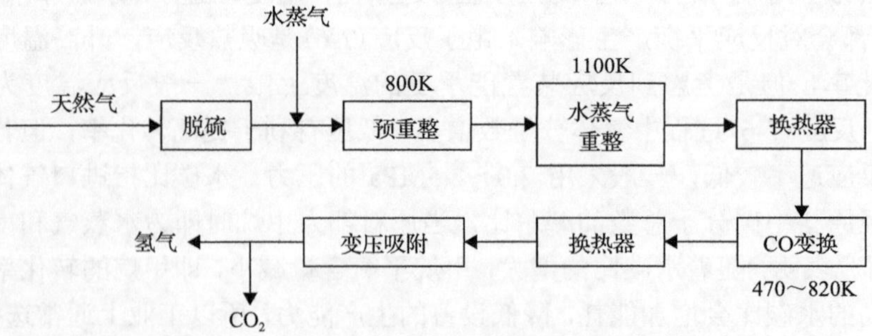

图 7.6　甲烷水蒸气重整制氢工艺流程

如图 7.6 所示，原料气经脱硫等预处理后进入转化炉中进行甲烷水蒸气重整反应。该反应是一个强吸热反应，天然气燃烧放热提供反应所需热量。为了提高转化率，该反应一般在 750～920℃的高温下进行。反应过程中体积增大，因此反应压力通常为 2～3MPa，以促进反应正向进行。同时在反应进料中采用过量的水蒸气来提高反应的速率。工业过程中的水蒸气和甲烷的摩尔比一般为 2.8～3.5。

甲烷水蒸气转化制得的合成气进入水汽变换反应器，经过两段温度的变换反应，使 CO 和 H_2O 反应转化为 CO_2 和氢气，提高了氢气产率。高温变换温度一般在 350～400℃，而中温变换操作温度则低于 300～350℃。

早期的甲烷水蒸气转化过程是在常压下进行，但通过提高反应压力，可以提高热效率和生产能力。甲烷水蒸气转化制得原料气，经过变换反应，将 CO 和 H_2O 反应转化成 CO_2 和氢气。为了防止甲烷水蒸气转化过程析炭，反应进料中常加入过量的水蒸气，工业中水碳比一般为 3～5[6,7]。

甲烷部分氧化法制氢是由甲烷等烃类与氧气进行不完全氧化生成合成气：

$$CH_4 + \frac{1}{2}O_2 \longrightarrow CO + 2H_2, \quad \Delta H = -35.7\text{kJ / mol} \tag{7-8}$$

该过程可自发进行，无需外界供热，热效率较高。但若用传统的空气液化分离法制取氧气，则能耗太高，近年来国外开发出用富氧空气代替纯氧的工艺，其工艺流程见图 7.7。

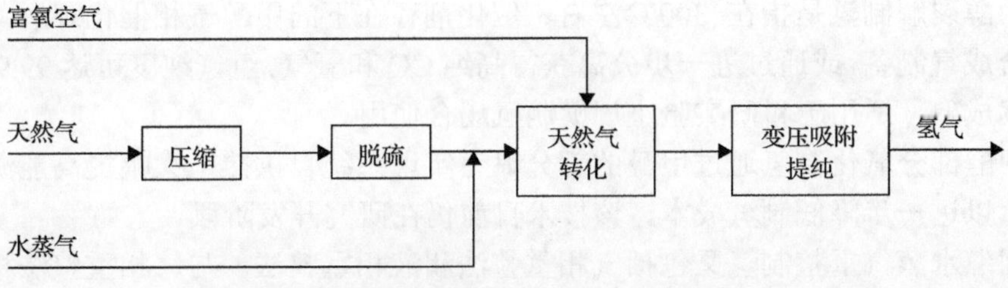

图 7.7　催化部分氧化法制氢工艺流程

如图 7.7 所示，天然气经过压缩、脱硫后，先与水蒸气混合预热到约 500℃，再与氧或富氧空气(预热到约 500℃)分两股气流分别从反应器顶部进入反应器，进行部分氧化反应，反应器下部排出转化气，温度为 900～1000℃，氢含量 50%～60%。该工艺是利用反应器内热进行烃类水蒸气转化反应，原料选择广泛，对杂质不敏感(重油及渣油的转化大多采用部分氧化法)，但需要配置空分装置或变压吸附制氧装置，成本高于天然气水蒸气转化法。天然气部分氧化制氢的反应器采用的是高温无机陶瓷透氧膜，可在高温下从空气中分离出纯氧，避免氮气进入合成气，与传统的水蒸气转化法制氢相比，该工艺能耗显著降低，可在一定程度上降低投资成本。

天然气催化裂解制氢以天然气为原料，对天然气进行脱水、脱硫、预热后从底部进入移动床反应器，与从反应器顶部下行的镍基催化剂逆流接触，天然气在催化剂表面发生催化裂解反应生成氢气和碳。反应过程需要吸收大量热量，除原料预热外，还需要在移动床反应器外侧加热，反应器顶部出口的氢气和甲烷混合气经旋风分离器分离碳和催化剂粉尘后回收热量，然后经变压吸附(PSA)分离提纯，得到产品氢气。未反应的甲烷、乙烷等部分产物作为燃料循环使用。反应得到的另一主产物碳随着催化剂从底部流出反应器，经换热后进入气固分离器分离残余的甲烷和氢气，然后进入机械振动筛将催化剂和碳分离，催化剂再生后可循环使用，分离出的碳可用于制备碳纳米纤维等高附加值产品。

天然气催化裂解制氢从反应原理上看不产生 CO_2，主产物碳可加工为高端化碳材料。与煤气化制氢和天然气水蒸气转化法制氢相比，该工艺制氢成本和 CO_2 排放量均大大降低，具有明显的经济效益和社会效益，市场前景好，目前该工艺仍在研究开发阶段。

2. 甲醇制氢

工业上通常使用 CO 和氢气经过羰基化反应生产甲醇，甲醇制氢技术则是合成甲醇的逆过程，可用于现场制氢，解决目前高压和液态储氢技术的储氢密度低、压缩功耗高、输运成本高、安全性差等问题。按工艺技术区分，甲醇制氢技术包括甲醇裂解制氢、甲醇部分氧化制氢和甲醇水蒸气重整制氢。

甲醇裂解制氢是指在 300℃左右、催化剂存在下的甲醇气相催化裂解，通常用于合成气制备，或通过进一步分离获得高纯 CO 和氢气，氢气纯度可达 99.999%。该技术成熟，适用于科研实验小规模制氢场合使用。

甲醇部分氧化制氢通过甲醇的部分氧化实现系统自供热，大幅提高能源利用效率，以进一步降低制氢成本。该技术目前仍在研究开发阶段。

甲醇水蒸气重整制氢又包括气相重整法和液相重整法。与气相重整法相比，液相重整制氢技术方法更加先进，常温下即可发生反应，但是对设备要求较高，不利于大规模生产，所以目前气相重整法的应用更加广泛。在 220～280℃、0.8～2.5MPa 和催化剂存在的条件下，甲醇和水转化为约 75% H_2、24% CO_2 以及极少量的 CO 和 CH_4，该过程可将甲醇和水中的氢全部转化为氢气。其流程示意见图 7.8。

甲醇水蒸气重整制氢技术的使用条件温和，产物成分少，易分离，制氢规模在 10～10000m^3/h 内均能实现，且产能可灵活调整，适用于中小型氢气用户现制现用。缺点是该工艺采用的 Cu/Zn/Al 催化剂易失活，需要进一步开发活性高、稳定性好的新型催化剂。目前国内已经建成甲醇水蒸气重整制氢工业装置。2018 年 7 月，山东寿光鲁清石化有限公司 60000m^3/h 甲醇制氢装置投产，是国内最大规模的甲醇制氢装置，采用华西化工科技有限公司先进的甲醇制氢技术、PSA 技术、

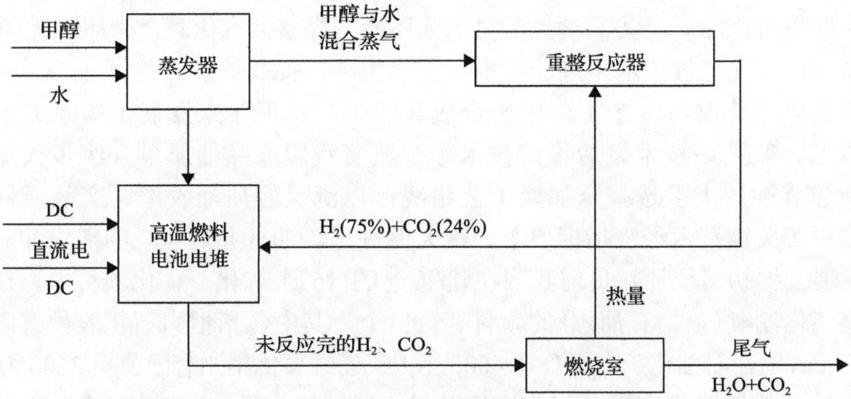

图 7.8　甲醇水蒸气重整制氢燃料电池系统

催化剂等，由安徽华东化工医药工程有限责任公司承担详细设计。2019 年 1 月，上海博氢新能源科技有限公司年产 20 万台套的甲醇氢燃料电池生产基地项目在浙江宁波慈溪举行项目奠基仪式。该项目总投资约 30 亿元，将分期建设，其中项目一期年产能 5 万台套，于 2019 年三季度投产，全部项目于 2020 年建成投产。目前甲醇氢燃料电池汽车已应用于公交车、物流车、大巴车、冷链物流车等交通领域。

在甲醇水蒸气重整制氢大规模推广的背景下，传统的制氢模式还存在一些问题，后续工艺的发展方向需要在提高 H_2 产量的同时减少 CO 的产生。目前甲醇水蒸气重整制氢主要存在以下几个问题：

(1) 制氢成本高，这不仅影响制氢行业的发展，还影响氢能方面的科学研究。

(2) 甲醇水蒸气重整制氢是一个强吸热反应，需要外部环境提供大量的热，因而能源消耗较高。

(3) 受热质传输的限制，该反应的动态响应比较慢，影响实际生产效率。

(4) 甲醇水蒸气重整制氢目前常使用的催化剂为贵金属催化剂和铜基催化剂，其价格较高，寿命较短。催化剂的性能直接影响制氢的效果，因此研制催化性能高、成本低的新型催化剂成为提高甲醇水蒸气重整制氢生产效率的重点。

3. 煤气化制氢

煤气化制氢是工业大规模制氢的首选方式之一，其具体工艺过程是煤炭经过高温气化生成合成气 (H_2+CO)、CO 与水蒸气经变换转变为 H_2+CO_2、脱除酸性气体 (CO_2+SO_2)、氢气提纯等工艺环节得到氢气。传统煤气化制氢工艺具有技术成熟、原料成本低、装置规模大等特点，但其设备结构复杂、配套装置多、运转周期相对短、装置投资及气体分离成本高、产氢效率偏低、CO_2 排放量大。与煤气化工艺一样，炼厂生产的石油焦也能作为气化制氢的原料，这是石油焦高附加值利用的重要途径之一。煤/石油焦制氢工艺还能与煤整体气化联合循环工艺(IGCC)有效结合，实现氢气、水蒸气、发电一体化生产，提高炼厂效益。

我国煤气化制氢工艺主要用于合成氨的生产，近年来发展了多喷嘴水煤浆气化技术、航天炉技术、清华炉技术等。随着我国成品油质量升级步伐加快，国内新建炼油厂大多选择全加氢工艺路线，以满足轻质油收率、产品质量、综合商品率等关键技术经济指标要求，极大促进了炼油行业对氢气的需求和制氢技术的发展。据初步统计，目前我国在建/拟建的 15 个炼化一体化项目中，已确定采用煤气化制氢(包括石油焦)的项目有 11 个，其中包括恒力石化股份有限公司 2000 万 t/a、浙江石油化工有限公司 4000 万 t/a、盛虹石化集团有限公司 2600 万 t/a、中国石油天然气股份有限公司广东石化分公司 2000 万 t/a 等新建炼油项目以及中海石油炼化有限责任公司惠州炼化分公司 2200 万 t/a、中国石化燕山石化公司 1200 万 t/a、洛阳石化分公司 1800 万 t/a 等均采用煤气化制氢工艺生产氢气。而采用天然气制氢的只有中国石油天然气集团公司云南石化有限公司 1300 万 t/a 炼油项目[8-10]。

7.2.2 工业副产制氢

工业副产氢是在工业生产过程中作为副产物的氢气，包括炼厂重整、焦炉煤气、丙烷脱氢及氯碱化工等生产过程中产生的氢气，其中只有炼厂催化重整过程中产生的氢气用于炼油加氢精制和加氢裂化生产，其他工业副产氢大部分未被有效利用，对于氢燃料电池汽车产业发展具有很大的回收利用潜力。据统计，上海市工业副产气总量超过 17.0 亿 m^3，假设这些工业副产气中 50%用来提纯制氢，则一年可制氢约 4.2 亿 m^3，因此利用工业副产气制氢是化工企业清洁生产和可持续发展的重要途径之一。各种工业副产氢生产原理及利用情况详见表 7.6。

表 7.6 工业副产氢生产原理及利用情况表

氢气来源	生产原理	原料消耗	氢气产能/(万 t/a)
炼厂催化重整	以石脑油为原料，生产高辛烷值汽油和“三苯”，同时副产氢气	1t 原料油可副产氢气 20～30kg	136(2018 年)
丙烷脱氢	丙烷催化脱氢生产丙烯，同时副产氢气、C_{4+}等	丙烯收率按 42%计算，生产 1t 丙烯可副产氢气 54kg	18(2017 年)
焦炉煤气	煤炭经高温干馏后，在产出焦炭和焦油产品的同时，得到主要成分为甲烷、氢气和 CO 等的可燃气体	通常生产 1t 焦炭可副产 425.6m^3 焦炉气，1m^3 的焦炉煤气可制取约 0.44m^3 氢气	721(2017 年)
氯碱化工	用电解饱和 NaCl 溶液的方法来制取 NaOH、氯气和氢气	生产 1t 烧碱可副产 270m^3 氢气	81(2017 年)

从表 7.6 可以看出，我国工业副产氢气资源潜力大，每年产量约 1048 万吨，其中炼厂重整产氢量较大(136 万 t/a)，但全部用来满足炼油生产；丙烷脱氢装

置产氢量较少(18 万 t/a)且资源分散；而钢铁工业和炼焦行业的焦炉煤气氢气含量高、数量大(721 万 t/a)，焦炉煤气与氯碱行业每年合计副产氢气 802 万 t，占全部副产氢总量的 76.5%。若近期取可利用的焦炉煤气与氯碱行业副产氢气的 30%(240 万 t/a)、中期取 40%(320 万 t/a)、远期取 50%(400 万 t/a)用于加氢站，按照一辆燃料电池乘用车年行驶里程 20000km、消耗 224kg 氢气计算，则这些工业副产氢分别可供 1071 万辆、1428 万辆和 1785 万辆燃料电池乘用车使用。按一辆燃料电池客车年行驶里程 14400km、消耗 882.32kg 氢气计算，分别可供应氢燃料电池客车 272 万辆、362 万辆和 453 万辆使用。如果将副产氢气的大部分用于加氢站，就可以支持我国氢能运输行业到 2040 年[11-13]。

7.2.3　电解水制氢

电解水制氢的技术优点是工艺较简单、完全自动化、操作简便；其氢气产品的纯度高，一般可以达到 99%～99.9%，并且由于其主要杂质是水和氧气，无污染，特别适合对 CO 要求严格的燃料电池使用。

在一定条件下，给水通电会分别在阴阳极生成氢气和氧气。如果工艺运用合理，就可以制备成本低廉的高纯度氢气。

纯水几乎不导电，为了提高水的电导率，减小内阻，降低电解电压，需要加入强电解质，一般为强碱或者强酸。水电解时的反应式根据电解液的性质不同而有所不同。碱性水溶液(电解质通常为 KOH 或 NaOH)电解过程中的主要反应为

阴极：

$$4H_2O + 4e^- \longrightarrow 2H_2 + 4OH^- \tag{7-9}$$

阳极：

$$4OH^- \longrightarrow O_2 + 2H_2O + 4e^- \tag{7-10}$$

总反应：

$$2H_2O \longrightarrow 2H_2 + O_2 \tag{7-11}$$

酸性水溶液(电解质通常为 H_2SO_4)电解过程的主要反应为

阴极：

$$4H^+ + 4e^- \longrightarrow 2H_2 \tag{7-12}$$

阳极：

$$2H_2O \longrightarrow 4H^+ + O_2 + 4e^- \tag{7-13}$$

总反应：

$$2H_2O \longrightarrow 2H_2 + O_2 \tag{7-14}$$

在标准状态下，水的理论分解电压为 1.23V。但是实际上电解水所需要的分解电压却比理论值要高，这是因为电路连接及电解液中存在电阻，产生电压降，同时析氢和析氧时产生过电位，导致其偏离理论析出电位。电阻的存在产生电压降很容易理解，而电极上过电位的产生则需要用电化学原理来解释。电极反应的理论电位成立的前提是反应可逆，即正向反应和逆向反应速率相等，通过电极的电流为零或者无限小。但是在实际电解过程中，当通过电极的电流相对较大，由于电解液传递反应活性物质的最大速率不等于电极反应的最大速率，电极反应的最大速率不等于导线传输电子的最大速率，电极表面积累剩余电荷，偏离平衡可逆状态，产生过电位。过电位总是使阴极电位更负，阳极电位更正。只考虑过电位的分解电压就是实际的阳极电位减去阴极电位，所以过电位总是使得实际分解电压偏大。

电解反应实际需要的电压 U_{elec} 计算公式：

$$U_{elec} = U_0 + IR + \phi_H + \phi_O \tag{7-15}$$

式中，U_0 为理论分解电压；IR 为欧姆电压降；ϕ_H 为阴极析出氢气的过电位（根据定义恒为正值，ϕ_O 同理）；ϕ_O 为阳极析出氧气的过电位。

从式(7-15)可以看出，在保证单位时间产量的前提下，降低内阻 R，以及电极上的过电位 ϕ_H 和 ϕ_O，可以有效提高电解的效率，从而降低生产成本。

电解槽主要有三种，见表 7.7。

表 7.7 电解槽性能比较

类型	电解质	工作温度/℃	迁移离子	效率
碱性电解槽	KOH	约 80	OH^-	51%～62%
聚合物薄膜电解槽	PEM 膜	约 80	H^+	74%～79%
固体氧化物电解槽	ZrO_2	约 850	O^{2-}	90%～100%

1. 碱性电解槽

碱性电解槽（图 7.9）效率较低，但技术成熟、价格便宜，与酸性电解槽相比对电解装置的腐蚀较低，目前被广泛使用。电解液一般为在工作温度（70～80℃）下具有高传导率的高浓度（质量分数为 20%～30%）KOH 溶液。电极采用镀镍的网状低碳钢或镍系金属等过电压较小的耐碱性材料。对于防止氢氧混合的多孔隔膜，过去采用的是具有致癌性的石棉，近年多采用替代膜，如 PTFE。

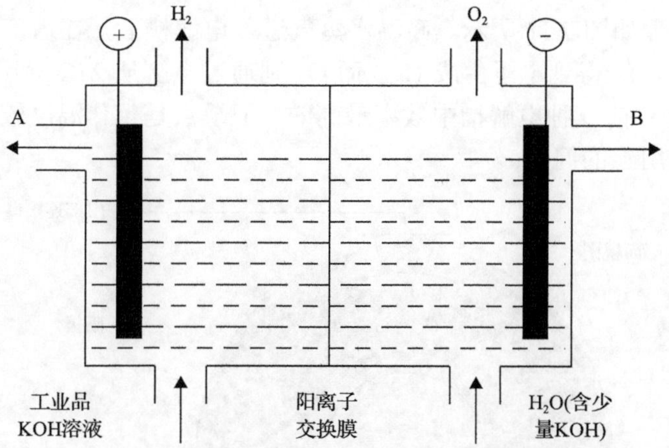

图 7.9　碱性水溶液电解槽示意图

2. 聚合物薄膜电解槽

聚合物薄膜电解槽的电解效率高于碱性电解槽，是因为聚合物具有良好的化学和机械稳定性，并且电极与隔膜之间的距离为零，提高了电解效率。该电解槽主要由两个电极和聚合物薄膜组成，质子交换膜通常与电极催化制成一体化结构，即多孔的铂/铱作为催化剂电极紧贴在交换膜表面，薄膜为仅允许 H^+通过的全氟磺酸膜(图 7.10)。该电解槽不需要电解液，只需纯水，比碱性电解槽更安全可靠。但是由于其催化剂和隔膜的成本较高，难以大规模使用。目前的研究主要集中在开发稳定、高效、低廉的催化剂和隔膜。

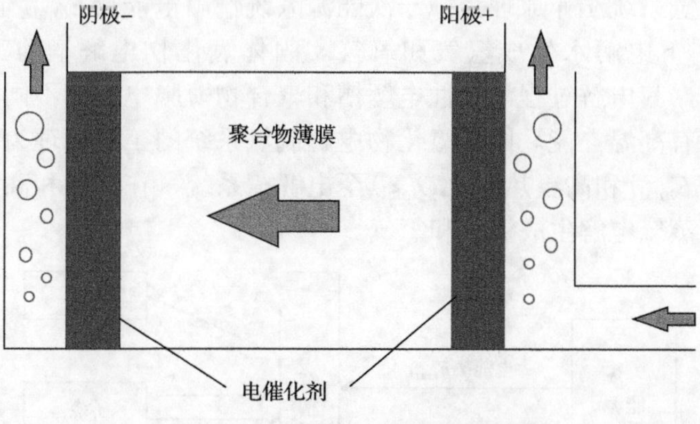

图 7.10　聚合物薄膜电解槽示意图

3. 固体氧化物电解槽

高温条件下，电解过程所需的能量部分由热能提供，有利于提高电解槽的效率，其基本原理如图 7.11 所示。高温水蒸气进入电解槽后，在内部的阴极处被分解为 H^+和 O^{2-}，H^+得到电子生成 H_2，而 O^{2-}则通过电解质 ZrO_2 到达外部的阳极，生成 O_2。它是目前三种电解槽中效率最高的，但缺点是工作温度较高，存在对材料要求高和使用上的问题。

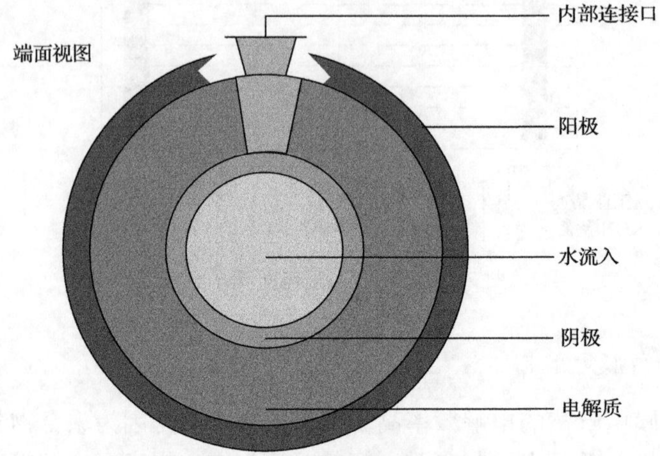

图 7.11　固体氧化物电解槽视图

4. 电解水制氢系统的效率

电解水制氢系统主要由一次能源系统和电解槽系统组成，如图 7.12 所示。碱性电解槽与聚合物薄膜电解槽的工作温度较低，约 80℃，电解过程所需能量主要为电能。其制氢系统工作原理为：一次能源系统输出电能(ΔE_{total})至电解槽系统，在电能的作用下电解水生成氢气和氧气。固体氧化物电解槽的工作温度较高(800～950℃)，其电解过程与碱性电解槽和聚合物薄膜电解槽不同，所需能量除电能之外，还有高温热能。固体氧化物电解制氢系统的工作原理为：一次能源系统输出电能(ΔE_{total})和高温热能(ΔQ_{total})至电解槽系统，在电能和高温热能的共同作用下，将水蒸气电解生成氢气和氧气。

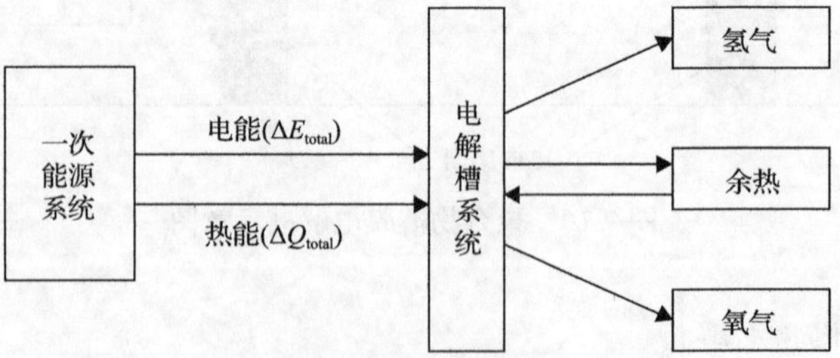

图 7.12　电解水制氢系统组成示意图

电解水制氢所需的总能量(ΔH_{total})来源于电能(ΔE_{total})和热能(ΔQ_{total})，即

$$\Delta H_{total}(T) = \Delta E_{total}(T) + \Delta Q_{total}(T) \tag{7-16}$$

由于电解水制氢过程本质上是将一次能源转化为二次能源的过程，电解水制氢系统的效率定义为：在电解水制氢过程中，制备所得二次能源(氢气)含量与制氢过程中所消耗的一次能源含量之比。于是，电解水制氢系统的总制氢效率模型如下：

在电解水制氢过程中，所需的总能量 Q_t(一次能源系统提供)为

$$Q_t = Q_{th} + Q_{el} \tag{7-17}$$

式中，Q_{th} 为电解槽所需的热能；Q_{el} 为产生电解槽所需电能所消耗的热能。

可得，电解水制氢系统的总制氢效率为

$$\eta_t = \frac{\Delta H_H}{Q_{th} + Q_{el}} \tag{7-18}$$

式中，ΔH_H 为氢的焓值。

由于碱性电解槽与聚合物薄膜电解槽在电解过程中所消耗的能量均由电能提供，则其总制氢效率为

$$\eta_t = \frac{\Delta H_H}{\Delta E_{total}(T) / \left(\dfrac{\eta_{el}}{\eta_{es}}\right)} \tag{7-19}$$

式中，η_{el} 为一次能源系统的发电效率。

$$\eta_{es} = \frac{E(T)}{V_{op}(i,T)} \tag{7-20}$$

其中，η_{es} 为电解槽系统的电解效率；$E(T)$ 为在温度 T 时，水的理论分解电压；$V_{op}(i,T)$ 为在电流 i 和温度 T 时的实际电解电压。

固体氧化物电解槽在电解过程中所消耗的能量由电能和高温热能两部分组成，其总制氢效率为

$$\eta_t = \frac{\Delta H_H}{\dfrac{\Delta E_{total}(T)}{\eta_{el}\eta_{es}} + \dfrac{Q_{th}(T)}{\eta_{th}} - \dfrac{\Delta E_{total}(T)}{\eta_{el}\eta_{th}}(1-\eta_{es})} \tag{7-21}$$

式中，η_{th} 为固体氧化物电解制氢系统的热效率，它包括一次能源系统与电解槽系

统之间和电解槽系统本身的热损失，以及电解槽系统的热循环利用效率。

以上三种电解槽中，碱性电解槽技术最成熟，成本也比较低，但效率只有51%～62%；聚合物薄膜电解槽的效率为74%～79%，但由于其材料成本比较高，目前只小规模使用；固体氧化物电解槽还处于早期发展阶段，从目前的实验来看，其效率可达90%以上，但由于反应需在1000℃左右的高温下进行，对材料等有特殊要求。电解水技术的发展方向是进一步提高聚合物薄膜电解槽和固体氧化物电解槽的效率，大幅度降低成本，使这两种电解槽能够实现大规模应用(图7.13)。

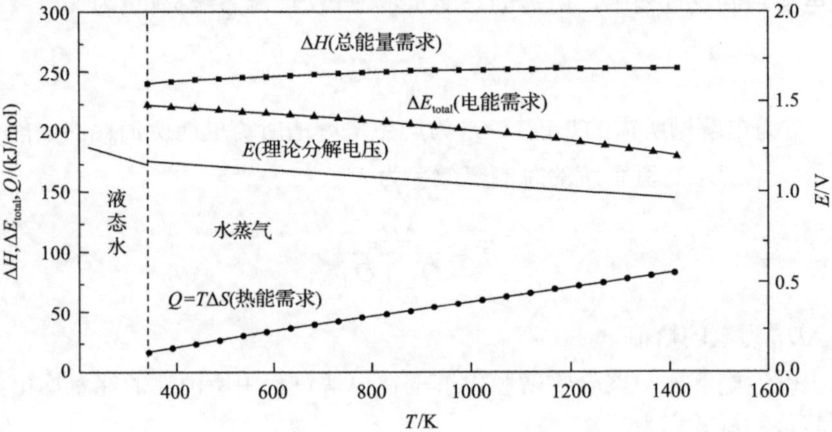

图 7.13　液态水与水蒸气电解所需能量

7.2.4　其他制氢技术

1. 生物质制氢

生物质通常是指以半纤维素、纤维素、木质素及其他有机质为主的水生植物和陆生植物等，是一种稳定的可再生能源资源。生物质能是通过绿色植物的光合作用，把太阳能转化为化学能后储藏在生物体内的能量。生物质能与其他可再生能源(如水能、风能、太阳能和潮汐能等)相比，是唯一可直接储存和运输的可再生能源。20 世纪 90 年代，美国国家可再生能源实验室率先提出“生物质高温裂解制备生物油，生物油蒸汽催化重整制氢”的两步制氢工艺概念。相比固体生物质原料和产物氢气，生物油的运输更方便，生物质裂解加工厂和生物油重整加工厂可以根据实际需要灵活布局，因此两步制氢工艺概念被认为是规模化制氢的可行性方案。目前生物质快速裂解技术已经日趋成熟，而生物油重整制氢技术作为规模化制氢的最后一步，受到越来越多人的重点关注。生物质制氢是生物质能利用的一个重要途径，其方法主要包括生物法制氢、热化学法制氢和生物乙醇制氢。

生物法制氢是指利用微生物将生物有机废水、废料通过生物降解得到氢气。

该过程既可以充分利用资源，又可以治理污染，因此备受重视。生物法制氢又可以分为暗厌氧发酵制氢、光合生物制氢和光合发酵复合制氢。

暗厌氧发酵制氢是通过厌氧微生物在氮化酶或氢化酶的作用下将有机物降解获得氢气，此过程不需要光能供应。厌氧微生物包括梭菌属、类芽孢菌属和肠杆菌属等。目前，已知的暗厌氧发酵产氢主要包括甲酸分解产氢、丙酮酸脱羧产氢和还原态的烟酰胺腺嘌呤二核苷酸(NADH)/烟酰胺腺嘌呤二核苷酸(NAD)平衡调节产氢三种途径。以葡萄糖为例，其暗厌氧发酵产氢过程为：首先，葡萄糖经糖酵解途径生成丙酮酸、腺嘌呤核苷三磷酸(ATP)和 NADH；然后，丙酮酸被丙酮酸铁氧化还原蛋白酶氧化成乙酰辅酶 A、CO_2和还原性铁氧化还原蛋白(丙酮酸脱羧过程)；或者经丙酮酸甲酸裂解酶分解成乙酰辅酶 A 和甲酸，生成的甲酸再次被氧化为 CO_2和铁氧化还原蛋白(甲酸裂解过程)；最后，还原性铁氧化还原蛋白在氢化酶和质子的作用下生成氢。

光合生物制氢包括光解水生物制氢和光发酵生物制氢技术。光解水生物制氢技术是以水为原料，以太阳光为能源，通过光合微生物(如蓝细菌和绿藻)分解水产生氢气。主要的研究集中在光合藻类分解水制氢的研究上。藻类太阳光分解水制氢是产氢酶系把水分解成氢气和氧气，此过程没有 CO_2的产生，其产氢机制和绿色植物的光合作用机制类似。

光发酵生物制氢是在厌氧光照条件下，光发酵细菌利用小分子有机物还原态无机硫化物或氢气作供氢体，光驱动产氢，产氢过程没有 O_2的释放。在这一光合系统中，具有两个独立但协调起作用的光合作用中心，分解水产生 H^+、电子和 O_2 的光合系统Ⅱ(PSⅡ)，以及产生还原剂来固定 CO_2 的光合系统Ⅰ(PSⅠ)。PSⅠ产生的电子由铁氧化还原蛋白携带，经 PSⅡ和 PSⅠ到达产氢酶，H^+在产氢酶的催化作用下在一定的条件下形成 H_2。

光发酵生物制氢是与光合磷酸化相偶联的、由固氨酶催化的放氢过程。同时由于所需 ATP 来自光合磷酸化，固氮放氢所需能量的来源不受限制，可以是光能或生物能，而暗厌氧发酵的能量来源只能是消耗生物质产生的生物能。这也是光发酵细菌产氢效率高于暗厌氧发酵细菌的原因。

光合发酵复合制氢则将前两种生物法制氢的优势结合起来，不仅减少了所需光能，而且增加了氢气产量，同时也彻底降解了有机物，使该技术成为生物制氢技术的发展方向。非光合生物可降解大分子物质制氢，光合细菌可利用多种低分子有机物光合制氢，蓝细菌和绿藻可光裂解水制氢，非光合细菌和光合细菌也可以在不同的反应器中制氢。第一相(暗反应器，无需光照)中有机物降解为有机酸并产生氢气，进入第二相(光反应器，需光照)后，光合细菌彻底降解有机酸产生氢气。

光合发酵复合制氢技术，包括暗-光发酵细菌两步法(图 7.14)和混合培养产氢

(图 7.15)。暗-光发酵细菌混合培养是将不同营养类型和性能的微生物菌株置于一个系统中，构建高效混合培养产氢体系，利用这些细菌功能互补，提高氢气的生产能力、底物转化范围和转化效率。相对于混合培养产氢，两步法产氢更容易实现，两种菌在各自的环境中分别发挥作用。第一步是暗厌氧发酵细菌发酵产生氢气，同时产生大量可溶性小分子有机代谢物；第二步是光发酵细菌依赖光能进一步利用这些小分子代谢物，释放氢气。

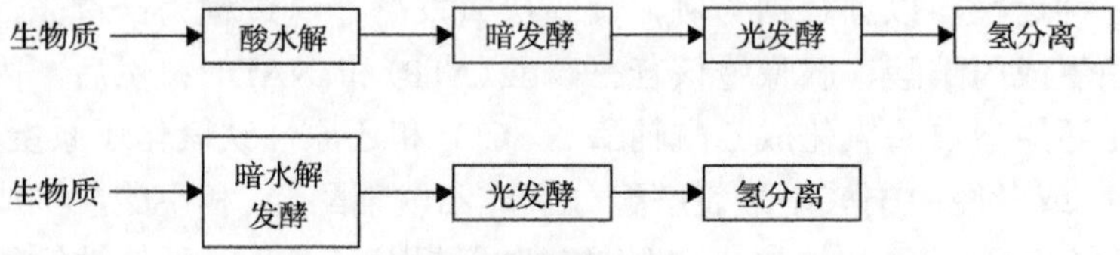

图 7.14　暗-光发酵细菌两步法示意图

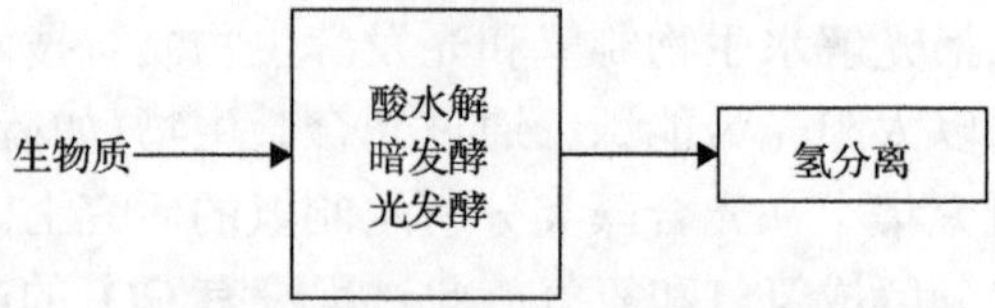

图 7.15　混合培养产氢示意图

暗厌氧发酵制氢与光合生物制氢相比，其优势在于产氢能力高，无需光源，产氢细菌的生长速度快，反应装置的设计、操作及管理简单方便，原料的来源广泛且成本低廉，细菌更易保存和运输。所以，暗厌氧发酵制氢技术较光合生物制氢技术更容易实现规模化工业生产。

热化学法制氢是指将生物质通过热化学方法转化为富含氢的合成气，根据应用的需要可再通过水汽变换和气体分离获得氢气的办法。目前研究的制氢技术主要包括生物质气化制氢、生物质热裂解制氢等路线。

生物质气化制氢是以生物质为原料，以空气和水蒸气为气化剂，在高温条件下(一般为 800～900℃)通过热化学反应将生物质转化为 H_2、CO 及杂质气体的方法。这类似于煤炭气化制氢过程。总的工艺流程如图 7.16 所示。

生物质热裂解制氢是对生物质间接加热，使其分解为含氢和 CO 的气态产物和部分焦油，然后对热解气态产物进行第二次催化裂解，使焦油继续裂解以增加气体中的氢含量，再经过变换反应，对气体进行分离提纯，得到产品氢气。热裂解反应类似于煤炭的干馏，由于不加入空气，得到的是中热值燃气，燃气体积较小，有利于气体分离。

生物质热裂解过程复杂，目前尚不能精确描述整个反应过程。总的反应趋势是朝着生成简单物质的方向进行，大分子物质通过一连串的反应，逐步转化为小分子气体和碳。

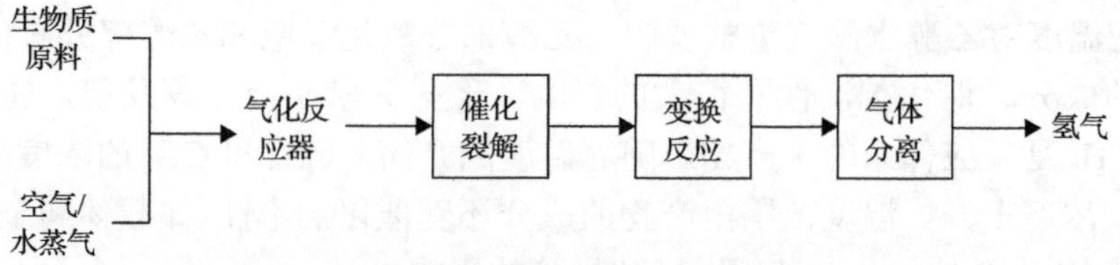

图 7.16　生物质气化制氢

生物乙醇是指通过微生物的发酵将各种生物质转化得到的乙醇。与化石燃料及甲醇制氢相比，生物乙醇水蒸气重整制氢具有一些明显的优点：乙醇的能量密度较高，安全性好；乙醇制氢具有低碳或无碳特性，尽管制氢过程中会释放 CO_2，但生物质生长能够吸收大量 CO_2，使自然环境中的碳循环过程基本平衡，达到低碳或无碳排放；乙醇在催化剂上具有热扩散性，可以在低温范围内进行重整制氢反应；乙醇易于储存、运输和再分配，且不含有易使燃料电池铂电极中毒的硫；相对于甲醇制氢，乙醇可以从可再生能源中获得，如可通过谷物的发酵和生物质降解得到。近年来利用生物质非粮作物生产乙醇已经开始规模化，因此利用乙醇制氢具有广阔的市场前景。

从乙醇制备氢气的典型路径包括乙醇水蒸气重整制氢反应、乙醇部分氧化反应和乙醇部分氧化重整反应。

乙醇水蒸气重整制氢反应：

$$C_2H_5OH + 3H_2O \longrightarrow 2CO_2 + 6H_2, \quad \Delta H = 174.2\text{kJ/mol} \tag{7-22}$$

乙醇部分氧化反应：

$$C_2H_5OH + 1.5O_2 \longrightarrow 2CO_2 + 3H_2, \quad \Delta H = -14.1\text{kJ/mol} \tag{7-23}$$

乙醇部分氧化重整反应：

$$C_2H_5OH + (3-2x)H_2O + xO_2 \longrightarrow 2CO_2 + (6-2x)H_2, \quad 0 < x < 0.5 \tag{7-24}$$

虽然乙醇水蒸气重整反应在以上三种反应中产氢率最高，但是该反应是强烈的吸热反应，因此需要较高的操作温度。乙醇部分氧化反应初始反应时间较短，这对于汽车燃料电池供氢是非常重要的。此外，由于部分氧化反应不需要进行换热，其反应器体积比重整反应器更小。然而，该反应的缺点是容易出现热点及产氢率较低。乙醇部分氧化重整反应综合了重整反应和氧化反应，因此可以通过控制反应物的比例使得反应放热呈“热中性”，既不吸热也不放热。

然而，乙醇制氢过程中除了上述三个反应之外，还会有其他副反应发生，生成 CH_4、CO、H_2O、C_2H_4O 等副产物，影响反应产物的组成。

反应温度对乙醇水蒸气重整反应、乙醇部分氧化反应和乙醇部分氧化重整反应产物的成分、催化剂活性有很大的影响。经热力学平衡计算发现，H_2、CO、CO_2 和 CH_4 是反应体系的主产物。随着温度的升高，CH_4 和 CO_2 的浓度降低，而 H_2 和 CO 浓度上升。温度范围内产物的成分还受催化剂本性(如载体和金属)以及反应条件(如水醇比、O_2/醇以及停留时间)的影响。

2. 太阳能制氢

太阳能总量丰富，清洁无污染，所以太阳能制氢是一种非常有前景的制氢方法。此处所述的太阳能是指直接利用太阳能的热能和光能。太阳能热化学分解水制氢利用的是太阳能的热能，而太阳能光伏发电电解水制氢系统、太阳能光电化学过程制氢和光催化水解制氢利用的是太阳能的光能。

利用太阳能将水直接在高温下加热分解产生氢气是最简单的热化学制氢方法。在标准状态下(25℃，1atm)，水分解反应的热化学性质变化如下所示：

$$H_2O(l) \longrightarrow H_2(g) + 0.5O_2(g) \tag{7-25}$$

$$\Delta G = 285.84\text{kJ/mol} \tag{7-26}$$

$$\Delta H = 237.1\text{kJ/mol} \tag{7-27}$$

$$\Delta S = 69.91\text{J}/(\text{K}\cdot\text{mol}) \tag{7-28}$$

根据热力学计算式：$\Delta G=\Delta H-T\Delta S$，可以计算出，若使上述反应 $\Delta G<0$，需要的反应温度为 700K 以上。但研究表明，水的热分解在温度高于 2500K 时才比较明显，温度越高，水的分解效率越高。这是由于 ΔG、ΔH 和 ΔS 都随着温度的升高而变化，同时实际反应还将受到动力学因素的影响。太阳能直接热分解水制氢过程水的转化率与温度、压力的关系如图 7.17 所示。

图 7.17 中，纵轴为水的转化率，横轴为压力。在高温高压下，太阳能集热高温的获取、高温反应器、高温产物分离等材料和工艺问题都难以解决。目前的研究方向主要为如何提高高温反应器的制氢效率和开发更稳定的多孔陶瓷膜反应器。

太阳能光伏发电利用的是太阳能的光能，是一种将太阳光辐射能通过光伏效应，经太阳能电池直接转化为电池的新型发电技术。太阳能光伏发电发出的直流电可以直接利用，也可以通过能量变换、能量储存等环节，向负载提供交流电能。目前用于发电的光系统大多为小规模、分散式独立发电系统或中小规模并网式光伏发电系统。太阳能光伏发电电解水制氢原理和设备同普通电解水制氢类似。

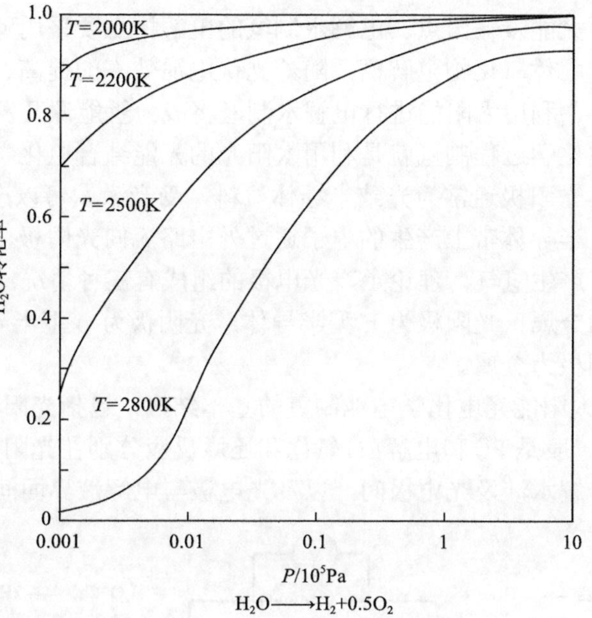

图 7.17　太阳能直接热分解水制氢过程水的转化率与温度、压力的关系

太阳能制氢系统如图 7.18 所示。光伏阵列形成直流电源，为电解槽电解水制氢提供动力。太阳能电池的发电量受到昼夜、季节、气候变化的影响，因此在一般的情况下，实际发电量和用电需求量难以匹配。为了适应光伏电池的伏安特性，保障电池始终正常工作，太阳能的最大功率跟踪技术是一个研究重点。根据合适的最大能量输出跟踪器，解决输出电压与所需电压相匹配的问题，以保证光伏电

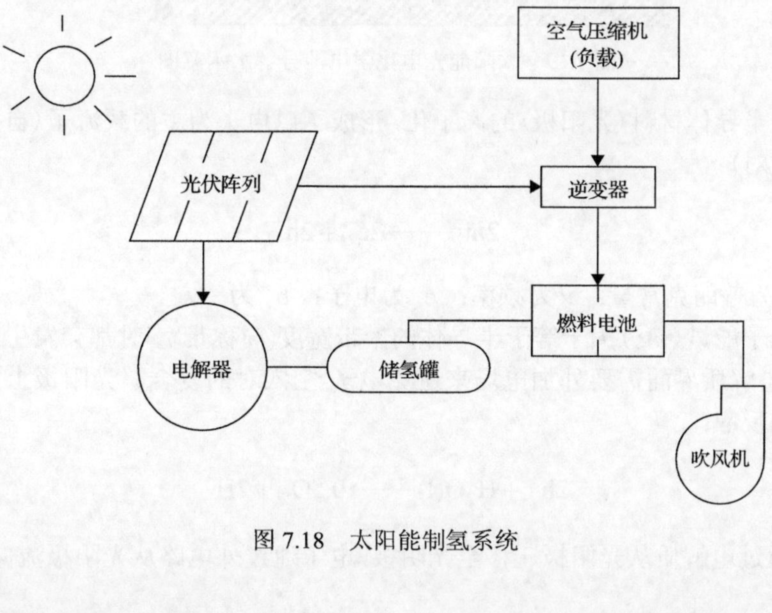

图 7.18　太阳能制氢系统

池始终工作在最大能量输出点。电解水制氢的电解槽主要采用碱性电解槽、聚合物薄膜电解槽和固体氧化物电解槽。随着光伏电池效率的提高、成本的降低及电解槽技术的成熟，利用太阳能进行电解水制氢将成为氢能源开发的重要方向。

太阳能光电化学过程制氢就是利用太阳光的光能结合电化学过程制氢，由光化学电池实现。光阳极通常为光致半导体材料，受光激发可以产生电子-空穴对。光阳极吸光后在半导体带上产生的电子通过外电路流向光阴极，水中的质子从光阴极上接受电子产生氢气。理论上，光电极的组成有三种情况：光阳极为 n 型半导体，光阴极为金属；光阳极为 n 型半导体，光阴极为 p 型半导体；光阴极为 p 型半导体，光阳极为金属。

图 7.19 为太阳能光电化学电池制氢的基本结构，包括光阳极(一般是金属氧化物)、光阴极(一般是 Pt)和电解质，氧化和还原反应分别在光阳极和光阴极发生。

光电化学分解水涉及光电极间，以及光电极与电解液界面间的反应过程。

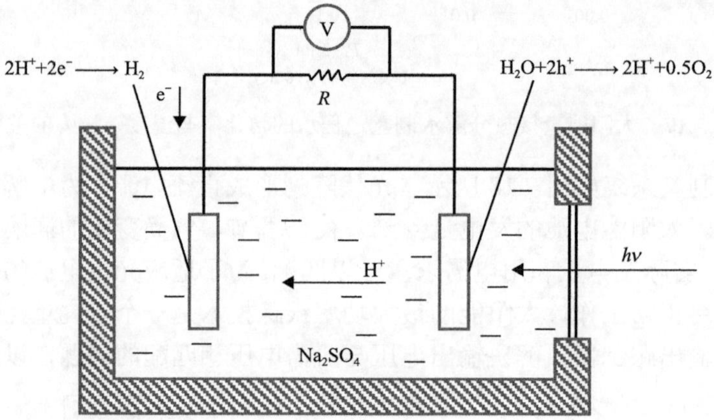

图 7.19　太阳能光电化学电池分解水示意图

光致半导体材料(光阳极)的离子化，形成了以电子为主的载流子(自由电子和电子空穴对)：

$$2h\nu \longrightarrow 2e^- + 2h^+ \tag{7-29}$$

式中，h 为普朗克常量；ν 为频率；e^- 为电子；h^+ 为空穴。

当光子能量($h\nu$)大于等于半导体的禁带宽度(简称带宽)时都会发生此反应，在电极-电解质界面需要外加电场来避免电子-空穴对的复合。光阳极上发生空穴氧化水的反应：

$$2h^+ + H_2O(l) \longrightarrow 0.5O_2 + 2H^+ \tag{7-30}$$

H^+通过电解质从光阳极迁移至光阴极，电子通过外电路从光阳极流向光阴极。

光阳极发生 H^+的还原反应：

$$2H^+ + 2e^- \longrightarrow H_2(g) \tag{7-31}$$

总的反应方程式为

$$2h\nu + H_2O(l) \longrightarrow 0.5O_2 + H_2(g) \tag{7-32}$$

当光阳极吸收的能量大于等于水的分解阈值时：

$$E_i = \Delta G / (2N_A) \tag{7-33}$$

才可能发生上述水的分解过程。式中，E_i 是光子能量；ΔG 是发生水分解过程中的吉布斯自由能变，为 237.14kJ/mol；N_A 是阿伏伽德罗常量，为 $6.02\times10^{23}mol^{-1}$。于是得到

$$E_i = h\nu = 1.23eV \tag{7-34}$$

理论上半导体的带宽大于等于 1.23eV 时就能进行光解水，但是由于实际过程中存在过电位，半导体光电极材料的带宽 E_g 必须大于 2.5eV 才能使水分解。

光电化学水解制氢的效率与电极材料有很大的关系，其电极材料不仅需要有一定的半导体性质，还需要具有光电化学性质。在光电化学电池方面需要考虑材料的以下特征：带宽、平带电位、肖特基势垒、电阻、亥姆霍兹电势和抗腐蚀性能。

带宽是指导带能级最下面与价带能级最上面的能量之差，只有能量大于带宽的光子才有可能被材料吸收并转化为电子-空穴对。太阳光的光谱分布在不同能量区域，但并非带宽越小，效率越高。因为带宽越小，能量较大的光子激发电子到导带后，电子还是会回到导带底的能量较低状态，从而剩余能量就转化为热能散发。因此，为了提高光子利用率和能量转化效率，理论上光电极材料的最优带宽约为 2eV。为了提高产氢率，可以向高带宽材料中掺杂异价的金属离子形成固溶体，以在导带下再加一个带，使带宽接近 2eV，也可以将不同带宽的材料混合起来，不同带宽的材料可以吸收不同波长的光。

平带电位是指加在电极和电解液界面的、使电极表面能带拉平所需的外加电压。当用负平带电位(相对于氢标电位)的材料作为光阳极时，可直接进行光电解水而不需要附加偏压，否则必须附加偏压才能促成光反应。

肖特基势垒是指在半导体内部界面，包括浓度梯度、表面状态和吸附状态形成的界面的电压降。肖特基势垒在防止光致电离的离子相互结合方面有十分重要的作用。主要有以下三个原因：表面能所导致的结构变形；在处理过程中引入异

价原子形成的偏析化学势；电极表面的电化学势差。材料的肖特基势垒可以通过以上三个部分进行人为调控。

光解水装置的电阻包括电极电阻、电解液电阻、外部导线电阻、测量或者控制设备的电阻和相互连接处的电阻，其中较大的是电极电阻、电解液电阻。可以通过在高温下使用 H_2/Ar 混合气体还原材料降低电极电阻(主要是半导体电极)，也可以通过提高电解液的离子流动性降低电解液电阻。

亥姆霍兹电势是指当半导体光电极浸没到电解液中，电极表面与电解液中离子的移动所导致的电势差。带电离子从半导体光电极转移到电解液，将引起向上的带宽弯曲形成电势差。光电池的性能在很大程度上都是由亥姆霍兹电势决定的。

对光电极最基本的要求就是对电极反应具有抗腐蚀性能，包括电化学腐蚀、光腐蚀和溶解腐蚀。一些金属化合物，如 TiO_2 及其固溶体，具有很好的抗腐蚀性能，因此被作为光电极的优选材料。

光催化水解制氢利用的也是太阳光的光能，关键是光电催化材料研究。经过多年的研究，光催化剂由最初的只能吸收紫外线的半导体 TiO_2 发展到可吸收多种可见光的催化剂。在紫外光照射下能分解水制氢的催化剂有 TiO_2、SrO_2、$Na_2Ti_6O_{13}$、$BaTi_4O_9$、$K_2La_2TiO_{10}$、$K_4Nb_6O_{17}$、ZrO_2 等；在可见光照射下可分解水制氢的催化剂有 Bi_2InNbO_7、CdS、ZnS、$Bi_2W_2O_9$ 等。它们属于不同的体系。

半导体光催化剂体系以 TiO_2 体系和复合半导体等为主。

传统的半导体光催化分解水是围绕氧化物半导体(主要是 TiO_2 及其表面改性粒子)展开的，由 TiO_2-Pt 电极对的光解水模式演变成了固体粉末光催化剂 Pt/TiO_2，并成为光催化剂的典型代表。

目前复合半导体已经成为提高光催化反应效率的高效催化剂。复合半导体必须具有合适的能级才能使电荷与空穴有效分离，从而形成更有效的光催化剂。同时，复合半导体各组分的比例对其催化性质也有很大的影响。另外，过渡金属离子掺杂作为复合半导体的特殊形式，能组织和促使电子-空穴再结合，且掺杂离子浓度通常不高。在 TiO_2 中掺杂 W^{6+}、Ta^{5+}、Nb^{5+}等高价离子时，放氢速率加快，而当掺杂低价离子 In^{3+}、Zn^{2+}、Li^{+}时，放氢速率则减慢。金属离子掺杂可能在半导体晶格中出现缺陷位置或者改变结晶度，从而影响电子-空穴对的复合。

除了 TiO_2 体系和复合半导体体系外，半导体催化材料还包括 Ta 系列半导体光催化剂、ZnO 半导体催化剂、RuS_2 半导体催化剂等[14-16]。

7.2.5　氢气的提纯

上述制氢方式一般包含多种杂质，如甲烷水蒸气重整制氢就有 CO、CO_2 和 H_2O 等杂质，因此需要提纯产品气体，以满足不同使用场合的需求。目前主要的提纯方法包括深冷分离法、变压吸附法和膜分离法。

1. 深冷分离法

深冷分离法是应用较广泛的氢气分离和提纯工艺，其原理是利用在低温条件下原料气中各组分的相对挥发度之差(沸点差)，使部分气体冷凝，从而达到分离的目的。氢气的标准沸点为–252.75℃，而氮、氩、甲烷的沸点分别为–195.62℃、–185.71℃、–161.3℃，与氢的沸点相差较大，因此采用冷凝的办法可将氢气从这些混合气体中分离出来。此外，氢气的相对挥发度比烃类物质高，深冷分离法也可以实现氢气与烃类物质的分离。深冷分离法的特点是适用于含氢量低于 30%的原料气，得到的氢气纯度高，可以达到 95%以上，而且氢回收率高，达 92%～97%。

2. 变压吸附法

变压吸附工艺是近几十年来发展最快的气体分离技术之一，其原理是利用吸附剂对吸附质在不同分压下各组分的选择性吸附以及不同的吸附容量来提纯氢气。杂质在高压下被吸附剂吸附，使得吸附量极小的氢气分离出来，然后杂质在低压下脱附，使吸附剂再生。变压吸附工艺为循环操作，用多个吸附器来达到原料、产品和尾气流量的恒定。每个吸附器都要经过吸附、降压、脱附、升压、再吸附的工艺过程。

变压吸附最早应用于氢气的分离和提纯，现在已用于几十种气体的分离和提纯。该法对原料气中杂质的要求不苛刻，一般不需要进行预处理。原料气中氢含量一般为 50%～90%，且当氢含量比较低时，变压吸附更具优越性。同时，变压吸附法可分离出高纯度的氢气，纯度最高可达 99.999%。该法装置和工艺简单，设备能耗低，投资较少，适合于大、中、小各种生产提纯规模，但缺点是氢的回收率低，只有 60%～80%。

变压吸附的基本原理是吸附，是指用多孔性的固体吸附剂处理流体混合物，使其中所含的一种或者数种组分被吸附在固体表面以达到分离的操作。具有吸附作用的、密度相对较大的多孔固体被称为吸附剂；被吸附的、密度相对较小的气体或液体被称为吸附质。吸附按性质不同可分为两大类：化学吸附和物理吸附，变压吸附主要为物理吸附。物理吸附是指依靠吸附剂与吸附质分子间的分子力(包括范德瓦耳斯力和电磁力)进行的吸附，其特点是：吸附过程中没有化学反应，吸附速率快，参与吸附的各项物质间的动态平衡可瞬时完成，并且这种吸附是完全可逆的。

物理吸附的吸附量可用吸附等温式来表示。吸附等温式有多种，下面以 BET 公式为例介绍物理吸附过程吸附量的计算方法。由 Brunauer、Emmett 和 Teller 三人提出的多分子层吸附等温式，简称 BET 公式：

$$\frac{P}{V_{ad}(P_0 - P)} = \frac{1}{V_m c} + \frac{c-1}{V_m c}\frac{P}{P_0} \tag{7-35}$$

式中，V_{ad} 为吸附体积(mL)；P 为吸附时的平衡压力(Pa)；P_0 为吸附气体在给定温度下的饱和蒸气压(Pa)；V_m 为样品表面形成单分子层所需要的气体体积(mL)；c 为与吸附热有关的常数。

当吸附剂给定以后，气体组分的吸附量是温度和压力的函数。图 7.20 给出了 A、B 两种气体在同一温度下的吸附等温线。由图 7.20 可知，当 A 和 B 的混合气体通过填充吸附剂的吸附床时，在相对高压下，由于组分 A 的平衡吸附量 $Q_{A.H}$ 远高于组分 B 的平衡吸附量 $Q_{B.H}$，A 被优先吸附，组分 B 则在流出气体中富集。为了使吸附剂再生，可将床层的压力降低，在达到新吸附平衡的过程中，脱附的量分别为 $Q_{A.H}$–$Q_{A.L}$ 和 $Q_{B.H}$–$Q_{B.L}$。这样周期性地变化床层压力，即可达到将 A、B 的混合气进行吸附分离的目的。

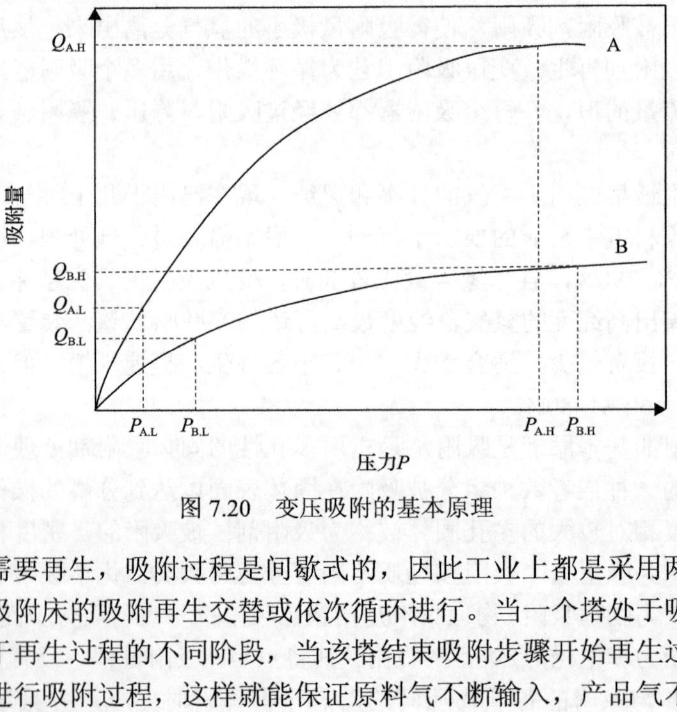

图 7.20　变压吸附的基本原理

吸附剂需要再生，吸附过程是间歇式的，因此工业上都是采用两个或更多的吸附床，使吸附床的吸附再生交替或依次循环进行。当一个塔处于吸附过程中，其他塔就处于再生过程的不同阶段，当该塔结束吸附步骤开始再生过程时，另一个塔又接着进行吸附过程，这样就能保证原料气不断输入，产品气不断产出，实现整个吸附过程的连续。

吸附剂是吸附工艺的基础和核心，在对原料气进行分离提纯之前首先要选择合适的吸附剂。吸附法制氢所用的吸附剂必须满足以下三个条件：①吸附容量大，即单位体积或单位质量的吸附剂应能吸附尽可能多的吸附质。一般来说，比表面积越大，吸附剂的体积吸附量也越大。②吸附选择性要高，即吸附剂应该具有对含氢原料气中一种或几种杂质成分进行选择性吸附而对其他组分不吸附或者吸附量很小的性能。吸附剂的孔隙大小分布、比表面积和表面性质都对选择性产生影响。③吸附剂容易再生，具有良好的机械强度和热稳定性。

变压吸附常用的吸附剂有活性氧化铝类、硅胶类、活性炭类和分子筛类等。

(1) 活性氧化铝类是对水有强亲和力的固体，一般采用三合水铝或三水铝矿的热脱水或热活化法制备，主要用于气体干燥。

(2) 硅胶类吸附剂是一种合成的无定形 SiO_2，它是胶态球形粒子的刚性连续网络，由硅酸钠溶液和无机酸经胶凝、洗涤、干燥及烘焙而成。硅胶不仅对水有强的亲和力，还对烃类和 CO_2 组分也有较强的吸附能力。

(3) 活性炭类吸附剂的特点是：其表面所具有的氧化物基团和无机物杂质使表面性质表现为弱极性或无极性，加上活性炭所具有的特别大的内表面积，使得活性炭成为一种能大量吸附多种弱极性和非极性有机分子的广谱耐水型吸附剂。

(4) 沸石分子筛类吸附剂是一种含碱土元素的结晶态偏硅铝酸盐，属于强极性吸附剂，有着非常一致的孔径结构和极强的吸附选择性。

对于组成复杂的气源，在实际应用中常常需要多种吸附剂，按吸附性能依次分层装填，组成复合吸附床，才能达到分离所需产品组分的目的。

3. 膜分离法

膜分离技术是近十几年来发展起来的气体分离方法，利用膜对特定气体组分具有选择性渗透和扩散的特性来实现气体分离和纯化的目的。不同的组分有不同的渗透率。典型组分的相对渗透率从高到低的趋势如下：

$$H_2O > H_2 > He > H_2S/CO_2 > Ar > CO > N_2 > CH_4 \tag{7-36}$$

多孔介质中气体传输原理大致分为以下 5 类。

(1) 克努森扩散，当孔径远小于分子自由程时，分子在膜中的扩散以克努森扩散为主。克努森扩散是基于分子质量不同而进行的扩散，其分离系数同分子质量的二次方根成反比，即

$$\alpha_{AB} = (M_B / M_A)^{1/2} \tag{7-37}$$

(2) 表面扩散，混合气体中的一种或几种较好地吸附在膜孔表面，这种组分比不吸附组分扩散快，从而使混合气体分离，分离效应主要由混合气体组分吸附的选择性决定。由于吸附气体的表面扩散可以很快，同时被吸附分子会阻碍未被吸附气体以克努森扩散通过膜孔，混合气体以表面扩散分离时，可以同时具有高选择性和高渗透性。

(3)毛细管凝结，混合气体中的一种或几种气体选择性地冷凝在膜孔中，冷凝的气体通过扩散穿过膜孔，由于此组分在孔内凝聚，阻碍了其他组分的通过，混合气体被分离。这种原理要求膜孔为中等孔，主要适用于有易凝聚组分的气体分离。

(4)分子筛分(活化扩散)，它要求膜孔径为分子尺寸。分子筛分的基本原理就是直径小的分子通过膜，而直径大的分子则被阻塞。

(5)溶解扩散，基于金属的氢固溶度和移动性的差别实现分离。氢气从气相主体扩散到致密金属膜表面解离成氢原子溶解，氢原子吸附在金属基体，然后扩散穿过金属膜，最后氢原子在金属膜另一侧表面重新结合成氢分子脱附进入气相主体。气体组分透过膜的推动力是膜两侧的压力差。根据各组分渗透率的差异，具有较高渗透率的气体，如氢气，富集在膜的渗透侧，而具有较低渗透性的气体则富集在未渗透侧，从而达到分离混合气体的目的。随着有较多的气体渗透过膜，较低渗透性的组分相对较多，因此要求的氢纯度较高时回收率就降低，相反，氢纯度较低时的回收率就较高。按照膜的结构可以将固体膜分为多孔膜和致密膜。其中，多孔膜是通过对粒径、形状、电荷的辨别实现控制分离的，而致密膜则依靠吸附和扩散实现分离。多孔膜的渗透机制主要为微孔扩散机制，即混合气体分子经过膜的微孔时呈分子流穿过膜，当膜的微孔直径等于或小于气体分子平均自由程时，才能达到分离的目的。而致密膜的渗透机制为溶解-扩散机制，即气体分子在压力的作用下，首先在膜的高压侧接触，然后吸附、溶解、扩散、脱溶、逸出，从而实现某种特定气体的分离。

膜分离法的优点包括投资少，能耗较低，装置及操作简单，可在温和条件下实现连续分离，易于和其他分离过程结合等。但是膜分离法仍然存在一定的问题，如致密膜虽可获得很高的选择渗透性，但渗透通量较低。渗透通量指的是膜分离过程中单位时间内、单位膜面积上的物质透过量[$mol/(m^2 \cdot s)$]，其可由下式计算得到：

$$\text{渗透通量}=\text{渗透系数}\times\text{推动力} \tag{7-38}$$

式(7-38)的渗透系数为单位时间内、单位膜面积上、在单位推动力作用下的物质透过量。

多孔膜克服了渗透通量低的缺点，但渗透选择性较低。就材料性质差异而言，一般用于氢分离的膜材料有高分子聚合物、无机材料和金属材料三大类。

三种氢气提纯和回收方法的工艺特点见表 7.8。通常原料气中氢含量在 60%～90%时，采用变压吸附或膜分离工艺，而原料中氢含量在 30%～60%时，则采用深冷分离法或膜分离法或两者优化组合。当然有些杂质如 CO_2 等，可以直接采用试剂进行吸收去除。

表 7.8　三种氢气提纯工艺的主要技术特点

项目	深冷分离	变压吸附	膜分离
规模(标准状态)/(m^3/h)	5000～100000	100～10000	100～10000
氢纯度(体积分数)/%	90～99	＞99.99	80～99
氢回收率/%	达到 98	达到 95	达到 98
操作压力/MPa	1.0～8.0	1.0～3.0	3.0～15.0 或更高
原料气中最小氢含量(体积分数)/%	5	40～50	0
原料气的预处理	有	无	有
副产品	有	无	有

7.3　氢气储运方式

氢燃料电池的相关技术逐渐成熟，而氢燃料电池汽车的市场推广仍然有一道技术难题亟须解决，就是氢气的储运问题。储氢问题贯穿氢生产、运输、加注，到车载使用的全过程。可以说攻克了氢气储运问题，就消除了市场对于氢气安全性的担忧，氢燃料电池汽车的推广应用将畅通无阻。氢的储存技术是开发利用氢能的关键性技术，如何有效地储氢，并且在使用时安全合理地释放，是该项技术研究的焦点。目前，氢气的储存主要有三种方式，即高压气态储氢、低温液态储氢及固态金属氢化物储氢。

7.3.1　氢气储存

1. 高压气态储氢

高压气态储氢是指将氢气压缩在储氢容器中，通过增压来提高氢气的容量。高压气态储氢是目前应用最为广泛的储存方式，也是技术最成熟的氢气储存技术。其具备成本低(压力不大时)、储氢能耗低、充放气速度快等优点，另外仅在常温下即可储存，对储氢容器绝热性能也没有特殊要求，但对储氢容器的承压能力要求较高。由于氢密度小，故其储氢效率很低，这是这一储存方式的最大缺点，加压到 15MPa 时，其单位质量的储存密度约为 3%，经过多年发展有了一定提高，在储氢容器研究方面已取得了重要进展，储氢压力及储氢效率不断得到提高。目前，容器耐压与质量储氢密度分别可达 70MPa 和 7%～8%。

为了提高储氢罐承压极限，以期增加储氢效率，可以对储氢罐的材料及结构进行改造，储氢罐材料大致包含金属(主要为不锈钢和铝合金)、塑料/金属+碳纤维全复合材料；在结构方面，由最初的无内衬结构到内衬结构。总体来说，主要经历了金属无内衬储氢罐、金属内衬纤维缠绕储氢罐、全复合纤维缠绕储氢罐三个阶段。

大容积钢制无缝储氢罐(图 7.21)由对氢气具有一定抗腐蚀能力的金属构成，图 7.22 为钢制无缝高压容器钢瓶结构示意图，它的优点是制造简单、价格便宜，但由于金属强度有限及金属密度较大，传统金属储氢罐的单位质量储氢密度较低。而如果增加瓶身厚度不仅会增加金属瓶制造难度，造成加工缺陷，单位质量储氢密度也将进一步降低。

图 7.21　大容积钢制无缝储氢罐

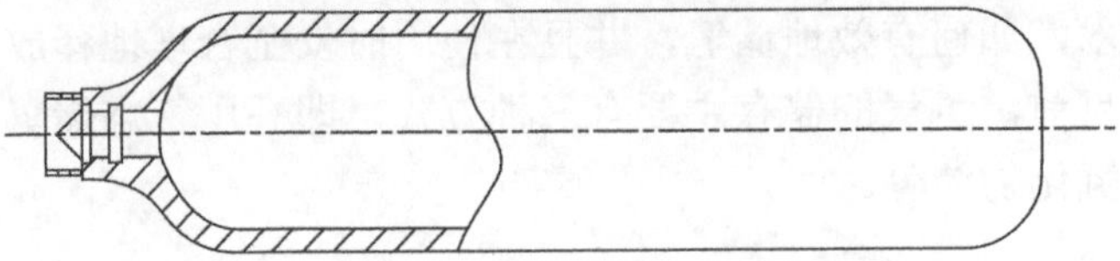

图 7.22　钢制无缝高压容器钢瓶结构

金属内衬纤维缠绕储氢罐(图 7.23)瓶身由内向外分别为内衬、过渡层、纤维增强层、外层纤维保护层和缓冲层，多层压力容器各层均有不同的作用，可有效提高承压能力及单位质量储氢密度。该类容器中金属内衬并不承担压力载荷作用，仅仅起到密封氢气的作用，内衬材料通常是铝、钛等轻金属。过渡层一方面可以减缓内衬与纤维增强层之间产生的切应力，提高二者的整体性；另一方面对纤维增强层起到固定的作用，防止纤维脱落。纤维增强层是承受外载荷的主体部分，因此要求具有高强度、高模量、高比强度、耐高温性能。碳纤维除满足以上要求外，还具有很强的抗腐蚀能力和耐高、低温能力，可作为纤维增强层的理想材料。外层纤维保护层主要保护脆性的纤维，并在已有的承载能力上增加相应的额外强度。压力载荷由外层缠绕的纤维承担，缠绕方式包括环向缠绕、纵向缠绕和螺旋缠绕，也可以是上述三种缠绕方式的组合(表 7.9)。螺旋缠绕通过改变塑料衬里的形状，减少了向筒部缠绕圈数。环向缠绕通过使高应力区集中在内层来确保强度，减少了缠绕的总圈数。这两种效果使得碳纤维增强塑料，相比于常规层叠方法，减轻了 20%的质量。

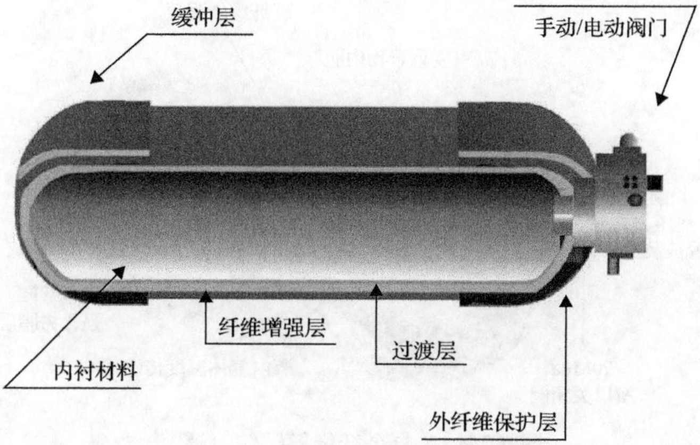

图 7.23　金属内衬纤维缠绕储氢罐

表 7.9　外层纤维保护层缠绕的线型

基本线型	图示	作用
环向缠绕	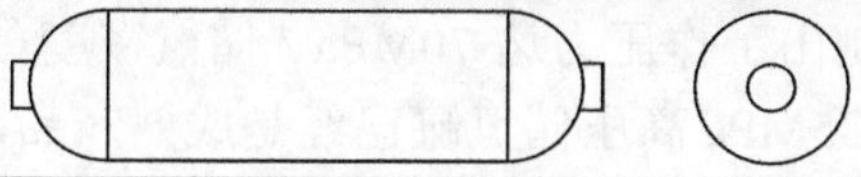	用来增强罐中心区域(瓶身)的强度
纵向缠绕	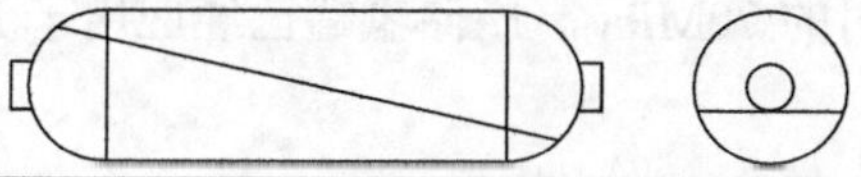	用来强化圆顶区域
螺旋缠绕	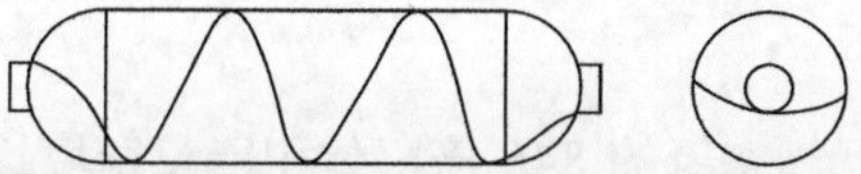	用来强化瓶身与圆顶区域的过渡区

图 7.24 为全复合纤维缠绕储氢罐，目前是轻质高压储氢容器的一个主要发展方向。结构上基本与金属内衬纤维缠绕储氢罐一致，但在材料使用上有所不同，由于工程塑料质轻、易成型等优点，全复合纤维缠绕储氢罐的内衬材料多为高密度聚乙烯等高分子材料。过渡层的材料需要较好的黏合功能和抗剪切功能，这层材料多采用环氧树脂，它在加工期间流动性很好，能充分地填充到纤维束之间。增强层中的材料多为纤维材料，这层材料是承受内部压力作用的主要载体。复合材料所采用的增强材料主要有 3 类：碳纤维、芳纶纤维和玻璃纤维。其中碳纤维属于无机纤维，具有低密度、高强度、高模量、耐高温、抗化学腐蚀等优异性能，其柔曲性和可编性也较好，非常适合缠绕工艺。外部保护层要吸收大部分能量，由于玻璃纤维的抗冲击性能较好，目前这层多采用玻璃纤维进行缠绕。缓冲层材料具有良好的抗冲击能力，通常选用质轻、绝热性和热稳定性好的可压缩材料作为缓冲材料。常见的有发泡聚苯乙烯、聚氨酯泡沫、高密度聚乙烯及近年来兴起的聚丙烯等。

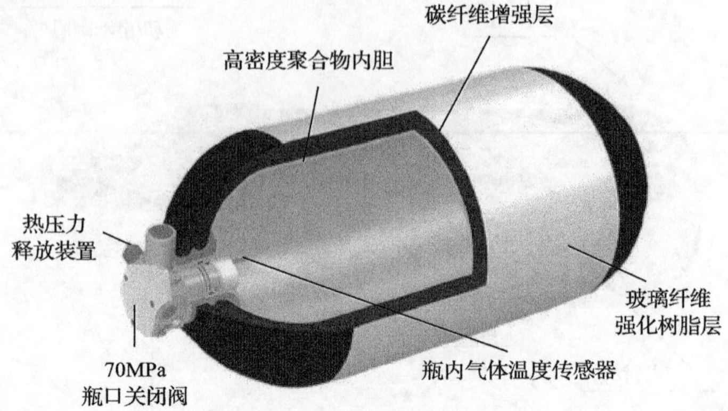

图 7.24　全复合纤维缠绕储氢罐[17]

高压储氢应用主要为固定式、车载和散货运输。其中车载储氢系统中的应用最为活跃，使用的储氢罐大多数为金属内胆纤维缠绕复合材料储氢罐。2000 年，美国 Quantum 公司与 Lawrence Livermore 国家实验室就合作开发出工作压力达 35MPa 的新型储氢罐，随后又研制出工作压力达 70MPa、储氢密度(质量分数)可达到 11.3%的超高压储氢罐。目前 35MPa 高压储氢罐已经是成熟产品，国外 70MPa 车载储氢正在成为主流，丰田公司的 70MPa 高压储氢罐已经应用于 Mirai 和商用燃料电池车型[18,19]。

2. 低温液态储氢

液氢的密度约为常温、常压下气态氢的 845 倍，体积能量密度比压缩储存要高出几倍。液态储氢是将氢气压缩后深冷到 21K 以下使之液化成液氢，然后存入特制的绝热真空容器中保存。与高压气态储氢相比，低温液态储氢的质量储氢密度、体积储氢密度均有大幅度提高。如果从质量储氢密度、体积储氢密度角度分析，低温液态储氢是较理想的储氢技术。其缺点是存在两大技术难点：一是液氢储存容器的绝热问题。低温液态储氢必须使用特殊的超低温容器，若容器装料和绝热性能差，则容易加快液氢的蒸发损失。二是氢液化能耗大。在实际氢液化中，其耗费的能量占总能量的 30%。

在液氢储存罐的绝热问题上，通常采用的方法是将液氢储存罐分为内外两层。图 7.25 所示为某液氢储存罐，储存罐内胆一般采用铝合金、不锈钢等材料制成。内胆通过支承物置于外层壳体中心，盛装温度为 20K 的液氢。支承物可由长长的玻璃纤维带制成，具有良好的绝热性。内外夹层中间填充多层镀铝涤纶薄膜，减少热辐射，薄膜之间放上绝热纸，增加热阻，吸附低温下的残余气体。用真空泵抽去夹层内的空气，形成高真空便可避免气体对流漏热，液体注入管同气体排放管同轴，均采用导热率很小的材料制成，盘绕在夹层内，可大大降低通过管道的漏热。对于液氢容器的选材，一是要考虑材料在 20K 低温的力学性能，二是要考虑内胆材料的氢脆问题。

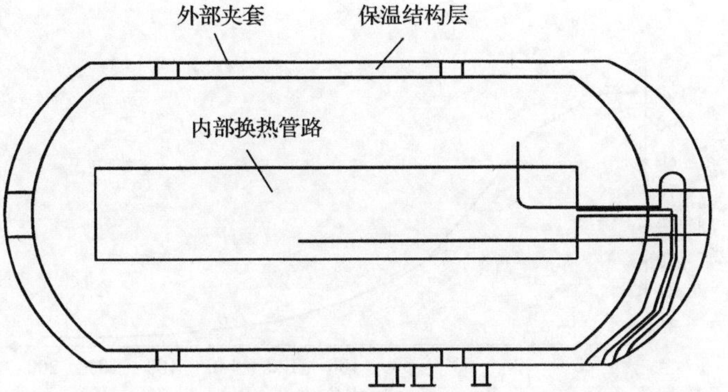

图 7.25　液氢储存罐

降低氢气液化的能耗需要了解氢气液化的基本原理，正氢、仲氢的转化就是其中之一。如图 7.26 所示，我们知道，氢分子由两个原子核构成。由于两个原子核存在自旋，所以有旋转方向一致和相反的两种氢分子。正氢分子中两个氢原子的自旋方向一致，仲氢分子中两个氢原子的自旋方向相反。

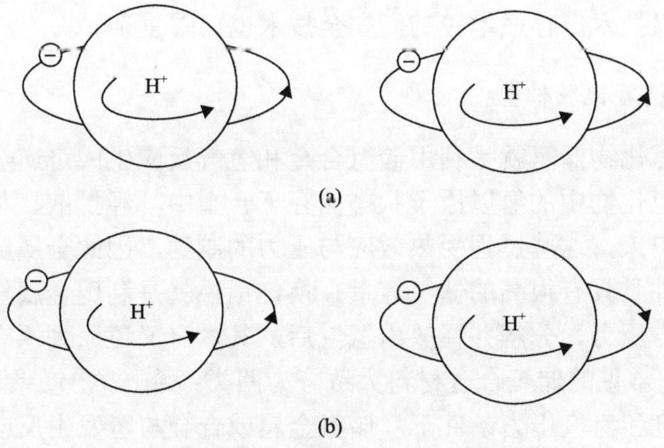

图 7.26　正氢(a)和仲氢(b)分子结构示意图

在平衡状态下正氢、仲氢之比只是温度的函数，如图 7.27 所示。在常温下达到平衡时，正氢占 75%，仲氢占 25%，称此时的氢为正常氢。在液氮(77.4K)下，处于平衡态时，正氢占 52%，在液氢的沸点温度(101kPa)下，仲氢占 99.8%。当温度低于氢气沸点时，正氢会自动地转化为仲氢，但若没有催化剂，此过程将十分缓慢。正氢向仲氢的转化过程属放热过程，该过程放出的热量(527kJ/kg)大于沸点温度下两者的蒸发潜热(447kJ/kg)，在液氢的储存容器中若存在未转化的正氢，就会在缓慢转化过程中释放热量，造成液氢的蒸发，即挥发损失(10天损失50%)。因此在氢气液化过程中，应使用催化剂(如磁性元素、稀土金属等)加速上述的转化过程。

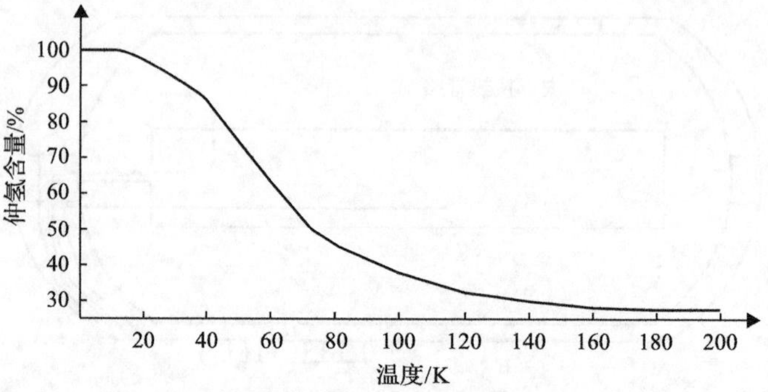

图 7.27　平衡状态下仲氢含量与温度的关系

液氢储存的经济性与储量的大小密切相关。储氢量较大时，液氢储存成本低于高压气态储氢。对于储存容积较小的小型储存器(<100L)，一般采用真空超级绝热或外加液氮保护屏的真空超级绝热，蒸发损失(质量分数)大约为 0.4%/d。而对于真空粉末绝热的大型储槽而言，其蒸发损失(质量分数)为(1%～2%)/d。总体来说，液态储氢技术储存成本较高，安全技术也比较复杂。

3. 固态金属氢化物储氢

固态金属氢化物储氢就是利用储氢合金和氢气反应生成可逆金属氢化物来储存氢气。金属氢化物中的氢以原子状态储存于合金中，经扩散、相变、化合等过程重新被释放出来，这些过程受热效应与压力的制约，因此金属氢化物储氢比高压储氢安全，并且具有很高的储氢容量。换句话说就是利用金属氢化物的特性，通过调节温度与压力，分解并释放出氢气后，其本身又还原到原有的金属或者合金状态的原理。常见的储氢合金材料大致分为四类：稀土类、镁系、锆系和钛系。

在一定温度和氢气压力条件下，储氢金属或合金与氢发生反应生成金属氢化物，并释放出热量，当升高温度或降低氢气压力时，氢化物释放出氢气，可以用下式表示：

$$\frac{2}{x}\mathrm{M(s)}+\mathrm{H_2(g)} \rightleftharpoons \frac{2}{x}\mathrm{MH}_x(s)+\Delta H \tag{7-39}$$

式中，M 为金属或合金；ΔH 为焓变。

正向反应为吸氢，逆向反应为放氢，这样便可以通过控制和调节体系的温度和氢气压力来使得金属和合金-氢体系吸收和放出氢，这便是储氢金属和合金吸收氢的基本原理。这样的反应可以直观地通过储氢合金和氢反应的平衡压力-组分-等温(PCT)曲线图来显示。图 7.28 为一典型的吸氢过程 PCT 曲线图，横轴表示合金中的氢含量，通常以氢原子与金属原子的比例表示，纵轴表示氢气压力，一般以对数形式显示。图中 *a* 点开始，氢气分子在金属表面离解为氢原子，氢原子从金属表面扩散进金属内部，进入金属晶格的间隙，形成氢-金属固溶体，从 *a* 点走向 *b* 点，这时的金属称为 α 相(即 *ab* 段)。从 *b* 点开始，此时氢开始与金属反应，生成氢化物，从 *b* 点走向 *c* 点，这时生成氢化物 β 相，因此 *bc* 段为 α 相和 β 相共存相。根据吉布斯相率 $F=C-P+2$(F 是自由度，C 是独立组分数，P 是存在的平衡相数)，在 *bc* 段，C 只有金属和氢，P 为 α 相、β 相和氢气，所以 $F=2-3+2=1$，组分发生变化时，平衡压力不改变，所以 *bc* 段理想状态时为平的台阶。*c* 点以后，α 相消失，此时压力再升高时，氢化物中的氢含量有少量增加，直至到达 *d* 点，最终氢化反应结束。

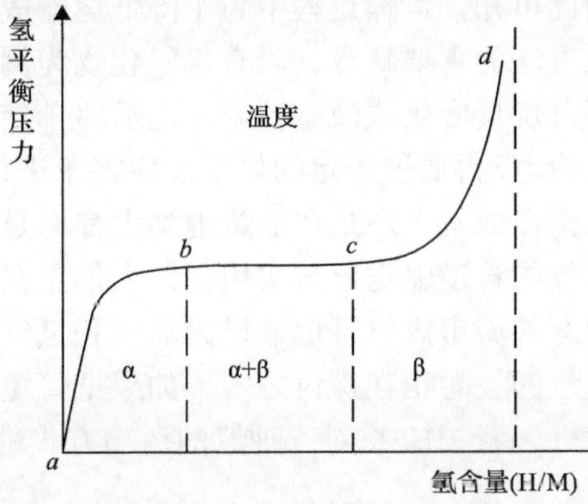

图 7.28　吸氢过程的压力-组分-等温(PCT)曲线图

目前，金属氢化物储氢装置存在一些问题，影响了它的使用：如金属氢化物粉末易流动，吸氢后体积膨胀，导致装置变形甚至发生破坏；金属氢化物粉末导热性差，使装置内部热传递缓慢，影响了材料的吸放氢速率。金属氢化物储氢罐的研究主要围绕这两个问题展开。

7.3.2　氢气运输

氢气的运输主要包括压缩氢气的运输、液氢的运输、利用储氢介质的输送、利用管道的输送和制造原料的输送。

压缩氢气的运输是把氢气压缩成高压气体后进行的输送，适用于往离站制氢型加氢站输送的场合。该方法的特点是在输送、储存、消费过程中不发生相变，能量损失小，但一次输送的量也比较少，因此适合距离较近、输送量少的场合。如果是实验室等小规模场合，一般可采用氢气瓶来输送压缩氢气，而加氢站的场合则需要大规模的输送方法，为此开发出了专载大型高压容器的牵引车。对牵引车输送来说，重要的是一次可输送的量。但是行驶在普通道路上的牵引车的大小要受到道路交通法的限制，尤其是对质量和大小的管制。由于钢制容器过重，无法提高装载量，目前正努力实现轻型化及高压化，从而提高氢气装载量。

液氢运输的原理和压缩氢气差不多，主要区别是储存罐装的是液氢，对保温性能要求更高。因为液氢在制造时的液化效率低，所以会导致整体输送的能量效率降低。另外，将液氢从液氢罐转移到加氢站储氢罐中时，不能忽略把配管冷却到液氢温度时的蒸发损失。此外，防止水蒸气、氮气、氧气等可能聚集于液氢罐内物质的混入也是很重要的。可以看出，当运输的规模较大时，有利于提高能量效率，降低运输成本。

利用储氢介质的输送是利用储氢技术把氢吸收于载体进行输送的方法。但是上述几种固态金属储氢载体的储氢质量分数较低，意味着运输相同质量的氢，该种方法总质量更大。由此可知，运输过程中为了降低运输成本，质量的重要性要高于体积，所以这是该方法的主要缺点。以有机氢化物为例介绍该种方法。在一定的条件下使氢气与环己烷反应生成液态的苯，之后将苯储存在油罐中，然后利用油罐车将苯运送到目的地，再通过一定的化学反应将苯进行脱氢分离得到氢气。

利用管道的输送无论在成本上还是在能量消耗上都将是非常有利的方法。在大型工业联合企业，氢气的管道输送已被实用化。人们正在研究发挥管道特色的新组合。例如，利用现有的城市煤气管道输送天然气和氢气的混合物，在加氢站中根据需要抽取提纯氢气的设想正在探讨之中。如果把管道本身的压力提高，则在加氢站中不需要压缩机。表 7.10 将对三种氢的运输方式进行比较[17,20]。

表 7.10 氢气运输方式对比

运输方式	运输容器	优点	缺点	使用场合
高压气态运输	通常由装载大容积无缝钢瓶(包括长管钢瓶)的管式拖车运输，公称压力通常为 20MPa 或 25MPa	在输送、存储、消费的过程中不发生相变，能量损失少，是目前最常用的运氢方式，技术成熟	一次运氢量小，由于常规的高压储氢钢瓶本身质量很大，而气态氢密度很小，且长管拖车的公称压力和总重通常有限制，常规高压气态氢输送装置输送效率只有 1%～2%	适用于将制氢厂的氢气输送到距离不太远且氢气需求量不大、用户比较分散的场合
低温液态运输	通常由装载圆筒形低温绝热槽罐的液氢槽车运输	运输量大，液氢的体积密度为 70.8kg/m^3，运输的体积能量达到 8.5MJ/L，是气态氢运输的 7 倍	能耗大(降温所需要消耗的能量为液氢本身所具有的燃烧热的 1/3)，液氢运输过程中会有蒸发损失(容器不能完全绝热和自身的正氢/仲氢转化放热)	通常适用于运输距离较远、运输量较大的场合
管道运输	通常由无缝钢管制成的输氢管路运输，运行压力一般为 1～4MPa，但需注重氢脆与氢渗漏问题	氢气运输时，能耗少、成本低、运输效率高和输送氢气量大	管道建设投入大	适用于氢气需求量大、时长稳定的场合

7.4 氢 安 全

7.4.1 车载氢安全

本节分析正常行驶和碰撞过程中可能产生的危险状况，来评估氢燃料电池汽车的安全风险。与其他动力系统相比，氢/PEMFC 系统潜在危害较少，其没有任何有毒化学物质，酸或热表面在碰撞或异常操作中伤害到乘客(除非燃料电池汽车的车载酸蓄电池容量比汽油 ICE 车辆更高)。一般来说，燃料电池汽车对乘客的唯一潜在危害是氢本身。像所有电动汽车一样，燃料电池汽车也在较高电压下运行(如 350V)，但是在车辆正常运行期间，乘客并不会受到高电压的损伤，并且当氢气停止供应时，电气危害便随之消失。因此，对危害的讨论仅限于一个问题：哪种系统故障模式可能导致氢气泄漏？

1. 储氢系统故障模式

目前中型氢燃料电池汽车气瓶压强为 35MPa，容纳 3.6kg 氢气。假设燃料电池汽车与天然气汽车(PNGV)的质量、阻力和滚动阻力类似，那么这个氢气量将能保证 380mi①的行驶里程。如果车身较重或空气阻力或滚动阻力较大，则需要更多的氢气。例如，要为 AIV(铝密集型车辆)提供 350mi 的行驶距离，车辆将必须存储 5.3kg 的氢气。在此安全性分析中，将使用更大的氢气量来表示预期存储氢量的上限。

为了达到汽车设计的质量目标，储氢罐将由铝衬里或覆盖有金属膜的薄塑料衬里构成，并由碳纤维以及玻璃纤维包覆。每个储氢罐都将配备泄压装置，防止储氢罐在压力过大和储氢罐在发生火灾或极高温度时破裂。

“正常运行”包括长时间(5000h 及以上)使用后可能发生的故障。正常行驶环境包括振动、冲击、极端温度及可能的化学物质暴露等情况。正常运行中可能的故障模式包括：

(1)灾难性破裂。可能由罐中的制造缺陷、滥用储氢罐造成的缺陷、化学腐蚀、环氧树脂被破坏、应力破裂等因素引起。

(2)氢气大量泄漏。泄压装置无故跳闸。

(3)氢气缓慢泄漏。可能由储氢罐缺陷、压力循环导致油箱衬里出现应力裂纹、泄压装置故障等因素引起。

发生碰撞时，储氢罐可能会受到巨大冲击，并可能被另一辆车溢出的燃油和火焰高温侵蚀，从而导致失效。储气瓶潜在的碰撞失败模式包括：

① 1mi=1.609344km。

(1)灾难性破裂。可能由被锋利的物体刺破，外部火灾或泄压装置无法打开等原因引起。

(2)氢气大量泄漏。可能由被锋利的物体刺破、储氢罐被火烧穿、火灾环境中泄压等原因引起。

(3)氢气缓慢泄漏。可能由火焰或碰撞导致的燃油管路泄漏等原因引起。

2. 氢气输送系统的故障模式

典型的氢气输送系统可能包括燃料加注连接(快速断开)、通往储气瓶歧管的燃料管线(包括用氢气止住回阀)、储氢罐的手动截止阀、电磁截止阀、压力调节器、高压(最高 34.5MPa)进料管线、中压(6.7MPa)进料管线和低压(207kPa)供气管路。燃料输送系统在正常运行中可能出现的故障模式包括：

(1)氢气大量泄漏。可能由高压管路疲劳连接失败、止回阀故障、振动、温度和压力循环等导致的连接松动，电磁阀或截止阀故障(通过阀装置泄漏到外部)、压力调节器故障等原因引起。

(2)氢缓慢泄漏。可能由管路裂纹、调压器过热等原因引起。

3. 燃料电池系统中的故障模式

燃料电池系统包括燃料电池电堆和所有辅助设备,如空气压缩机、加湿设备、热交换器和控制电子设备。

在正常运行期间，由于氢泄漏导致的潜在危险，燃料电池系统有可能危害乘客的安全，包括：膜穿孔、破裂，分配歧管裂纹，加湿系统、高压氢气膨胀机/空气压缩机、氢气/空气热交换器、氢气再循环压缩机等由水冻结导致燃料电池组件破裂。

发生碰撞时，因为电磁阀会截断氢气的供应，燃料电池系统一般不会造成极端的风险。严重的碰撞都会使系统切断储氢罐和电堆之间的燃料管路，切断氢气的流通。由于 PEMFC 不包含有毒化学物质，并且在相对较低的温度(低于 100℃)下运行，因此机械碰撞导致的危害可能占主导地位。

燃料电池系统设计时需要将氢气着火的风险降至最低。电堆的工作温度一般较低，无法用作点火热源。但是，诸如压缩机、电动机、温度和湿度传感器、继电器及其他控制电子设备等可能会点燃泄漏的氢气从而导致故障发生。尽管燃料电池汽车牵引电动机和控制器可能具有更多的高能点火源，但与燃料电池电气设备相比，其距离氢源较远，一般不会造成重大危害。

7.4.2 故障模式风险评估

故障模式下主要考虑三类潜在的储氢系统故障：灾难性破裂、大量氢泄漏而不爆炸及缓慢泄漏。

1. 储氢罐发生灾难性破裂

在正常操作中，纤维包裹的储氢罐破裂的可能性极低。每个储氢罐设计时必须保证在正常工作压力的 2.25 倍条件下才算合格，且必须经过压力测试，才能够出厂使用。每种类型的储氢罐都需要满足枪击和尖锐物刺破时只破不爆的要求。

由碰撞导致的灾难性破裂的可能性也很小。纤维包裹的储氢罐已通过车辆跌落测试，相当于以最高 52m/h 的速度撞入墙壁时，实验结果显示储氢罐外形完好并且不会失压。

另一种灾难性破裂的场景是储氢罐着火。此时泄压装置无法释放内部氢气压力，并且压强会随温度的升高而升高。一般情况下，压力释放装置在压力过大(破裂型)或温度过高(易熔塞)时会打开，达到泄压的目的。易熔塞的材料经设计可在高温下失效(熔化)，以合理的速率释放氢气。一般情况下泄压装置失效的可能性较小。

如果 34.5MPa(5000psi)的储氢罐发生灾难性破裂，即使氢气没有被点燃，也可能对旁观者造成严重伤害。高压气体中包含的能量可以高速推动附近的物体，储氢罐碎片可以达到致命的速度。

关键问题是：泄压装置的可靠性如何？如果在火中加热储氢罐，这些装置是否能正常工作？

碰撞或着火时，通过 NGV-2 测试的 34.5MPa(5000psi)纤维包裹的复合储氢罐发生灾难性破裂的可能性很小。正常情况下储氢罐释放大量氢气可能由泄压装置故障或化学腐蚀导致，但是两者的可能性都非常低。

在一些极端案例中，两个玻璃纤维包裹的天然气罐在充满至 24.8MPa(3600psi)的压力后确实破裂了。但事故发生的原因并不是气罐的设计问题，而是在使用过程中遭受了极端的化学腐蚀。在这两个案例中，这些气罐都安装在 GM Sierra 卡车的底部。安装人员在气罐底部加装了防护罩，使其免受道路上突出岩石的伤害。但是这些防护设施没有设计排水孔，并且卡车被用来运送铅酸电池。因此长期使用过程中，电池泄漏的酸性液体在防护罩中聚集，与玻璃纤维储罐接触，最终腐蚀玻璃纤维，直到储罐破裂。一个案例中，气罐在加注时破裂。另一个案例中，在驾驶员取下加注枪后，储罐破裂，驾驶员严重受伤。

尽管这些储罐出现故障，但在两种情况下天然气均未被点燃。此外，储氢罐首选碳纤维材料，电池中的酸性液体不会损坏碳纤维，因此类似的事故在燃料电池车辆上发生的概率更低。

碰撞事故中，尖锐物刺破储氢罐，氢气可能被释放。火灾环境也会导致氢气释放，火焰会导致储氢罐压力升高，则泄压装置将打开以避免储氢罐爆炸，但是释放速率受泄压装置开口的限制，并不会加剧火灾的危害。如果燃料电池汽车由于某种原因被火焰吞噬，储氢罐温度异常升高，那么即使没有从罐中释放氢气，车辆乘客也将面临严重的甚至致命的危险。此时，单纯由氢能造成的增量危害可能很小。

2. 氢气从储氢罐中缓慢泄漏

在正常操作中，储氢罐的任一开口处都可能会出现缓慢泄漏，如泄压装置接口或燃油管路接口。合理的设计应将发生事故的可能性保持在极低的水平，以免发生碰撞而增加泄漏的机会。

表 7.11 总结了我们目前对燃油箱释放氢气的主要风险的判断。

表 7.11 高压储氢罐可能的故障模式

项目名称	普通运行(包括 5000h 后的疲劳)	碰撞(包括碰撞后着火)
灾难性破裂	一般不会发生	一般不会发生
大量释放氢气	1.泄压装置失效 2.储氢罐化学腐蚀	1.尖锐物穿刺 2.泄压装置置于火中(按照计划，火灾中附加风险较低)
缓慢氢气泄漏	1.泄压装置连接泄漏 2.燃油管路连接泄漏	1.泄压装置连接泄漏 2.燃油管路连接泄漏

3. 氢燃料输送系统故障的风险

(1)氢气大量泄漏风险。在正常操作中，各个组件与高压燃料管线之间连接的疲劳失效是燃料输送系统氢气大量泄漏的最可能因素。疲劳发生之前氢气以缓慢泄漏为主，最终泄漏会逐渐加强导致裂缝变大，从而导致气体逸出产生噪声、燃料电池性能下降、车辆行驶里程减少等问题。如果没有在设计的系统中进行适当的检测，微小的泄漏将最终导致大量泄漏的情况发生。

在碰撞中，高压燃料管易受到损坏。设计系统时必须最大限度地减少高压燃料管线的暴露，并且在碰撞过程中要将所有管线与高压线路隔离。

(2)氢气缓慢泄漏风险。燃料管路和各种部件的连接处，在经过数小时的温度循环和振动后都可能产生缓慢泄漏。适当的设计(包括为减轻压力而提供的柔性燃料管路回路)将降低泄漏风险。除了接口之外，阀门和压力调节器之类的单个组件还可能导致内部泄漏，但这种泄漏不太可能发展为大量泄漏，进而引起火灾危险。

表 7.12 总结了燃料输送系统可能的故障模式。在正常运行中，燃料电池最大的风险出现在膜减薄处，此处氢氧混合，有爆炸隐患。实际开发过程中，为了使燃料电池性能更好，结构更紧凑，会倾向于使用更薄的膜，从而加剧了这种风险。氢将扩散到聚合物材料中，与氧催化结合，此时危害并不大。但是在组装和使用过程中，膜上会有针孔产生。长时间运行时，一系列针孔会不断长大。泄漏的氢

气与氧气在膜的空气侧催化结合，它们会使燃料电池效率稍微降低，同时燃料电池电堆的温度会升高，长期使用后，氢氧将通过针孔直接接触，产生大量的热，进而导致极端危害发生。当燃料电池温度异常升高时，燃料电池电堆应关闭氢气输送管路，避免加剧潜在危害。

表 7.12　燃料输送系统可能的故障模式

项目名称	普通运行 (包括 5000h 后的疲劳)	碰撞 (包括碰撞后着火)
氢气大量泄漏	燃料管路连接的疲劳故障	切断燃料管
氢气缓慢泄漏	燃料管连接内部设备泄漏 (阀门、压力调节器)	碰撞引起的设备泄漏； 火灾引起的泄漏

为燃料电池供气的氢气歧管系统中也可能出现缓慢泄漏。同样，更薄的电池意味着更薄的供料机构，在经过 5000h 的振动和温度循环后泄漏的可能性会加大。加湿系统和用于压缩空气的氢气膨胀器也可能发生泄漏。长时间工作后，密封件可能会在氢气膨胀器中磨损，进而扩大膨胀器叶片与包含氢气的侧壁之间的间隙。表 7.13 总结了对燃料电池系统中最可能的氢气泄漏源的当前评估。

表 7.13　燃料电池系统可能的故障模式

项目名称	普通运行(包括 5000h 后的疲劳)	碰撞(包括碰撞后着火)
氢气大量泄漏	膜针孔扩大	无额外风险
氢气缓慢泄漏	氢气歧管 加湿器 氢气膨胀机/空气压缩机 氢气空气热交换器	无额外风险

此外，还需要考虑其他燃料电池故障模式，如膜干燥(加湿不足)、过热、通道被水堵塞及加湿通道中的水冻结等。对于每种故障模式，都需要确定后果的危害性，添加相应的传感器和制定针对性的对策来防止该故障发生。

7.4.3　氢气安全使用的一般措施

氢气制取和车载使用可以考虑的措施包括：氢气制造、分离和提纯装置内的管道和反应容器使用前需要进行强制性换气，防止空气混入；氢气制造、分离、提纯和存储装置的温度、压力的监控，机械运动或地震等引起的振动监测系统；车载氢系统监测，建立氢气安全系统的焦点是将泄漏降到最低；管路定期进行保压测试；气密性监测，因为氢气质轻，扩散速率快，容易通过氢气检测器检测到，这是防止氢气泄漏的有效途径。

加氢场地可以考虑的措施包括：氢作业区尽可能设在空旷区域，加强通风，以避免氢气积聚；液氢储存场地尽量建在开阔场地，并且远离居民区，避免在封闭空间内储存或排放液氢；通风，在室内操作时，尽可能采用轻型或活动屋顶，操作时屋顶打开或升起，或安装足够量的通风系统；在大量排放氢气时，采用高管(高出建筑物 5～8m)排放，排放速率要小，防止氢气爆炸和氢的窒息风险；禁止吸烟、灯笼、明火、焊接、内燃机排气；远离金属物体碰撞发生的火花。

防止高温热源可以考虑的措施包括：氢作业区地面采用不易燃材料，如水泥地面、铝板等；给氢气加氢时让车辆熄火，拔出钥匙；氢作业区的容器、车辆、设备和相关系统必须接地，防止静电的产生和积聚，防止电器开关产生电火花等；液氢和气氢的操作人员必须穿棉布或防静电工作服，防静电工作鞋，禁止穿呢子、皮毛衣物，避免使用尼龙、腈纶等工作服，避免产生静电，导致危险发生；严禁穿脱衣服、梳头发，严禁携带皮毛动物进入加氢场地内；操作场所及库房必须设有避雷设施，并且要避免在高压线下排放氢气；雷雨天气禁止加氢；氢作业区需要备有足够的消防器材，如安全栓、灭火器等；氢气使用场所可装设干粉灭火器、氮气灭火系统、局部水消防系统，存储场所可装设水喷淋消防系统，一旦失火，用干粉、水和氮气进行消防，效果良好；大型储氢站或燃料电池车试车台应备有充足的水源，一般可建一个 100～200m^3 水池，专供消防使用；安装报警和紧急停止系统，自动保护系统；配备有加氢设施的连锁系统；安装火警、安全阀、紧急停止开关。

高压储氢设施、液体储氢设施可以考虑的措施包括：设置防爆墙；对操作人员进行安全培训教育，对使用高压或液氢的操作人员进行业务培训，熟知高压或液氢的性质与特点、急救与自救的基本知识，以及操作安全细则，熟练掌握事故处理措施；操作人员必须经过安全培训，熟悉设备的安全和使用技术、各种安全装置的使用方法，经过考核合格后，才能独立上岗工作。

7.5 本 章 小 结

本章主要介绍了氢气的性质、制取方式、储运方式及车载氢安全方面需要考虑的问题。氢是自然界中最轻的元素，具有较强的泄漏性和扩散性。氢气具有较宽的燃烧范围和爆炸范围，但是结合可靠的系统设计和氢气传感器的布置，将氢气浓度限制在点燃下限以下，能够实现安全的应用。氢气的制取方式主要包括化石燃料制氢、工业副产氢、电解水制氢等，从制取的成本和产量上考虑，目前化石燃料重整制氢仍旧是全球主流的制氢方式。储运方面目前仍旧以高压气储和鱼雷车拖运为主，低温液态储氢和金属氢化物储氢技术仍有待突破。按照相关标准设计氢气系统，确保各部件的质量，氢气就能够安全地为人类所用，成为驱动未来的清洁能源[21-23]。

思 考 题

7-1 简要评估燃料电池汽车、锂离子电池汽车和燃油车失火时的安全风险。

7-2 燃料电池汽车氢气系统是如何保障安全性的？

7-3 分析密闭环境下氢气泄漏与开阔环境中氢气泄漏的危害性。

7-4 请写出3种主流的制氢反应方程式。

7-5 氢气运输有哪几种形式？主要应用于哪些场景？如何评价优劣？

7-6 储氢罐如何分类？

7-7 天然气汽车和氢燃料电池汽车发生事故时安全性如何评估？

7-8 比较燃油车、纯电动汽车、混动车辆及燃料电池车辆的运营场景。

参 考 文 献

[1] Oei D. Direct-hydrogen-fueled proton-exchange-membrane (PEM) fuel cell system for transportation applications. Quarterly technical progress report No. 4, April 1, 1995-June 30, 1995. Office of Scientific & Technical Information Technical Reports, 1995.

[2] 郑津洋, 张俊峰, 陈霖新, 等. 氢安全研究现状. 安全与环境学报, 2016, 16(6): 144-152.

[3] 王洪海, 陈俊德, 陈冬, 等. 影响高强度低合金钢氢脆的因素. 石油化工设备, 2018, 309(4): 44-53.

[4] 李亚东, 罗景辉. 关于氢气的安全性与思考. 科技创新与应用, 2015, 25: 295.

[5] 王琦, 罗马吉, 罗仲. 燃料电池汽车车载氢气安全性研究. 武汉理工大学学报, 2011, 33(2): 232-235.

[6] Muradov N. Low to near-zero CO_2 production of hydrogen from fossil fuels: status and perspectives. International Journal of Hydrogen Energy, 2017, 42(20): 14058-14088.

[7] Cormos C C. Hydrogen production from fossil fuels with carbon capture and storage based on chemical looping systems. International Journal of Hydrogen Energy, 2011, 36(10): 5960-5971.

[8] Wang Z L, Naterer G F. Integrated fossil fuel and solar thermal systems for hydrogen production and CO_2 mitigation. International Journal of Hydrogen Energy, 2014, 39(26): 14227-14233.

[9] Fasanya O O, Al-Hajri R, Ahmed O U, et al. Copper zinc oxide nanocatalysts grown on cordierite substrate for hydrogen production using methanol steam reforming. International Journal of Hydrogen Energy, 2019, 44(41): 22936-22946.

[10] Chiu Y J, Chiu H C, Hsieh R H, et al. Simulations of hydrogen production by methanol steam reforming. Energy Procedia, 2019, 156: 38-42.

[11] Li Q X, Liu X T, Liu K F. Technical and economic analysis for large-scale industrial hydrogen production. Natural Gas Chemical Industry (C1 Chemistry and Chemical Industry), 2015, 40(5): 79-80.

[12] Cho W C, Lee D, Kim C H, et al. Feasibility study of the use of by-product iron oxide and industrial off-gas for application to chemical looping hydrogen production. Applied Energy, 2018, 216: 466-481.

[13] 李兵峰. 上海工业富氢气体供氢系统的生命周期评价. 西安: 西安建筑科技大学, 2003.

[14] Wang D, Czernik S, Chornet E. Production of hydrogen from biomass by catalytic steam reforming of fast pyrolysisoils. Energy & Fuels, 1998, 12(1): 19-24.

[15] 李荣泉. 生物质裂解油蒸汽重整制氢研究进展. 第十届全国能源与热工学术年会论文集, 杭州, 2019: 66-70.

[16] 刘建国. 可再生能源导论. 北京: 中国轻工业出版社, 2017: 150-170.

[17] 张志芸, 张国强, 刘艳秋, 等. 车载储氢技术研究现状及发展方向. 油气储运, 2018, 37(11): 1207-1212.

[18] 许炜, 陶占良, 陈军, 等. 储氢研究进展. 化学进展, 2006, 18(2/3): 200-207.

[19] Marone A, Ayala-Campos O R, Trably E, et al. Coupling dark fermentation and microbial electrolysis to enhance bio-hydrogen production from agro-industrial wastewaters and by-products in a bio-refinery framework. International Journal of Hydrogen Energy, 2017, 42(3): 1609-1621.

[20] 郭志钒, 巨永林. 低温液氢储存的现状及存在问题. 低温与超导, 2019, 47(6): 21-29.

[21] 吴迪, 文醉. 燃料电池汽车氢电安全法规标准的研究. 时代汽车, 2019, 304(1): 71-72.

[22] 王晓蕾, 马建新, 邬敏忠, 等. 燃料电池汽车的氢安全问题. 中国科技论文在线, 2008, 3(5): 365-369.

[23] 王振升, 王莉莉, 张琳, 等. 水电解制氢站工程设计中安全问题的探讨. 河北化工, 2012, (3): 73-75.

附表 A　本书常用缩略词中英文对照表

表 A.1　本书常用缩略词中英文对照表

缩略词	英文全称	中文
CL	catalyst layer	催化层
CV	cyclic voltammogram	循环伏安图
EIS	electrochemical impedance spectroscopy	电化学阻抗谱
ECSA	electrochemical active surface area	电化学活性面积
FCV	fuel cell vehicle	燃料电池汽车
GDL	gas diffusion layer	气体扩散层
HOR	hydrogen oxidation reaction	氢氧化反应
HFR	high frequency resistance	高频阻抗
MEA	membrane electrode assembly	膜电极
MPL	micro porous layer	微孔层
ORR	oxygen reduction reaction	氧还原反应
OCV	open circuit voltage	开路电压
PEMFC	proton exchange membrane fuel cell	质子交换膜燃料电池
PCB	printed circuit board	印刷电路板
RH	relative humidity	相对湿度
SEM	scanning electron microscope	扫描电子显微镜
TEM	transmission electron microscope	透射电子显微镜
XPS	X-ray photoelectron spectroscopy	X 射线光电子能谱
XRD	X-ray diffraction	X 射线衍射
AFM	atomic force microscope	原子力显微镜
EDS	X-ray energy-dispersive spectrum	能量色散 X 射线谱
XAFS	X-ray absorption fine structure	X 射线吸收精细结构
SOFC	solid oxide fuel cell	固体氧化物燃料电池
MCFC	molten carbonate fuel cell	熔融碳酸盐燃料电池

续表

缩略词	英文全称	中文
PAFC	phosphoric acid fuel cell	磷酸型燃料电池
AFC	alkaline fuel cell	碱性燃料电池
ASR	area specific resistance	面积比电阻
CFD	computational fluid dynamics	计算流体力学
PTFE	polytetrafluoroethylene	聚四氟乙烯
PVDF	polyvinylidene fluoride	聚偏二氟乙烯
FEP	fluorinated ethylene propylene	氟化乙烯丙烯
CCM	catalyst coated membrane	催化剂涂层膜
GDE	gas diffusion electrode	气体扩散电极
HSS	hydrogen supply system	氢气供应系统
DEA	dead end anode	氢气死端模式
FTA	flow through anode	氢气循环模式
NTC	negative temperature coefficient	负温度系数
PTC	positive temperature coefficient	正温度系数
PMSM	permanent-magnet synchronous motor	永磁同步电机
ASME	American Society of Mechanical Engineers	美国机械工程师协会
JRC	Joint Research Council	联合研究委员会
JARI	Japan Automobile Research Institute	日本汽车研究所
NEDO	New Energy and Industrial Technology Development Organization	新能源和工业技术开发组织
LSV	linear sweep voltammetry	线性扫描伏安法
DOE	Department of Energy	美国能源部
DTP	Dynamic Test Protocol	动态测试协议
F/T	freeze/thaw	冻结/解冻
LHV	lower heating value	低热值
LFL	lower flammability limit	可燃性下限
PSA	pressure swing adsorption	变压吸附

附表B　本书常数表

表 B.1　本书常数表

常数名	符号	值
法拉第常量	F	96485.34C/mol
阿伏伽德罗常量	N_A	$6.02\times10^{23}mol^{-1}$
通用气体常量	R	8.314J/(mol·K)
普朗克常量	h	$6.626\times10^{-34}J\cdot s$
电子质量	m_e	$9.11\times10^{-31}kg$
电子电荷	q	$1.60\times10^{-19}C$
质子质量	m_p	$1.67262\times10^{-27}kg$
理想气体摩尔体积	V_m	$22.4\times10^{-3}m^3/mol$
质子电子质量比	m_p/m_e	1836